国家自然科学基金资助项目（41771190）

山地旅游用地多维变化研究

以河南省栾川县为例

Multi-dimensional Variation of Mountainous
Tourism Land-A Case Study
of Luanchuan County of Henan Province

谢燕娜 ◎ 著

·北京·

图书在版编目（CIP）数据

山地旅游用地多维变化研究：以河南省栾川县为例 / 谢燕娜著 . -- 北京：中国经济出版社，2021.7
 ISBN 978 - 7 - 5136 - 6543 - 8

Ⅰ.①山… Ⅱ.①谢… Ⅲ.①山地 - 旅游业发展 - 研究 - 栾川县 Ⅳ.①F592.761.4

中国版本图书馆 CIP 数据核字（2021）第 140647 号

责任编辑　杨元丽
责任印制　巢新强
封面设计　任燕飞

出版发行	中国经济出版社
印 刷 者	北京九州迅驰传媒文化有限公司
经 销 者	各地新华书店
开　　本	710mm×1000mm　1/16
印　　张	14.5
字　　数	213 千字
版　　次	2021 年 7 月第 1 版
印　　次	2021 年 7 月第 1 次
定　　价	78.00 元

广告经营许可证　京西工商广字第 8179 号

中国经济出版社 网址 www.economyph.com 社址 北京市东城区安定门外大街 58 号 邮编 100011
本版图书如存在印装质量问题，请与本社销售中心联系调换（联系电话：010 - 57512564）

版权所有　盗版必究（举报电话：010 - 57512600）
国家版权局反盗版举报中心（举报电话：12390）　　服务热线：010 - 57512564

前　言

　　山地旅游地为我国旅游业最重要的旅游目的地之一。截至 2021 年 1 月，我国 5A 级旅游风景区中有山岳型旅游风景区 128 处，占比约 45.7%，分布于全国一半以上的省份；国家旅游局批准的前四批 4A 级旅游区中，山岳型旅游地数量达到 654 个，约占 51%。此外，截至 2019 年 7 月，中国世界遗产已达 55 项，其中山岳型自然旅游风景区共 14 个，约占 25.5%。可以看出，在中国旅游目的地构成中，山地型旅游目的地占有重要地位。另有数据显示，在世界旅游市场不同旅游类型收入构成中，休闲旅游产业产值占比最高，高达 62%，远超其他旅游类型，而休闲旅游的重要目的地是山岳型旅游地。

　　旅游用地作为旅游供给侧重要的组成部分，与旅游业的发展和繁荣息息相关。随着我国旅游业的快速发展，旅游用地中出现的许多问题严重影响了旅游地的发展，亟待解决。山地旅游地特殊的地形地貌决定了山地旅游地山地多、平地少，用地条件差，可利用土地少，生态环境脆弱，供需矛盾更为突出，严重影响了山地旅游的发展。在当前生态红线管理约束越来越强的背景下，山地旅游用地受到的刚性规范会影响用地的发展趋势和方向。伴随着乡村振兴战略的提出与旅游扶贫的强力推进，乡村旅游成为乡村经济的重要载体，在推动城乡融合发展的同时，对土地的使用和管理而言也是严峻的考验。基于乡村旅游的蓬勃发展和中国农村土地制度改革的持续推进，围绕旅游业及乡村旅游用地的各项政策相继出台。政策关注由初期的宏观指导到近几年的严格落地执行，明确表示支持旅游业发展用地,对旅游建设用地要多方面供应,对旅游用地的管理要采取多方式进行,体现了从土地供给走向"山水林田湖生命共同体"供给,继而实现"绿水青山变金山银山"的目标。因此,在我国山地旅游业快速发展的形势下,开展对山地旅游用地多维变化的研究具有重要的意义。

本书共分为九章。第一章为本书的引言部分,包含了本书主要问题的研究背景、研究意义、研究综述及研究方法。第二章介绍了书中涉及的主要的相关概念和研究的理论基础。第三、四章对所选案例区和所用数据来源进行介绍。第五、六、七、八章为本书的专题研究,分别从山地旅游用地的多维变化及驱动因素、山地旅游用地的发展预测、山地旅游用地的结构优化展开。第九章为本书的展望。

本书注重理论和实践相结合,关注前沿;注重层次性和完整性;书中有大量图表,图文并茂、通俗易懂、形象生动。本书可以作为高校旅游管理专业学生的读物,也可作为旅游行业爱好者的读物。

本书中参考了旅游用地领域相关专家及同行的论著,从中汲取了非常宝贵的知识和经验,相关内容已在参考文献中一一列出,在此一并向他们表示诚挚的感谢!同时,也特别感谢河南财经政法大学在本书写作过程中给予的支持和帮助。

由于作者水平有限,书中难免有差错和不足之处,恳望得到专家、同行以及读者的宝贵意见。

内容提要

中国是山地大国，随着山地资源的开发和人口的不断增加，山地资源环境问题日益突出，尤其是随着山地旅游的崛起，其对脆弱的山地环境影响凸显。山地地势崎岖，耕地和适宜用作建设的土地稀缺，旅游用地供给紧张。在我国山地旅游业快速发展的形势下，开展对山地旅游用地多维变化的研究具有重要的现实意义。栾川县为典型的山区县，旅游资源丰富，旅游业发展强劲，旅游用地面积大且演变快，为河南省旅游强县，其成功的山地旅游业发展被誉为"栾川模式"。本书以栾川县为案例对象，采用遥感和GIS分析、数学模型、野外调研、实证分析、对比分析等方法对山地旅游用地的现状、旅游用地时空形态变化及影响因素、旅游用地未来发展趋势、旅游用地结构优化等进行了较为深入的研究，得到以下主要结论：

（1）山地旅游用地的自然分布表现出与所在地区基底地形的协同现象，经济分布具有中心性、交通依赖性的特点，用地类型复杂度与景区等级和开发主题有关。

在高程方面，旅游用地表现出平均高程较高，且与地形高程同步的特征。在坡度方面，主要集中于 10°～30° 的缓坡和斜坡，其次为陡坡，随着坡度的增加，旅游用地总面积呈纺锤体结构，同时旅游用地结构的坡度分布与用地性质有关。在坡向方面，其分布主要受制于景区的山体位置，不同级别山地的走向控制着景区用地的坡向分配，但不同的用地类型具有不同的坡向敏感性。旅游用地面积较大的坡向分别为西南坡向和西北坡向，其次是东坡、东北坡、北坡坡向，西坡和无坡向分布较少。县城作为县域的中心地，对旅游景区的开发顺序和开发程度产生了重要影响，县城周围的景区多为开发历史悠久或开发层次较高的景区。由于旅游对交通的高度依赖性，交通干线沿线成为旅游景区布局的主要区位。景区级别越高，景区配套设施越齐全，用地类型就越多，不同的旅游产品对应不同的旅游用地类型和不同的复杂度。

（2）随着景区开发深度的提高，旅游用地类型呈现非自然化态势，建设用地和景观用地增加显著，建设用地空间扩张遵循"中心—外围"模式和条带状延展规律，不同类型旅游用地随高程、坡度、坡向发生了对人类有利的变化。

1991—2015 年的 25 年，案例区旅游用地的数量剧增，景区内的土地已经完全被"旅游化"。随着旅游景区服务功能的逐渐完善，景区用地类型发生明显变化，转化方向主要为林地转移为建设用地、农用地，未利用地转移为水域用地，农用地、未利用地等类型转换为建设用地。核心变化是建设用地、景观用地大量增加，表明了人类对自然环境的改造和影响。各景区建设用地空间扩张基本上遵循"中心—外围"模式，以原有村落为中心向外扩张，景区用地功能也由原来的居住生产生活单一功能，逐渐向旅游导向的多元化功能发展。随着旅游景区的开发建设，各类用地在高程、坡度和坡向方面发生了一定变化。其中，林地在此三方面变化很小；农用地变化明显，其高程、坡度增加明显，偏南坡向有所增加；建设用地在低海拔和较小坡度增加明显，但与坡向关系不大；水体用地主要向平坦地段和低海拔区域集中，与坡向无关；未利用地的坡度和高程有所增加，同时在偏北坡向上稍有增加。这些变化是人为开发景区、建设旅游设施和景观美化的结果。人类总是选择自然有利、投入较经济的开发方式，低海拔、小坡度成为人类开发的重点地区。

（3）旅游用地扩张受自然因素、社会经济因素和制度政策等的综合影响，其中经济发展引致的生活水平提高是旅游用地规模扩张的重要原因。

旅游用地扩张依托于本地的自然资源和地理环境，地形地貌直接影响着旅游用地的发展方向和态势，河流及其走向影响着旅游景区建设用地的布局，气候影响着人体的舒适度，植被成为构景的重要因素。人口增加引发的生产性需求和生活性需求是导致旅游用地增加的主要因素，人们对经济利益的诉求是旅游用地增加的直接动因。旅游景区等级决定着旅游用地的复杂度和用地规模，交通区位决定景区的可进入性和景区的发展等级，改变着土地级差地租，从而影响着旅游用地的变化。县城作为区域的旅游集散地和旅游中心，影响旅游用地的类型变化和数量扩张。旅游景区生命周期对建设用地具有阶段性要求，导致旅游建设用地增量的倒"U"形变化规律。景区开发主题和景区旅游产品类型主导着旅游用地开发结构，成为决定景区旅游用地规模和用地类型的主导因素。制度和政策因素是旅游土地利用变化的导向因子，直接影响着土地利用类型的转化。旅游业发展和旅游用地增加的核心驱动力是人们生活水平的提高，由生活水平决定的潜在客源市场的状况是驱动旅游用地变化的最重要因素。

（4）旅游用地类型转化是人类在经济诉求驱动下对土地进行开发的结果，受土地自然属性、区位属性、景区属性和所在乡镇经济社会属性等的影响，不同的用地类型转化具有不同的显著性影响因子和演变机理。

本书将影响旅游用地转化的因素概括为土地的自然属性、区位属性、景区属性和所在乡镇经济社会属性等四类指标14个因子。模型分析结果表明，"农用地转为建设用地"主要受高度、坡度、距河流距离、距道路距离和距村距离的影响，说明景区开发中的建设用地主要来自对自然条件较好、交通方便、围绕村庄的农用地的利用。"林地转为农用地"主要受高度、坡度、距河流距离、距道路距离、距村距离、距县城距离、景区发展周期等因素的影响；景区内部"林地转为农用地"主要是受"农用地转为建设用地"的驱使，景区的成熟开发导致部分林地转化成为农用地。"林地转为建设用地"受高度、坡度、距河流距离、距道路距离、距村距离、距县城距离、景区等级等因子的显著影响;林地转为建设用地的主要机制是当景区建设需要有较多的土地供应而农用地不能满足其需求时,直接将林地转化为建设用地。"林地转为水域"主要受高度、坡度、距河流距离等因素的影响;林地转为水域的主要机制是人为筑坝形成人工水面。

(5) 随着旅游业的纵深发展,旅游用地规模将适度扩大,但旅游用地供给不容乐观,提高景区旅游土地集约度、复合利用及转化置换将是今后满足旅游用地需求的主要发展方向。

根据综合预测方法,未来10年旅游用地规模将适度扩大,2025年旅游用地规模有望达到 $183 \sim 228 \text{ km}^2$。未来旅游用地的高速增长主要来源于景区的深度开发建设、景区边界的扩大,以及重大旅游项目的建设、休闲农业的发展、生态景观的建设、旅游通道的建设及旅游产业集聚区、旅游城镇及旅游专业村发展等方面。根据旅游资源后备情况,也不排除新建旅游景区的可能性,但旅游用地供给不容乐观。受耕地红线的限制,农用地转化为旅游用地的可能性较小,不过乡村旅游的发展可形成对农用地的复合利用,林地转化为旅游建设用地的可能性只有在非常必要时才会出现,建设用地转化为旅游用地的可能性不大,水域用地转化为旅游用地的可能性仅在个别地点存在,未利用土地转化为旅游用地的可能性较大,但其利用存在一些困难,可通过转化置换途径予以解决。今后,旅游土地供需矛盾仍较突出,提高土地集约度和复合利用及转化置换将是满足旅游用地需求的主要发展方向。

目 录

1 引言 ……………………………………………………… 1
1.1 研究背景与意义 …………………………………… 1
1.2 研究进展 …………………………………………… 7
1.2.1 山地旅游用地演化及其驱动力研究 ………… 7
1.2.2 旅游业开发对山地环境的影响研究 ………… 11
1.2.3 山地旅游用地优化研究 ……………………… 17
1.2.4 山地旅游用地利益相关者研究 ……………… 21
1.2.5 评述 …………………………………………… 23
1.3 研究思路与技术路线 ……………………………… 24
1.4 研究方法 …………………………………………… 26
1.4.1 文献分析与归纳分析法 ……………………… 26
1.4.2 遥感与GIS分析法 …………………………… 26
1.4.3 野外调研与实证分析法 ……………………… 27
1.4.4 对比分析法 …………………………………… 27

2 概念界定与理论基础 ………………………………… 29
2.1 概念界定 …………………………………………… 29
2.1.1 山地 …………………………………………… 29
2.1.2 山地旅游资源 ………………………………… 29
2.1.3 旅游地 ………………………………………… 30
2.1.4 山地旅游地 …………………………………… 31
2.1.5 旅游用地 ……………………………………… 31
2.2 理论基础 …………………………………………… 33

2.2.1 人地关系理论 ... 33
2.2.2 可持续发展理论 ... 34
2.2.3 山地垂直地带性理论 ... 36
2.2.4 旅游地生命周期理论 ... 37
2.2.5 土地集约利用理论 ... 40

3 研究区概况 ... 42
3.1 地理位置及区位 ... 42
3.2 区域历史沿革 ... 42
3.3 自然条件与自然资源 ... 43
3.3.1 地形地貌 ... 43
3.3.2 气候资源 ... 43
3.3.3 水资源 ... 44
3.3.4 森林资源 ... 45
3.3.5 矿产资源 ... 45
3.3.6 旅游资源 ... 45
3.3.7 土特产资源 ... 46
3.3.8 土壤与耕地资源 ... 46
3.4 社会经济特征 ... 47
3.4.1 经济发展水平较高 ... 47
3.4.2 综合实力不断提高 ... 48
3.4.3 矿业为全县支柱产业 ... 49
3.4.4 旅游产业发展势头迅猛 ... 49
3.5 旅游业发展特征 ... 51
3.5.1 山地旅游资源丰富 ... 51
3.5.2 旅游景点数量多、品位高 ... 52
3.5.3 旅游服务接待能力强 ... 53
3.5.4 交通方便，通达性高 ... 54

4 数据来源与处理 ··· 55
4.1 遥感数据来源与处理 ··· 55
4.1.1 遥感数据选择 ··· 55
4.1.2 遥感数据处理 ··· 56
4.2 实地调研数据来源与处理 ··· 57
4.2.1 实地调研数据来源 ··· 57
4.2.2 实地调研数据预处理 ··· 59
4.3 社会统计数据来源与处理 ··· 59
4.3.1 社会经济数据来源 ··· 59
4.3.2 社会统计数据预处理 ··· 60

5 旅游用地多维变化研究 ··· 61
5.1 旅游用地类型划分及技术路线 ··· 61
5.1.1 旅游用地类型划分 ··· 61
5.1.2 旅游用地变化研究技术路线 ··· 64
5.2 旅游用地现状 ··· 65
5.2.1 旅游用地数量结构 ··· 65
5.2.2 旅游用地空间分布 ··· 69
5.2.3 旅游用地垂直梯度 ··· 71
5.3 旅游用地动态变化 ··· 79
5.3.1 旅游用地数量结构变化 ··· 79
5.3.2 旅游用地类型变化 ··· 84
5.3.3 旅游用地垂直梯度变化 ··· 91
5.3.4 旅游用地空间扩张和服务功能变化 ··· 108
5.4 小结 ··· 113

6 旅游用地变化驱动力分析 ··· 117
6.1 定性分析 ··· 117
6.1.1 自然环境因素 ··· 118

6.1.2　社会经济因素 ·· 119
6.1.3　政策制度因素 ·· 125
6.2　定量分析 ·· 126
6.2.1　多元线性时间序列回归模型 ································ 126
6.2.2　Logistic 空间回归模型 ······································ 132
6.3　小结 ··· 143

7　旅游用地发展预测 ·· 145
7.1　旅游用地规模预测 ··· 145
7.1.1　平均增长率预测 ··· 145
7.1.2　灰色系统预测 ·· 146
7.1.3　线性回归预测 ·· 148
7.1.4　预测结果综合分析 ·· 149
7.2　旅游用地发展趋势 ··· 150
7.2.1　旅游景区的深度开发建设导致旅游用地大幅度增加 ····· 150
7.2.2　重点旅游项目用地是未来全县旅游用地的重要组成部分 ··· 151
7.2.3　休闲农业用地将会大幅度增加 ···························· 151
7.2.4　生态景观用地和道路用地将会增加 ······················ 152
7.2.5　其他相关旅游用地数量也将增加 ························· 152
7.3　旅游用地来源分析 ··· 154
7.3.1　农用地转化为旅游用地的可能性 ························· 154
7.3.2　林地转化为旅游用地的可能性 ···························· 154
7.3.3　建设用地转化为旅游用地的可能性 ······················ 155
7.3.4　水体用地转化为旅游用地的可能性 ······················ 156
7.3.5　未利用土地转化为旅游用地的可能性 ··················· 156
7.4　旅游用地空间扩张预测 ··· 156
7.5　小结 ··· 157

8 旅游用地结构优化研究 ······ 158
8.1 旅游用地空间结构优化 ······ 158
8.1.1 旅游用地生态适宜性评价 ······ 159
8.1.2 旅游用地空间优化结果 ······ 163
8.2 旅游用地类型结构优化 ······ 165
8.2.1 旅游用地类型结构优化方法 ······ 165
8.2.2 旅游用地类型结构优化结果 ······ 167
8.3 旅游用地结构优化结果 ······ 176
8.4 小结 ······ 177

9 结语 ······ 179
9.1 主要结论 ······ 179
9.2 创新点 ······ 185
9.3 讨论、研究不足与进一步的研究计划 ······ 186

参考文献 ······ 187

附 录 ······ 205

图表目录

图1-1	技术路线	25
图2-1	旅游地构成	31
图2-2	旅游地生命周期模型	38
图5-1	旅游用地变化研究技术路线	65
图5-2	栾川县旅游用地结构（一级分类）	67
图5-3	各景区林地面积占总面积的比重	68
图5-4	各景区旅游用地面积在不同高程上的分布	72
图5-5	各种旅游用地类型在不同高程的分布	73
图5-6	各景区旅游用地面积在不同坡度上的分布	74
图5-7	各种旅游用地类型在不同坡度的分布	76
图5-8	各景区旅游用地面积在不同坡向上的分布	77
图5-9	各种旅游用地类型在不同坡向的分布	78
图5-10	第一阶段（1991—2001年）各景区旅游用地转移	86
图5-11	第二阶段（2001—2011年）各景区旅游用地转移	87
图5-12	第三阶段（2011—2015年）各景区旅游用地转移	88
图5-13	各景区林地在不同时期的高程变化	92
图5-14	各景区农用地在不同时期的高程变化	93
图5-15	各景区建设用地在不同时期的高程变化	94
图5-16	各景区水体用地在不同时期的高程变化	96
图5-17	各景区未利用地在不同时期的高程变化	97
图5-18	各景区林地在不同时期的坡度变化	98
图5-19	各景区农用地在不同时期的坡度变化	99
图5-20	各景区建设用地在不同时期的坡度变化	100

图 5-21	各景区水体用地在不同时期的坡度变化	101
图 5-22	各景区未利用地在不同时期的坡度变化	102
图 5-23	各景区林地不同时期在坡向上的变化	103
图 5-24	各景区农用地不同时期在坡向上的变化	104
图 5-25	各景区建设用地不同时期在坡向上的变化	105
图 5-26	各景区水体用地不同时期在坡向上的变化	106
图 5-27	各景区未利用地不同时期在坡向上的变化	107
图 5-28	重渡沟景区旅游用地时空分布	111
图 5-29	倒回沟景区旅游用地时空分布	112
图 6-1	旅游用地驱动因素	118
图 6-2	新增建设用地与旅游景区发展周期关系	124
图 8-1	各因子生态适宜性评价	161
图 8-2	栾川县土地利用综合生态适宜性评价	162
图 8-3	2015年栾川县旅游建设用地生态适宜性评价	164
图 8-4	旅游景区土地利用变化对生态绿当量的影响	173
图 8-5	研究区旅游用地生态优化结果	176

表 3-1	2013年洛阳市各县市主要经济指标	47
表 3-2	栾川县2014年限额以上工业主要产品产量	49
表 3-3	2000—2015年栾川县旅游业主要经济指标	50
表 3-4	栾川县山地旅游景观类型	52
表 3-5	栾川县已开发山地旅游资源构成	52
表 3-6	2015年全县旅游接待能力主要指标	54
表 4-1	栾川县遥感数据来源	56
表 4-2	栾川县社会经济数据来源	60
表 4-3	遥感数据与统计数据匹配表	60
表 5-1	旅游用地分类	63
表 5-2	栾川县旅游用地现状	66
表 5-3	各旅游景区用地现状（一级分类）	67

表 5-4	栾川县1991—2015年旅游景区用地数量变化	80
表 5-5	栾川县1991—2015年各类旅游用地面积和占比	81
表 5-6	栾川县各景区1991—2015年各类旅游用地面积变化	82
表 5-7	第二阶段（2001—2011年）土地利用转移较明显的景区	90
表 5-8	研究基期和研究末期各景区建设用地扩展情况	110
表 5-9	各景区旅游用地种类变化	112
表 6-1	各个旅游景区建设用地在不同阶段的增长对比	123
表 6-2	不同主题旅游景区土地利用结构和模式对比	124
表 6-3	旅游用地面积与相关社会经济发展指标的相关性分析	129
表 6-4	各影响因素之间相关系数	130
表 6-5	模型方差分析	131
表 6-6	模型系数	131
表 6-7	模型中已排除的变量	132
表 6-8	变量设计	135
表 6-9	"农用地转为建设用地"模型运算结果	137
表 6-10	"林地转为农用地"模型运算结果	139
表 6-11	"林地转为建设用地"模型运算结果	141
表 6-12	"林地转为水体用地"模型运算结果	142
表 7-1	栾川县旅游用地增长可能方案	146
表 7-2	旅游用地 GM（1,1）预测结果	148
表 7-3	GM（1,1）模型精度等级	148
表 7-4	基于线性回归方法的旅游用地预测结果	149
表 7-5	栾川县旅游用地未来10年可能变化态势	150
表 8-1	生态因子及其影响范围所赋属性值	160
表 8-2	全县综合生态适宜性分类统计	162
表 8-3	各景区旅游用地适宜性分级面积	165
表 8-4	基于生态绿当量的土地重分类	167
表 8-5	生态系统的各种环境保护功能评价	168
表 8-6	中国陆地生态系统单位面积生态服务价值当量	169

表 8-7　2015 年栾川县生态系统服务价值系数……………………………… 169
表 8-8　热带、亚热带地区耕地和草地全年平均绿当量系数………… 170
表 8-9　栾川县各景区最佳森林覆盖率及绿当量……………………… 171
表 8-10　栾川县生态绿当量未达标景区旅游用地结构优化………… 175

1 引言

1.1 研究背景与意义

山地作为陆地生态系统的重要组成部分，在区域生态安全中扮演着重要角色，同时山地丰富的自然资源在社会经济发展中发挥着重要作用（孙然好等，2009）。地球表面大约1/4的面积是山地，全世界大约有1/10的人口居住在山地区域，而且约1/2的人口的生活依靠山地资源，山地是地球生命支撑体系的重要组成部分，对维系人类生存与发展以及改善人类生存环境质量起着重要作用（钟祥浩，2006）。中国是山地大国，山地面积占陆地面积的46.11%，山地生态系统构成了中国最重要的生态系统（方精云等，2004），山地资源开发和生态建设成为中国可持续发展的重要组成部分（钟祥浩、刘淑珍，2010）。山地拥有强烈的环境梯度和高度异质化的生态环境，是景观和生物多样性的集聚区，蕴含了丰富多样的生态和地理环境信息。山地具有复杂的能量体系、物质体系和人类生存环境体系，具有平地所没有的能量和坡面物质的梯度效应（钟祥浩，2006），具有生态系统脆弱性和生态环境的不稳定性与敏感性（李文华，2002；吴艳宏、周俊，2011）。山地地质构造和沉积环境复杂，无论是由内力岩浆活动形成的内生矿产还是由外力风化和沉积作用形成的外生矿产及由变质作用形成的变质矿产，在山区均有较丰富的储藏量。山区水资源丰富，是河流的源头，落差大，水能资源富集，山地作为世界天然"水塔"的重要作用广为人知（吴艳宏、周俊，2011）。山地十分复杂的生境造就了山地生物的多样性，是森林、草原等各种动植物群落系统的集中分布地。山地具有优美和多彩的自然景观，加之长期较为封闭的环境和历史发展，使山区拥有丰富的自然旅游资源和人文旅游资源（解晶，2012）。

  山地生态环境十分脆弱，相关环境问题日益突出。第二次世界大战以后，随着全球工业化的快速推进和人口的高速增长，尤其是随着全球变暖的加剧，山地环境已成为在迅速的全球变化中受影响最强烈和最敏感的地区（李文华，2002），高山冰川积雪和冻土快速消融与退缩，山地特有生物种类面临损失危险，在山地森林植被受到破坏的地区，由原来的碳汇变成碳源，山区土地裸土化、裸岩化以致荒漠化速率加快，全球许多山地正随着土壤流失、山体滑坡、生物物种锐减及基因多样性减少而退化（Sitarz，1993；钟祥浩，2006）。据 Luckman 和 Kavanagh（2000）的研究，在20世纪左右（1888—1994年）加拿大落基山（Canadian Rockies）地区年平均温度升高了 1.5℃，冰川覆盖面积至少减少了 25%，冰川前端已退缩至 3000 年前的位置。世界自然基金会在 2012 年发布的《地球生命力报告》中指出，过去 40 年全球生物多样性大约下降了 30%，从 1970 年到 2008 年，全球山地物种减少了 25%。2015 年 FAO 发布的《全球森林资源评估报告》指出，过去 25 年间，虽然全球森林面积减少速度下降了一半，但减少的森林面积依然可观（FAO，2015），1990 年，世界有 41.28 亿 hm^2 森林，全球覆盖率为 31.6%，而到了 2015 年，森林面积下降到了 39.99 亿 hm^2，全球覆盖率只有 30.6%，森林面积减少了 1.29 亿 hm^2，其中，相当大的部分来自山地森林。因此，山地资源环境的管理已成为目前人类面临的当务之急。

  随着国内山地资源开发和人口的不断增加，山地资源环境问题也日益凸显。新中国成立以来，山地人口快速增长，人口密度也持续增加，我国东部山地丘陵区的人口密度已经超过 100 人/km^2，一些地区已超过 300 人/km^2（袁国强、郭红玲，1998），加剧了山地地理环境的脆弱性。长期以来，受社会生产力发展水平的制约，山地发展主要依赖对自然资源的大规模初级开发来实现，具有粗放开发和掠夺性利用的特征。由于忽视人与自然的协调，生态问题和生态灾难频繁发生，陡坡开荒导致严重的水土流失，大规模的森林砍伐导致森林覆盖率下降和气候恶化，矿产资源的无序过度开发导致地表覆被变化和自然景观的破坏。据统计，全国水土流失面积由新中国成立初期的 100 万 km^2 增加到现在的 294.91 万 km^2 左右（李彪，2015），全国近 1/3 的耕地土壤受到各种级别的污染侵蚀，每年水土流失所破坏的土壤多达 50 多亿吨，山地旱涝灾害和地质灾害面积增加和扩大与全球冰川消退相对应，我国山地冰川也呈现快速消退的趋势，尤其是在 20 世纪 90 年代以后。据对我国 5020 条、14424 km^2 冰川近 40 年的研究发现，冰川面积缩小了 $654km^2$，占比为 4.5%（施雅风，2007）。一些山区过度的旅游开发和建设用地的过量增加，以及超负荷的游人涌入，加剧了本就十分脆弱的山地生态环境的压力，并带来了生物多样性损失、景观破坏、水土流失、水污染、固体垃圾污染等问题。我国已有超过 22% 的自然保护区面积因为旅游业开发不科学而造成对保护区域的毁坏，已有 11% 的保护区表现出资源退化（王丰年，2003；梁留科、曹新向，2003）。

山地旅游的崛起对环境的影响凸显。山地旅游资源是以山地为载体的各种旅游资源的集合，既包括山地本身，也包括与之相关的生物景观、水文景观、天象景观、人文景观等（冯德显，2006）。山地旅游产品主要包括山地观光旅游产品、山地科普教育旅游产品、山地体验旅游产品、山地疗养度假旅游产品、山地运动旅游产品、山地文化旅游产品、山地特色旅游产品（王军等，2009；谭宏鹰，2015）。随着人民生活水平的持续提高和旅游业的持续发展，目前旅游业已开始出现转型，未来旅游业发展方向将由目前的单一观光旅游向复合型旅游发展，休闲游和度假游即将成为未来旅游业的主导趋势。而山地丰富的旅游资源和优越的自然环境将使其成为今后旅游业发展的重点区域。

然而，在山地旅游业的发展过程中，存在着较为严重的忽视旅游业的环境影响问题。近年来，顺应旅游大发展的潮流，许多山区也大力发展旅游业，并将其上升到支柱产业的地位，旅游景区建设如火如荼，旅游道路、宾馆酒店、娱乐休闲等配套基础设施也纷纷"上马"，形成山区旅游大发展的格局。据统计，225 处国家风景名胜区中山地旅游风景区 132 处，占 58.67%（截至 2012 年）；48 处中国的世界遗产中（截至 2015 年），与山地相关的遗产 18 处，占比 37.5%（国家旅游局，2015）；国家旅游局批准的前四批 4A 级旅游风景区中，山地型旅游地数量多达到 190 个，约占总量的 49.1%；全国 5A 级旅游景区数量为 201 个（截至 2015 年 7 月），其中，山地旅游地数量达到 69 个，约占总数的 34.33%（国家旅游局，2015）。山地旅游业的发展促进了当地 GDP 的增长和就业，也带动了相关产业的发展，但不可否认的是，旅游产业发展和山地旅游景区建设过程中对环境造成的影响和破坏也是事实。例如，景区建筑设施的建设破坏了当地原先的自然生态，改变了自然土地利用的平衡格局，游径的开辟和游人的活动不可避免地破坏了生态系统和生物多样性，景区和游客中心大量的污水和固体废弃物不可避免地造成了对河流的污染和对景观的破坏等。

山地旅游业环境影响的核心内容之一就是旅游业发展导致的土地利用变化。在山区，旅游业的环境影响从地理环境要素的角度看，主要包括对大气环境的影响、对水环境的影响、对地表及植被覆盖和动物的影响、对土地资源的影响等。其中，对大气的影响主要表现在相关企业和运输工具的废气排放的影响；对水环境的影响主要是游客中心排放大量生活污水和配套产业污水排放的影响；对地表及生物的影响主要是旅游交通建设和景区建设对地形的改造、对地表植被覆盖和生物多样性的影响；对土地资源产生的影响主要在于改变了土地利用结构和自然生态平衡等。在这些环境影响中，最重要的且在较短时间段内难以改变的是对地表土地利用结构和植被覆盖的影响。土地作为旅游业发展的基础条件，任何旅游资源的开发和旅游交通等基础设施的建设都会引起地表结构、土地、土壤、植被的改变，其中最核心的问题是土地利用的变化。正是土地利用类型的改变，才造成附着于土地上的植被、动物、土壤等自然要素的变化，而其他的环境影响，如废气、废水等污染源的控制和治理则相对容易。所以，研究山地旅游用地的变化和环境影响，是研究山地旅游业环境影响的重要内容之一。

随着我国旅游业进入高速发展阶段，山地旅游用地发展出现了新态势，也产生了新的问题，需要关注和解决。第一，旅游业快速发展对土地规模的要求越来越高，尤其是随着旅游景区景点数量的迅速扩张，旅游用地规模越来越大，而土地资源的供给有限性使得许多景区的开发规模受到严重制约。同时在由"观光游时代"迈向"休闲游时代"的过程中，舒适、环境、生态、低碳等休闲游对土地规模有更高的要求，然而土地总量的有限性，使得耕地占补必须达到平衡，旅游用地的供需矛盾十分突出。第二，随着旅游产业升级和汽车的大众化，自助游和自驾游数量激增，其对交通设施和服务设施也提出了更高的要求和标准，对旅游用地产生了较大压力。第三，一些地方一方面存在旅游景区盲目扩张，甚至侵占耕地农田现象，导致土地供应紧张；另一方面还存在旅游用地浪费严重、景区内旅游用地综合效益低下现象。第四，一些地区在旅游开发中，土地不能持续利用，存在较为严重的景区环境污染等问题。有新闻报道，在我国许多旅游景区，如无锡太湖、长江三峡、昆明滇池、杭州西湖及其他旅游景区，都存在环境质量下降问题，如工业废水及生活污水的未处理排放，生产和生活废渣等固体污染，导致景区水质逐年下降，产生了沿河流两岸分布的污染集中区，严重影响了景区的发展。第五，一些地方在旅游开发过程中，土地流转不合理，产权关系模糊，农民利益受损，景区发展受到制约，还在一定程度上引发了社会问题。第六，一些地区在旅游用地开发中存在过度开发、建设用地过大及盲目扩张、用地结构和土地覆被恶化等问题。因此，如何实现旅游用地的可持续利用、促进旅游业的健康发展、保持旅游地良好的生态环境是值得研究的重大实际问题。

　　土地是众多产业发展和依赖的基础，在山区，尤其是耕地，对于旅游业的发展具有特殊的重要意义。山区是山地辅以丘陵的地形分布区，其显著特点是地面起伏度大，平地很少且主要分布在河流两岸，这种特点决定了山区耕地等优质土地资源的稀缺性，尤其是经过长期的开发，耕地的人口承载量大多处于超饱和状态。旅游资源的开发是以土地为基础载体的，旅游资源的开发过程，本质上就是对土地开发和利用的过程，同时也客观上促进了土地利用方式的变化。旅游开发不仅是对各种旅游资源开发和相关服务设施的建设，同时还促进了旅游景点景区及沿线旅游相关产业的发展，进而引起土地利用方式、土地利用类型、土地用途等的变化，从而也对土地利用和管理、城市发展及生产力布局产生重要影响。例如，建设旅游交通设施、修建宾馆酒店、游客中心、停车场等使土地利用方式发生了改变，而这些旅游资源的开发往往受到地区资源结构、产业构成、旅游消费方式等地区发展要素的制约。山区旅游资源的开发尤其是风景观光类资源的开发，虽然往往拥有充裕的土地，但可用于人工设施的建设用地十分稀少，且常常与居民点等人口密集分布区相重合，如何协调它们之间的关系并建立科学合理且稳定的旅游用地结构，在山区旅游业发展中意义重大。

近年来，尽管土地利用研究取得了较为丰硕的成果，然而关于旅游用地的研究成果并不多见，关于山地旅游用地的研究成果更是少见。从已有的山地旅游用地研究成果来看，大多集中于旅游用地的变化特点及其驱动力、山地旅游对山地环境和旅游用地变化的影响及旅游用地优化等方面，这些研究多是以某一景区为研究对象，而对某区域多个景区的综合研究则很少见，同时在研究内容上缺乏对旅游用地从山地自然地理特点的高度、坡向、坡度等方面的分析。此外，在山地旅游用地优化方面也主要是以定性分析为主，定量分析较为少见，在驱动力研究方面也同样存在定量分析不足的问题。总之，目前仍较缺乏关于快速旅游化和全域旅游化的山区旅游用地演化、形成、发展趋势、结构优化等方面的研究成果。

因此，开展山地旅游用地的研究具有十分重要的理论意义和现实意义。在理论层面上，本书通过对河南省栾川县快速旅游化和全域旅游化典型地区的分析，了解山地旅游用地的发展过程和动态机制，明确山地旅游用地在当地 PRED 系统中的地位和作用，认识山地生态脆弱区人地系统中旅游产业的作用机理与环境的耦合过程，搞清楚旅游用地演变、发展、优化的科学原理和一般规律，从而不仅可以丰富区域人地关系理论和区域可持续发展等理论，还将丰富旅游地的土地利用理论和旅游资源开发理论，更可以弥补学界在山地旅游用地理论方面的不足。在实践层面上，通过对案例区旅游用地的深入解剖和分析，可找出在旅游用地方面存在的不足和问题及与环境相互作用的困惑和不适行为，为今后科学调控旅游用地结构和整个区域土地利用结构优化提出参考建议，并为促进当地旅游业的健康发展、生态环境的改善、创新旅游用地管理体制、统筹区域发展等提供参考依据。

1.2 研究进展

山地旅游业开发与山区特有的自然景观相关，山地作为生物多样性的重要区域（Körner and Spehn，2002）、水源地和气候效应的重要区域（Beniston，1994），具有多变的地形和多样化的景观。而优美的风景是旅游业开发的第一原则（Terkenli，2004），进而使得山区成为重要的休闲场所和旅游中心（Cernusca et al.，1999）。中国大众旅游的发展和中国多山的地形，导致了山地旅游资源的大开发（谢燕娜等，2015），而随着旅游资源的开发，原先的土地利用格局被改变，旅游用地成为旅游资源开发区域的主要用地类型。同时，旅游开发也对山地土地利用/土地覆盖产生了重要影响（Boavida-Portugal et al.，2016），对其进行研究具有重要意义（Nakajima et al.，2017；Liu et al.，2017）。本书参考从中国知网和Springer、Ebsco、Science Direct、Google Scholar、Wiley Online Library、Taylor & Francis Online等外文数据库中检索到的中英文文献，对国内外山地旅游用地研究动态进行梳理，为相关研究提供参考。

1.2.1 山地旅游用地演化及其驱动力研究

国内普遍使用GIS和RS技术，对两期或以上遥感图像进行判读和对比，进而探讨山地旅游用地变化的趋势，普遍认为，受人类活动的影响，山区旅游用地态势发生了变化，主要表现为旅游景区用地、旅游交通用地和旅游基础设施用地面积增加，耕地和生态用地面积有所减少，但在不同的案例区，旅游用地变化特征和趋势存在一定差异（谢燕娜、朱连奇，2015）。徐满等（2012）借助RS和GIS技术，以庐山自然保护区为例，对该区域内土地利用规模、结构、转化模式及景观格局变化进行了分析，指出该区域植被正在进行正向次生变化，植被在外围区域的破碎化水平明显较高，而在区域内部较低，出现这种结果主要在于政策、常住人口和游客的不断增加、旅游业发展等。徐聪荣等（2009）以庐山风景区为例，分析了该区域景观格局特征及动态变化情况，认为15年间耕地、林地和未利用地总量减少，而园地、草地、城镇村及工矿用地、交通运输用地、水域及水利设施用地的面积增加较明显，引起这种快速变化的直接动因主要包括当地自然条件、快速城市化和高速发展的旅游业。阳柏苏等（2006）通过对张家界国家森林十年间土地利用格局变化进行分析，指出十年间近熟林和过熟林的规模维持原状、保持不变，灌木林得到较好保护，幼龄林和中龄林保护较好，但依然可见砍伐森林的现象。陈志刚（2010）借助遥感技术，对以开发旅游业为主的阳朔县的土地利用时空变化进行研究，结果发现，自20世纪90年代初，以县城为中心的建设用地大幅度扩张，高速发展的旅游业使得整个区域内旅游基础设施用地大量增加，导致旅游用地规模不断扩大。李英芳等（2010）借助遥感影像获得武陵源区土地利用变化数据，并基于全国第二次土地调查成果数据和相关年限的资料对比分析了该区域土地利用时空变化，研究发现，在旅游业快速发展的背景下，农业结构发生了明显变化，耕地面积总体下降，服务业用地、水域、交通运输、城镇村及工矿用地面积等迅猛增加。Liu等（2012）基于两次全国土地调查数据，对武当山旅游区土地利用变化进行分析和预测，指出武当山旅游区生态用地的规模将逐渐减小，而生产用地和生活用地规模将增大。马晓龙、金远亮（2016）以张家界为例，分析了地形因子影响下的旅游用地结构，结果表明，张家界旅游用地主要集中在海拔200～1000m和坡度5°～35°的范围，沿坡向的用地在135°～225°和315°～360°方位更占优势，旅游用地中水域和建设用地集中在海拔600m和25°坡度以下地段，而林草地则在海拔200～1000m和坡度5°～35°地段更占优势，分布相对均匀。席建超等（2014，2015，2016）通过整合PRA（参与式农村评估）、GIS技术和高分辨率遥感影像的方法，对野三坡旅游区三个旅游村的聚落演变与土地利用模式进行比较研究，结果表明，农村定居点空间演变出现了"核心—周边"模式，三个村庄的空间演进模式具有不同特点，意味着不同阶段传统村庄在旅游化过程中具有不同的空间特征。吴丽敏等（2015）运用高分辨率遥感影像、GIS空间分析和田野调查等技术与方法，对周庄旅游古镇2002—2012年用地格局演变及其驱动机制进行分析，结果表明，十年间土地转移量明显增多。

导致上述山地旅游地旅游用地变化的因素是多样的，主要包括旅游业发展引致的交通设施和旅游设施用地面积的增加。其中，旅游业发展是导致山地旅游地土地利用变化的主要因素。由于旅游资源的开发和旅游业的发展必然要提高景区的可进入性，因此必须修建交通设施，从而导致交通用地面积的增加（谢燕娜、朱连奇，2015）。游客的进入客观上要求景区提供必要的游览、食宿、购物、休闲服务，因此导致景区旅游基础设施和旅游服务设施建设的展开（徐聪荣、胡海胜，2009；陈志刚，2010），从而引起这类土地利用面积的增加。而景区土地面积是一定的，这部分土地面积的增加则意味着其他类型土地利用面积的减少，减少部分主要来自耕地、林地等。除了旅游业外，其他因素，如政府决策、人口变化（徐满等，2012）、自然因素、城市化的快速推进（徐聪荣等，2009）、居民对森林公园的胁迫作用（阳柏苏等，2006）、农业发展减弱反馈、工业发展减弱反馈（陈志刚，2010）、农户弃农从商、城镇村及工矿用地增加（李英芳等，2010）也可能导致山地旅游地土地利用的变化。实际上，旅游用地的变化是内部驱动因子为基础和推动力、外部驱动因子为支撑力、内外因子共同驱动和作用的结果（杨俊等，2015b，2015c；王新歌等，2017）。

此外，一些学者对旅游引起土地利用变化的机制（马晓龙、金远亮，2014）、旅游区土地利用格局演变（王少华，2017；王少华、梁留科，2015）等进行了研究，还有一些学者基于地形梯度角度对土地利用变化进行了研究（薄广涛等，2017；吴彦潮等，2017；郜红娟等，2015；崔王平等，2017），但这些研究并不属于山地旅游用地的研究，不过其仍对山地旅游的研究具有借鉴意义。

国外在山地旅游用地研究方面，也取得了一些成果。Gaughan 等（2009）利用多时相陆地卫星图像研究了柬埔寨整个吴哥盆地由于旅游业发展而导致的土地利用变化，结果发现，20 世纪 90 年代以来，其旅游业爆炸性增长，导致土地利用快速变化，是旅游全球化和气候变化、区域（国家政策和大河道管理）和本地（建筑和农业、能源和水源）等因素复合驱动的结果。Singh（2009）等对喜马拉雅山区的主要旅游地之一的比云达尔（Bhyundar）谷地的研究发现，大多数旅游中心地区，长期不规范的旅游活动造成了诸如土地利用变化、森林砍伐和垃圾堆积等一些负面影响。Banko 等（2003）对地中海岛屿马略卡岛（Mallorca）山区景观结构变化和组成变化进行研究，发现导致这种变化的主要驱动力之一就是旅游，以往广泛分布的农业用地和橄榄生产梯田用地面积大幅下降，而规模较大的酒店、高尔夫球场和道路设施等旅游设施用地面积大幅增加，同时人口老龄化和旅游业就业人数的增加，最终使当地传统农业人力资源骤减，旅游用地逐渐取代农业用地。Chaplin 和 Brabyn（2013）利用两期陆地卫星图像，探讨旅游业对森林覆盖面积和土地利用变化的影响，研究发现，旅游业发展直接影响森林覆盖率，在研究时段内，当地森林覆盖率直降8%，但存在区域差异。Atik 等（2010）采用 GIS 方法，通过解译四期遥感影像数据，对土耳其地中海沿岸与旅游发展相关的土地利用空间分布和数量变化特征进行了研究，结果发现，在地中海沿岸，土地利用和景观变化的主要驱动力之一就是旅游业，该时段内，1700 hm^2 的农业用地和天然海岸林转换为旅游用地。Kuvan（2010）指出，大众旅游最明显的一个特点就是为开发和建设旅游设施而大规模地使用和改变自然土地，从而引起土地利用方式的改变。在世界范围内，山区的森林是用于旅游设施建设的主要资源，虽然森林构成了旅游的自然资本和原材料，但是，它们却遭受来自各种旅游活动或设施的影响，砍伐森林导致的土地覆被变化是大众旅游发展导致的最重要的全球环境后果之一。Vijay（2016）采用地理空间方法评估旅游业对土地利用/土地覆盖和自然坡度的影响，证实了研究区域旅游业对土地利用变化的过度压力，持续时间较长的酒店数量的增加，使其建设从缓坡发展到陡坡，使其发生明显不利于自然的变化。Marzuki 等（2016）使用空间斑块分析技术对马来西亚珍南海滨（Pantai Chenang）兰卡威岛（Langkawi）沿海旅游岛屿山地的土地利用变化进行了分析，认为旅游开发是导致土地利用变化、动物栖息地丧失和破碎等景观变化典型过程的主要因素。Shui 和 Xu（2016）采用地理信息系统软件，分析在旅游发展背景下兴文世界地质公园土地利用变化影响因素，探讨海拔、坡度、河流系统、交通干线和中心开发区对1995—2010年土地利用变化的影响，认为不断发展的旅游业使旅游线路和道路越来越多，并不断扩大地质公园服务的基础设施。因此，地质公园的邻近土地利用相对其周围环境发生更剧烈的变化。Boori 等（2015）通过比较多时期 Landsat 图像（1991 年、2001 年和 2013 年）来描述旅游对于捷克耶塞尼克山地区土地覆盖的影响，分析了土地覆盖变化的速率和程度，研究表明，围绕每个旅游点采样，随着与每个村庄的距离增加，森林消失的总趋势在减少，这说明旅游业对森林有负面影响。Ding 和 Lu（2016）通过结构方程建模方法，以居民活动参与作为中介变量，分析旅行行为对山地土地利用的影响，结果表明，居民参与旅游活动间接影响土地利用重要作用的发挥，忽略作为中介变量的活动参与也可能导致土地利用模型的不显著影响，因此，分析旅游对土地利用的影响应考虑活动参与的中介性质。Kurniawan 等（2016）使用卫星图像、基础设施数据和旅游景点数据，以印度尼西亚海洋旅游公园吉利·马特拉（Gili Matra）群岛为案例，研究岛屿山地的景观变化模式，结果表明，土地利用/土地覆盖趋向于根据路径、港口、海岸线、公共服务、农村中心、商业区、定居区、旅游住宿、旅游中心区、旅游景点与垃圾填埋区的距离远近而变化。Yi 等（2017）利用 1984 年、1995 年和 2010 年的 Landsat 图像进行旅游土地变化分析，并估算其在这一时期对生态系统服务价值变化的影响。Mwalusepo（2017）以坦桑尼亚桑给巴尔岛的安古迦岛（Unguja）为案例，研究了旅游土地利用和土地覆被数据在较小地理范围内的变化，结果表明，气候变化、土地利用和土地覆被变化将继续影响人类社区和人类生态系统。

1.2.2　旅游业开发对山地环境的影响研究

山地旅游业开发对山地旅游用地变化及环境的影响长期以来受到较多学者的关注。

基于山地景观的脆弱性和土地作为生态系统中的重要组成部分，关于山地旅游业开发的生态环境影响的研究在很大程度上涉及土地利用变化问题。山地旅游业开发的生态环境影响通常包括对森林、生物多样性、水文、土壤、地貌的影响。国外学者对这方面的研究多以负面影响分析为主，因为他们认为频繁的山地旅游活动改变了原始的自然生态系统，但是国内学者则有不同看法。山地旅游对山区生态环境的影响十分复杂（谢燕娜、朱连奇，2015），归纳起来，大致可分为物理的直接影响和生态的间接影响两个方面。

物理的直接影响主要是指山地旅游业发展使原来的生态用地如林地、草地等被物理转化为道路、建筑物、固体垃圾场，以及游客等对天然植被的践踏等（谢燕娜等，2015）。Selman（1991）对土耳其吕西亚（Patra）山谷进行研究，结果发现，山地旅游业对山地环境的影响主要在于道路、宾馆等建筑物的修建，其次是固体废物排放，多以负面影响为主。Sun 和 Liddle（1993）利用澳大利亚昆士兰州八个热带和亚热带样本区，对进入的车辆和步行者对植被和土壤的践踏影响进行了调查研究，发现旅游业对物种数量、植被盖度、株高、物种覆盖和频率都会产生直接影响，但未发现土壤有机质含量与践踏强度之间有显著的关系。Sun 和 Walsh（1998）就澳大利亚游憩和旅游对环境的影响进行了回顾，指出游憩和旅游对环境的影响包括物理影响和生物特征的影响，其中，物理影响主要指轨道形成、土壤流失或压实方面，同时这些增加了火灾发生的频率。Madan 和 Rawat（2000）对加瓦尔（Garhwal）的马苏里（Mussoorie）度假村旅游业发展与环境破坏的关系进行了研究，发现旅游业的开发导致建筑违法建设、垃圾增加过多等环境问题。Tolvanen 和 Forbes 等（2001）认为旅游业开发导致对山地桦树带的踩踏，对植被恢复产生了较大的影响。Region（2006）通过调查，认为旅游和游憩业导致压实土壤、植被践踏等不良后果；还指出，露营比徒步有更大的破坏力，滑雪对植被的直接影响虽然没有徒步和露营大，但机器的碾压和被压实的积雪导致融雪时间延长。Pickering 和 Hill（2007）对游憩和旅游对澳大利亚自然保护区植物生物多样性和植被群落的影响进行了研究，结果发现，游憩和旅游等对植被有直接影响，如为修建基础设施而损坏植被，践踏、骑马、山地自行车和越野车等对植被的破坏等。Geach（2016）对阿多（Addo）国家大象公园（AENP）在生态、公平和经济原则方面的可持续性进行了研究，指出 AENP 旨在保护大象和其他动物物种与独特的亚热带丛林植物的平衡，但由于旅游开发，导致大象数量过度扩张，引致植物、生物量减少和地方性植物群的损失。Bashir（2016）以 Pahalgam 为案例，分析了山地城市旅游业发展在固体废物管理方面面临的挑战,研究认为,旅游业对山地城镇经济产生了深远影响,但是在固体废物产生方面带来了新的挑战,对敏感的山区环境产生了负面影响。在帕哈甘(Pahalgam),旺季时的宗教旅游活动产生大量固体废物,同时地方机构能力的欠缺以及平缓土地的缺乏,造成废物收集基础设施的位置不当以及收集能力不足等问题。该研究还发现,在高峰旅游季节,城市固体废弃物的非科学处置与降低地表水质量和下游水源性疾病的发生率之间存在非常强的相关性。

间接的生态影响主要是指由于发展旅游业而对山区天然的生态系统产生的影响,如对植被、土壤的影响,生态美学价值的损失等(谢燕娜等,2015)。Hoogesteger(1984)对芬兰和瑞士拉普兰德(Lapland)的山地旅游荒地小屋(wilderness huts)周围的植被变化进行了研究。Selman(1991)通过对土耳其吕西亚(Patra)山谷研究发现,山地旅游业对水供给和水环境产生了负面影响。Pignatti(1993)对旅游业对意大利中部亚平宁山脉的山地景观和山地生态环境的影响进行了研究,发现植物多样性不断下降,频繁的游客运输线沿线,物种数量大幅锐减,使得耐践踏物种成为优势物种。挪威学者Wielgolaski(1998)对山地桦树区荒地植被和土壤的影响因素,野营小屋对沼泽、草地和荒地植被的不利影响进行了研究。Sun和Walsh(1998)认为旅游业开发的生物效应主要指造成植被破坏,桃金娘枯萎病的风险增加,土壤病原菌、肉桂疫病的传播,以及协助杂草传播等。Madan和Rawat(2000)对马苏里(Mussoorie)度假村的研究发现,旅游业的发展导致了侵占森林土地、卫生设施不足和污水排放、水资源稀缺、交通拥堵和车辆污染等问题,原来非常美丽的城市在当下面临极大的威胁,同时现代旅游设施和基础设施的建设,导致了景观美学价值的损失。因此,建议对脆弱山区的土地利用制定有效的土地规划,森林应该得到保护和妥善管理,酒店旅馆的设计和新建筑物的设计应该同当地景观保持一致。Malmivaara等(2002)和Tolvanen(2005)研究了旅游对山区南坡的桦树(birch)区的生态影响。Region(2006)通过调查,认为旅游和游憩业导致了生态环境的变化,如土壤腐殖质层厚度减少,干扰动物正常活动和降低环境视觉和美学价值等。Kelly等(2003)对旅游业威胁植物物质和植物群落的影响进行了研究，调查发现，在澳大利亚，旅游业直接或间接威胁72个植物类群，占受威胁物种的1/5。在保护区内，越来越多的物种受到旅游业引起的杂草、致病菌的间接影响。Pickering 和 Hill（2007）研究认为，休闲和旅游除了具有直接物理影响外，也有不太明显，但可能更严重的间接影响，包括杂草沿步道和道路自我扩散的影响，根腐烂真菌刺槐干腐病的蔓延对原生植被的影响也很严重，其中包括许多珍稀和濒危植物等。

对于山地旅游造成的对土地利用/覆被变化和环境的影响，不同的参与者具有不同的感知，一些学者从游客、管理者、当地居民等不同的角度，对此问题进行了研究。普遍认为，山地旅游的发展对土地利用/覆被变化及生态环境会造成负面影响，但在认知上存在较小差异。在游客内部，从事不同游憩行为的游客，对其行为的影响也有不同的认知。Tyrväinen 等（2014）基于对芬兰拉普兰德两个主要旅游目的地调研取得的1054份问卷，从游客的角度研究旅游目的地的土地利用变化问题，认为游客重视小规模的住宿单元、栖息地保护、绿色基础设施和方便性，旅游目的地建设中，除了要确保住宿融入自然外，还要保护天然森林植被群落和自然景观。Region（2006）认为，不同的游客对山地旅游中游客行为的环境影响有不同的认识，调查结果表明，1/3以上的跨县界滑雪者和较长时间的徒步旅行者认为其行为对植被有显著的践踏，影响了自然的土地覆被，而下坡滑雪者的相应份额仅为10%，一半的受访者认同植被践踏是一个问题。Kuvan（2005）以土耳其地中海沿岸 Belek 度假胜地为例，研究居民对旅游业影响森林和土地覆被的态度，指出居民对在该地区发展旅游业持积极态度，但也普遍关注旅游业的负面影响，主要是对森林和土地覆被的影响，并认为，负面影响的形成并不是由旅游本身造成的，而是决策等公共权力问题。Pickering 等（2003）研究了澳大利亚最大的一个雪区的管理人员对旅游影响环境的判断，认为旅游业对环境具有严重的负面影响，滑雪胜地对邻近的自然区域的影响往往超过较远的区域，旅游对植被和土地覆被也有广泛的不利影响，使野生动物栖息地减少、破碎化程度加深，从而对动物群体不利。

此外，一些学者对山地旅游地中呈线状延伸的道路、索道、小径等对土地利用/覆被变化的影响进行了研究，认为道路本身除了是对土地利用的显著改变外，还可引起整个旅游地土地利用格局的变化，这种格局的变化还可能受到周围非旅游地土地利用/覆被变化的影响（Arturo et al.，2003；Jones et al.，2009；Lasanta et al.，2007）。Allan（1986）注意到，无障碍环境是山地经济发展至关重要的一个因素，可进入性可有效打破土地利用随海拔变化的传统格局。Martin（1992）认为修建交通设施作为提高可进入性的主要方法，可使旅游业深入到山地内部，从而引起山地土地利用格局的变化。Bäck 和 Jonasson（1998）强调旅游道路施工的不同阶段对环境和土地利用具有不同的影响。Douglas（2001）认为旅游索道发展对土地利用模式和旅游城镇复兴只有适度的影响。Tomczyk（2011）使用植物群落践踏的脆弱性和土壤侵蚀过程的脆弱性两个变量，评估了拉戈斯国家公园游憩路径造成的环境敏感性及其程度在区域的空间分布。

在国内，只有较少论文详细论述山地旅游资源开发导致的土地利用变化及环境影响，与此同时，对影响方向和方式学者们也有不同认识，有学者认为旅游资源开发改善了土地利用和山地生态环境，有的却持否定意见。在环境影响方面，敏感程度、景观重要值和物种多样性信息指数各自随海拔升高而变化；随着距游径的水平距离变化，植被景观的特征受到不同程度的影响（党兴强等，2012）。资源空间环境容量超载，将导致山区主要景区压力增大，游客频繁的旅游活动使地表变硬，直接影响雨水的下渗，导致土壤含水量降低，最终导致旅游区景观美感降低，降低重游的愿望，同时供水能力的超载导致地下水位下降也会对景区植被带来不利影响（王建春、任丽军，2008）。旅游项目的建设可能会对植被、动物、土壤、固体废弃物、废水和生物多样性产生不良影响，但是这些影响在项目施工期和项目运行期分别具有不同特征（乔磊，2016）。Zhao 等（2011）对长白山研究发现，已开发旅游业的白河流域比没有开发旅游业的露水河流域经历了更严重的森林砍伐。在旅游业的正向影响方面，Dong 等（2008）对泸沽湖地区的研究发现，在旅游地内虽然农田和湿地面积减少，但是林地和草地的面积有不同程度增加，旅游业的良好发展和对生态系统的有效管理，使大多数农民主动参与非农就业，并采取措施保护森林、草原和湿地。Li 等（2006）对九寨沟的研究发现，旅游业开发不但没有导致自然环境退化，反而使土地利用和环境方面的有些指标有所提高。杨曦、姜锋（2015）测算了旅游业发展驱动的土地利用与覆被变化对旅游景区植被碳库的影响，结果表明，旅游业可以通过良好的景观营造等土地管理措施，增加景区碳汇，用以"中和"旅游业能源消耗产生的碳排放。但国外的研究通常认为，旅游业发展会导致旅游地生态环境、土地利用的不利变化，国内研究的有利正向变化结论可能与旅游业的高速发展、旅游业发展前较大的人口压力等有关（谢燕娜、朱连奇，2015）。

此外，国内学者使用综合生态敏感性（IES）、旅游干扰度等指标和方法，研究旅游资源开发对土地利用变化的影响（谢燕娜、朱连奇，2015）。Zhang 等（2012）通过综合生态敏感性（IES）指标，研究北京百花山旅游对植被景观和土地利用的影响，采用双向指示种分析（TWINSPAN）和典范对应分析（CCA）等方法，分析植被景观、环境因素和旅游之间的关系。钟静、张捷（2011）以九寨沟为例，采用旅游干扰度指标对九寨沟山地旅游干扰景观和土地利用进行了研究，其认为，旅游活动对景观格局的影响是旅游干扰的重要体现，旅游利用强度在分区存在差异，必然导致旅游干扰度的空间差异。

与此同时，梁栋栋、陆林（2004）以安徽省舒城县百丈岩旅游区为例，分析了旅游开发对土地利用结构变化的影响，认为贫困地区旅游开发土地利用类型具有单一性和继承性的特点，并提出了土地利用变化的驱动力和评价原则。李巍等（2009）以武陵源区为例，分析了近10年来随着山地旅游经济的增长各类土地利用类型的变化情况，认为武陵源区耕地、城镇建设用地、林地以及未利用地4类用地面积与旅游总收入高度线性相关，反映了武陵源区高速增长的旅游经济对区域内土地利用变化的影响作用巨大。

1.2.3 山地旅游用地优化研究

国外旅游用地的优化研究较少,且强调通过政策法规和有效管理来实现。山地旅游发展给土地利用变化和生态环境带来了负面影响,为确保山地旅游和山区土地利用的可持续发展,必须通过政策和管理来规范山地旅游业的发展。Nelson 等(1997)认为,国家公园、自然保护区规划、管理、决策面临的最大挑战就是土地利用变化。Fleury 等(2009)通过对两个案例区,即美国佛罗里达州赫尔南多县(Hernando)布鲁克维尔山脊山洞(Brooksville Ridge Cave)和罗马尼亚农村的阿列谢尼(Apuseni)自然公园的保护区计划发展和实施问题的调查,对与喀斯特山区旅游业相关的土地利用法规问题进行研究,结果发现,管理者面临着实施一系列法规的严重障碍,有关法规和土地使用问题的具体性质在农区和城市化地区是不同的,他们通常需要采取不同的方法来解决这些问题。Mitchell 和 Reid (2001)指出西班牙巴利阿里群岛可以通过设立约束旅游发展的"POOT"政策,即设计量化评价指标体系,划分旅游区、保护区、预留区等,构建旅游可持续发展的管理体系来解决旅游用地生态问题。Essex(1997)对英国峰区国家公园(the Peak District National Park)森林规划中的土地利用优化进行了研究,对山顶公园联合规划委员会制定的林地政策进行详细分析,甄别当地政策制度在执行过程中的相关重要性因素,分析了这些因素对土地利用的影响。Hadwen 等(2003)评估了旅游对澳大利亚 Frase Island 上 15 个沙丘湖的潜在威胁,提出了对这些湖的保护管理规划应集中在那些具有较高旅游吸引力和较强富营养化敏感性的沙丘湖上的建议。Kuvan(2010)认为大众旅游活动加剧了对森林和其他自然区域的压力,对森林资源保护和持续性利用的关键就是监测和消除山地旅游业对土地利用和环境的负面影响。Parolo(2009)等提出了一种关于基于遗传的新算法,用以优化调整旅游基础设施。Nepal(2000)以尼泊尔喜马拉雅山三个最热门的旅游目的地为案例,分析了关于旅游用地优化的国家政策问题,研究发现,尼泊尔喜马拉雅山已成为国际旅游业热门的目的地,随着近几年的快速发展,给土地利用和环境带来了严重的问题,重新考虑旅游业对环境的影响，并重新制定政策显得非常重要。Bartels（2016）分析了坦桑尼亚北部塞伦盖蒂国家公园东部边界的洛里昂多（Loliondo）由于旅游开发而导致的土地利用冲突，该地区是牧民粮食安全的主要保障，但政府的旅游开发政策使其粮食安全受到冲击。Sani 等（2016）综合利用地理信息系统、遥感和多标准决策分析，评估由于旅游开发在多功能林业方面的生态土地适宜性，以便为不同用途的林地进行有效和可持续的分配和优化管理提供参考。Kangas 等（2016）提出了一种评估生态价值以协调多种土地利用需求的方法，通过在芬兰东部旅游山地的使用，展示了总生态得分（TES）在评估自然保护生态价值区域和为生态可持续发展的旅游和休闲基础设施领域的成功。Kaswanto（2015）通过 LANDSAT 卫星图像结合景观元素价值的方法来评价农业旅游活动中土地利用的可持续性，认为依据可持续性、适宜性、美化和舒适性等指标构建的 ATBA 方法有助于建立最佳的土地管理方案。Hoefle（2016）采用多功能分析框架，评估了亚马孙中部地区农村的生态旅游，其认为，如果由于竞争性土地利用导致冲突，将促使当地居民边缘化。Stan 和 Sanchez–Azofeifa（2017）对 The Edmonton–Calgary 走廊的土地覆盖变化未来模拟进行了研究，为土地利用管理提供借鉴。

　　国内关于山地旅游用地优化的研究大多强调坚持生态友好型的土地开发模式和优化方式。吴兆录（1997）以西双版纳自然保护区勐养片为案例区，在应用农村快速评估法和参与性农村评估法调查现状的基础上，对土地利用模式进行了研究，结果发现，该区可分为 3 种基本的土地利用模式，是一种融经济、生态、社会协调发展为一体的模式。付磊等（2008）对生态旅游环境友好型土地利用模式进行了研究，结果发现，这种模式的主要特点是保护自然环境且不阻碍社会经济发展，保护历史文化且不阻碍追求现代科技文化，增加了游客的参与性且保护了自然资源。李跃军、周秋巧（2009）认为当前山地型旅游地开发中普遍性的环境问题之一就是水土流失和土地退化，指出山地旅游地水土保持和土地管理既要坚持因地制宜、与小流域治理相结合、高标准水土保持建设，也要坚持自然生态原则和环境敏感区保护原则。王凯等（2009）借助 RS 和 GIS 技术手段，选择案例区内具有代表性的因子，用因子叠加法将铜山风景区的生态敏感性按生态敏感性的高低，分为极度敏感区、敏感区、低敏感区和不敏感区4个等级，并指出不同等级地区应采取不同的生态环境保护和土地利用开发建设方案。申世广等（2013）在GIS分析方法和AHP法基础上构建土地适宜性评价模型，将案例区分为5个等级，不同等级地区应采取保护和永续利用措施。梁栋栋、陆林（2006）对山地型宗教旅游地土地利用问题进行了研究，结果发现，利用层次分析法可定量确定土地利用问题重点区，并对土地利用优化和可持续利用提出了相应的对策。张凤太等（2009）设计出了城郊旅游农业模式、丘陵山地农业旅游优化模式、水域渔业旅游模式和小流域石漠化治理生态农业模式4种乡村景观优化模式。赵莹雪（2014）构建了基于生态适宜性和生态绿当量的ES – EGE（Ecological Suitability and Ecological Green Equivalent）旅游用地生态优化模型，包括时空优化配置模型和类型结构优化模型，提出了在不同的适宜区布局不同的旅游特色项目的观点和土地利用结构具体的调整方案。

学者们也从生态敏感性、用地效率、生态安全与风险、旅游用地集约利用等方面，对山地旅游用地优化进行了研究。朱东国等（2015）以典型山地旅游城市张家界市为例，基于山地生态特征和人为活动状况，选取高程、坡度、植被覆盖、水域和地质灾害易发性等5个因子作为生态敏感性的评价指标，运用遥感和GIS技术，对张家界市域综合生态敏感性空间分布进行了研究，结果表明，张家界市域生态敏感性总体较高，区域差异明显。在生态敏感性分析的基础上，根据不同生态敏感区的实际情况提出了相应的旅游用地措施。王静（2014）以数据包络分析为评价模型，采用DEAP – 2.1软件对姑婆山国家森林公园的旅游用地效率进行评价，探讨景区投入产出的有效性，分析影响景区用地经营效率的原因及其发展趋势，研究认为，该森林公园综合效率及纯技术效率总体出现下滑趋势，规模报酬逐年递增，发展形势良好。王建英等（2016）采用最小累积阻力模型构建福建省晋江市山区紫星村"自然—文化"综合生态安全格局，以此为约束条件对旅游用地进行空间布局优化，认为可将综合生态安全格局划分为核心保护区、生态缓冲区、生态过渡区和人类活动区4类生态功能区。余中元（2015）对高铁发展带来的区域旅游格局的改变对海南生态安全进行了研究，认为高铁旅游对区域承载力产生巨大压力，对区域土地利用格局产生影响，对区域文化产生冲击。王兆林（2016）利用 ArcGIS 技术并结合多因素综合评价法与问卷调查法，对铜梁县旅游用地集约利用进行评价，认为该县旅游用地集约利用水平内部差异显著，粗放式旅游经济增长模式造成旅游用地利用浪费突出，部分乡镇依然存在依靠低成本的山水资源禀赋实现产业规模扩张的旅游发展模式。张扬等（2014）采用 GIS 方法与 AHP 评价方法，对景区的土地集约度进行研究，并提出相应的政策建议。刘发勇等（2015）应用土地利用综合指数与景观格局指数建立土地生态风险评价模型，对黄果树景区土地利用变化的生态环境效应风险进行评价，结果表明，该景区近 10 年来土地生态风险指数不断增加，城镇建设、道路等基础设施建设以及景区土地利用结构调整是生态风险变化的主要影响因素。刘艺等（2015）分析了山地旅游区紫鹊界的土地利用现状，依据土地功能主体性原则将景区划分为生产、生态、社会、生态—生产和生态—社会 5 个功能区并提出各功能区的土地利用方式。吴智刚、袁振杰（2015）采用文本收集与对比分析方法，对旅游发展背景下的土地集约内涵进行了研究，认为土地开发的公有化原则是土地集约化利用的前提，土地开发主题的多元化原则是土地集约化发展的未来导向，和谐化原则是土地集约化发展的稳定保障，时序性原则是土地集约化发展的营销支撑。

此外，一些学者尝试采用不同的数学模型来模拟和优化景区的土地利用，例如，许小亮等（2016）、李鑫等（2016）采用 CLUE – S 模型，杨俊等（2015a）采用元胞自动机模型，陈妍等（2016）采用 InVEST 模型，陈影等（2016）、徐开鹏等（2016）、周书贵等（2016）将多模型结合来进行研究，等等。但需要指出的是，这些研究并不属于山地旅游的研究。

综上所述，无论是国外还是国内，对山地旅游用地优化的研究均侧重于从生态保护角度对土地利用模式和生态环境的可持续性进行管理，从而解决山地旅游用地的可持续发展问题。虽然也有对景区进行分区旅游用地优化和管理的案例研究，但是关于山地旅游用地空间优化的研究还不多，需要加强该领域的研究。

1.2.4 山地旅游用地利益相关者研究

国外关于山地旅游发展导致的对土地的利用及造成的环境影响的研究，涉及当地居民、不同的从业者、投资者、管理者等相关利益者，在山地旅游规划和开发中，必须正确处理各方的关系，加强各方的沟通，减少利益相关者之间的冲突，确保山地旅游及土地利用的可持续发展。其中，尤其强调当地居民的地方话语权，为他们提供共享管理责任。Mäkitie 等（2013）通过对坐落在芬兰最高山峰中间的旅游业较为发达的 Kilpisjärvi 村庄的研究，提出在旅游业发展和土地规划中，应强调社会影响和地方话语权的多样性，透明和参与式的规划将提升可持续能力及决策能力，也将提高当地人的满意度。Aagesen（2000）对阿根廷安第斯山脉南部阿勒斯（Alerces）国家公园的土地资源使用权进行了研究，认为公园推动旅游业发展，以改变当地居民的生存策略，但家养动物并不是公园的保护对象，以放牧为主要生计的当地居民并不太热衷旅游，但居民缺乏谈判权，在保护规划中已经被边缘化，应通过强调居民的权利，以共享管理责任来缓解这种状况。Region（2006）探讨了芬兰拉普兰旅游景点土地利用各方的相互关系，指出，由于对同一森林资源的竞争，旅游业可能会造成与销售木材者等其他利益相关者的冲突，游憩业的发展也造成与饲养驯鹿产业之间的冲突，此外，还导致周围牧场的过度放牧等，强调减少冲突最有效的途径是制定有效的指标、措施、标准、教育和参与式管理的规划，规划时应考虑不同利益相关者的意见。Baron 等（2000）认为，文化和社会冲突对生态系统和土地利用有直接影响，增加了落基山脉西段管理的难度，必须超越公共土地来影响私人土地上的土地利用决策，土地利用的变化只不过是在一个时间点上许多地方决策的结果，土地管理者必须花更多的时间与许多不同的特殊利益集团建立有效的沟通，并指出，明智的土地管理要求公共和私人利益相关者在环境保护方面应该有相似的观点，这就要求牧场主、开发商、新移民、服务供应商、地方政府、公共土地管理者等利益相关者要加强沟通。Saremba 和 Gill（1991）对山地公园规划过程中利益相关者的态度差异进行了研究，认为在北美地区，山地度假胜地经常与荒地毗邻，因此可能导致不同土地用户之间的冲突，调查显示，来自不列颠哥伦比亚省的度假区居民，比那些居住在大温哥华的人，表现出对保护的较少支持，这种差异归因于不同人群的不同效用值。Herbin（1996）认为，规划政策需要考虑利益和目标的关系，包括当地居民、私人投资者、政府部门，特别是游客等。

国内相关研究主要集中在土地利用冲突方面。山地旅游资源的开发和山地旅游地的建设，不可避免地要占用土地，而这些山地往往有一定的人口分布和其他经济活动，因此造成旅游用地和农业用地等其他用地的冲突，冲突的主体一般为旅游企业和当地居民，有时冲突方还可能涉及地方政府、管理机构、旅游者等。湖南省张家界的案例研究表明，虽然现阶段旅游开发在促进地方经济和社会的快速发展方面起着重大作用，但旅游业发展土地利用和农民农业土地利用之间产生了较为严重的冲突（杜彩云等，2009）。云南省富源县水族旅游文化区的案例研究也表明，旅游用地和农用地之间存在较大矛盾（崔素莹，2011）。风景资源产生的正向外部效应的空间利益分配不均是导致冲突产生的根本原因（肖华斌等，2013），土地利用冲突的类型可以分为保护理念、经济利益以及人际关系 3 种，冲突演变过程可分为冲突潜在阶段、冲突意图阶段、冲突行为阶段以及冲突结构阶段 4 个阶段。土地利用冲突的核心问题是利益分配问题，应通过发展生态旅游、平衡各方利益、科学规划等途径解决这种矛盾和冲突。刘璐等（2011）认为，应对原有的土地结构做出适当调整，控制建设用地，保护和扩大生态用地、地质遗迹和景观用地，综合协调、有效控制各种土地利用方式，注重风景区土地利用规划的协调作用，以化解这些冲突。崔素莹（2011）认为应该通过促进农业转型、提高土地附加值、提供政策保障体系等三个方面来切实解决土地利用问题。杜彩云等（2009）认为应通过经济补偿、推进当地居民参与旅游业发展等途径解决冲突。左冰、保继刚（2012）指出旅游用地冲突主要是农村社区参与权利很小，参与机会很少，其制度性根源在于集体土地所有权受限制支配。

1.2.5 评述

多山的地形和中国大众旅游的快速发展，导致了山地旅游用地的快速变化，如何认识这种变化和由此所带来的环境影响，以及如何调控这种变化，是摆在学者们和管理者面前的重要课题，开展相关研究具有重要的现实意义和理论意义。通过对检索到的文献进行分析可以发现，相关研究主要集中在旅游用地演变特征及其驱动力研究、山地旅游资源开发对山地旅游用地变化和山地环境的影响研究、旅游用地优化研究和山地旅游用地利益相关者研究等方面。其中，第一方面的研究成果相对较多，但国内的案例区主要集中于少数的著名旅游景区，人口稠密、旅游业快速发展的中部地区的案例较少。关于山地旅游资源开发和旅游用地变化对环境影响的研究，国外较为注重其所产生的负面影响，但国内对负面影响的研究较少且存在争议。已有的关于旅游用地优化的研究主要侧重于政策、管理、土地利用模式评价等，旅游用地结构优化和空间优化方面的成果仍较少。在山地旅游用地利益相关者研究方面，国外研究较多，而国内研究较少且仅关注土地利用的冲突。国内外关于山地旅游用地的研究，主要是对某一具体景区的分析，对某区域多个景区的研究则很少见，在研究视角上，也缺乏山地高度、坡向、坡度等自然地理方面的研究，在优化方面定量分析的不多，在驱动力分析方面也存在定量分析不足的问题。

随着中国经济的发展，旅游业正在步入转型升级阶段，未来山地旅游的发展也将步入更快的增长阶段，今后研究应注意以下几点（谢燕娜、朱连奇，2015）：第一，应加强旅游用地研究。在我国，土地利用/覆被变化已经得到了众多学者的关注，研究成果也较为丰富，但关于旅游业发展导致的旅游土地利用变化的研究成果并不丰富，深入山地旅游用地领域的研究成果更少。随着我国旅游由观光向休闲纵深方向的发展，山地旅游资源会得到更高程度的开发，可能会带来更多的问题，学者们应加强该领域的研究。在研究对象上，除了聚焦某景区外，还应关注某区域多个景区的研究，本书即是从区域出发对多个景区的综合研究。第二，中国经济的发展阶段，决定了各地目前对山地旅游资源开发均给予极大的热情，学界的研究也较关注相应的土地利用规划和开发带来的正面影响，但由于山区生态环境的脆弱性和复杂性，也应对开发的负面效应给予关注，以确保土地资源的可持续利用。本书在分析过程中既考虑到了山地旅游业发展的积极影响，也注意到了山地旅游业发展的负面影响。第三，加强对不同景观代表性山地旅游地土地利用变化的案例研究，在丰富的案例研究基础上，进行总结和理论提炼，使该领域研究上升到较高的高度。我国地域辽阔，自然环境复杂，类型多样，也使我们有较好的条件开展此类研究。本书选取中部人多地少、旅游业快速发展、旅游产业比重较大的典型山区进行分析，以丰富国内相关研究成果。第四，在研究视角上，已有文献较少从山地自然特征如高度、坡度、坡向方面进行研究，而从自然特征角度认识山地旅游用地的变化是突出山地特征的重要内容，也是理解山地旅游用地发展变化规律的重要视角。本书从地势、高度、坡度、坡向等多个角度，对该问题进行了较为深入的研究，此外，本书还从时间维度、空间维度、服务功能等方面展开研究。第五，在研究方法上，除了较为成熟的遥感和GIS方法外，也要采用实地微观调查方法和问卷调查方法，以获得翔实的第一手数据，为相关分析奠定基础。此外，还要考虑多学科相结合的方法和复杂模型方法。本书除了采用遥感和GIS方法外，也强调了实地调查的重要性，基于景区图斑和入户调查数据，对该问题进行了研究。第六，要加强山地旅游土地开发中的冲突和协调研究，中国历史悠久，人口众多，山区也不乏较多的人口分布，在有些地区山区还是矿产集中开采区，有的山区往往还是林区、水源区、自然保护区等，如何协调各利益相关者也应引起关注。本书在研究过程中，关注到了景区开发中农户土地和公司用地的关系，强调了农户参与和农户旅游脱贫的重要性。

1.3 研究思路与技术路线

本书以人地关系理论、可持续发展理论、土地集约利用理论、山地垂直地带性理论、旅游地生命周期理论为理论基础，以栾川县作为典型案例，着重研究山地旅游用地的时空演变特征、形成机理及其环境影响，并基于生态优化理论，对案例区旅游用地的优化和未来演变提出可行的技术方案。研究中突出旅游业快速发展、景区规模大且多、全域旅游化、生态脆弱区、环境变化敏感区等区域特征和特色,并以山地垂直高度变化(高程)、不同地貌部位(坡度、坡向)为研究的重要出发点和切入点。景区是旅游用地的基本单元,本书将以栾川县的13个景区作为基本单元进行研究。

具体技术路线如图1-1所示。

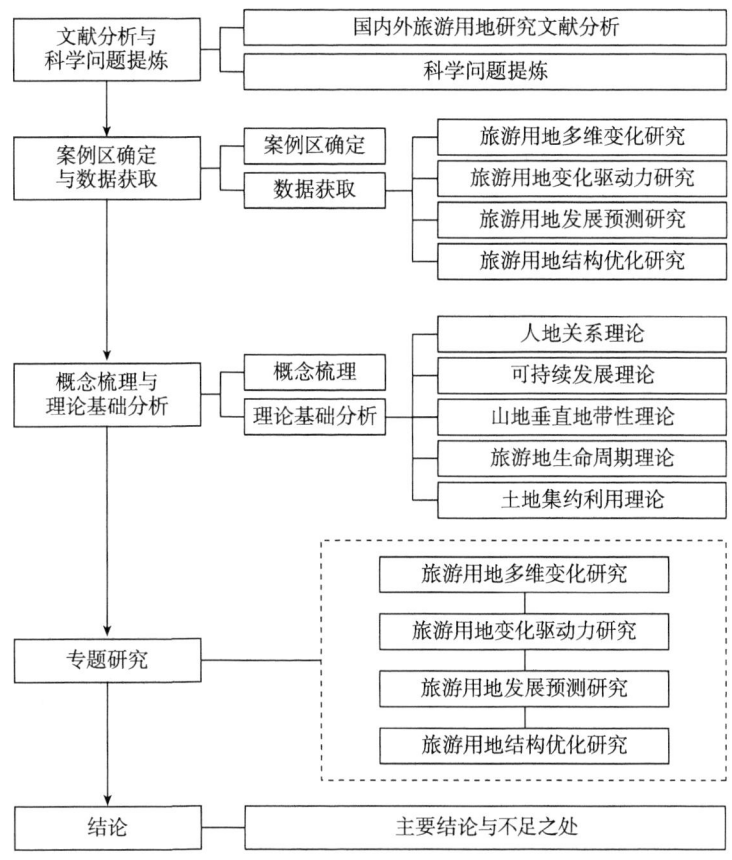

图1-1 技术路线

首先,文献分析与科学问题提炼。使用中国知网、谷歌学术、EBSCO、Springer、ScienceDirect等学术论文数据库,检索相关文献,分析国内外相关领域的研究现状和研究进展,并根据学科特点,提炼出要研究的科学问题。

其次,案例区确定与数据获取。选择河南省栾川县作为研究区域,通过购买、调查、咨询等途径获取研究数据。遥感数据主要为研究区1991年、2001年、2011年及2015年四个时间点的卫星遥感数据,通过判译解读,获得各时间点的土地利用信息。统计数据主要为研究区对应时段的社会经济统计数据,尤其是旅游业发展相关数据。调查数据主要是根据研究需要,深入研究区和各个景区进行土地利用调查而获取的数据。

再次,概念梳理与理论基础分析。对本书所涉及的相关概念,如山地、山地旅游、旅游用地等概念进行辨析,明确本书所采用的概念内涵和外延。分析本书的理论基础,如可持续发展理论、人地关系理论、山地垂直地带性理论、土地集约利用理论、旅游地生命周期理论等。

复次,专题研究。将本书的核心内容分解为4个方面进行深入研究,分别是山地旅游用地时空变化、山地旅游用地演变驱动力、山地旅游用地规模预测、山地旅游用地结构优化等。

最后,结论。对本书内容进行总结概括,并讨论研究不足之处和下一步的研究计划。

1.4 研究方法

本书主要采取以下研究方法:

1.4.1 文献分析与归纳分析法

文献分析和归纳分析是科学研究的重要方法。通过文献分析,可了解山地旅游用地的研究现状和研究动态,有助于切入科学问题并避免重复劳动。通过归纳分析,可总结出旅游用地演变的规律。本书借鉴人地关系理论、可持续发展理论、土地集约利用理论、生态学理论、系统论等理论,基于对文献的梳理,以旅游业的快速发展对山地旅游用地变化影响为切入点,归纳总结旅游用地变化过程中的各种因素及其作用机制。

1.4.2 遥感与GIS分析法

遥感和GIS分析法是研究地理现象的基本工具和高效工具,具有其他方法不可替代的功能,是现代地理学取得的重要进展之一。利用高分辨率卫星图像数据，结合实地调查，可以弄清每一图斑的土地利用类型，深入分析旅游用地的特点和变化规律。借助多时段空间数据和属性数据，运用地理信息系统和遥感技术，结合 ArcGIS 中的空间技术提取、缓冲区分析、制图等空间分析和表达功能，集成多源属性数据，可以将山地旅游用地时空变化过程及相关因素可视化并分析时空变化特点与规律。

1.4.3　野外调研与实证分析法

野外调研是认识研究对象的基本方法，也是获得第一手数据的主要途径。通过在旅游景区的实地调研可了解旅游用地的现状、空间分布和演变特征；通过入户问卷调研，可了解农户土地利用特点和变化动态；通过对景区管理人员的调研，可了解景区的发展历史和经营现状及土地利用特点；通过对景区游客的随机截访调研，可了解游客对景区环境及土地利用的感知和行为特点。

实证分析是研究现实现象和事物的一种有效手段和方法。实证分析通过对具体事实的调研和分析，提出假说、验证假说，进而探索规律，同时该方法也是一种较易操作的方法。通过对具体案例的深入分析，有助于详尽了解旅游用地现象与过程的特征和内部联系。本书通过对栾川县 13 个景区的分析，研究山地旅游用地的现状、演变和影响因素，分析 20 多年来研究区旅游用地在不同时段、不同点位的变化强度、频度，为理论分析提供实证支持。当然，我们也不能忽视规范分析的重要性，根据具体情况，在理论研究中也采用规范分析的方法。

1.4.4　对比分析法

主要采用纵向比较法和横向比较法进行旅游用地变化的研究。纵向比较法是通过对同一事物在不同时期的特征比较，来认识事物变化规律和本质、特点的方法。横向比较法主要是通过对类似事物在同一时期特点的对比，来认识研究对象本质的方法。比较法具有简明、直观等特点，在科学研究中使用频率较高。本书主要通过对 4 个时段（1991 年、2001 年、2011 年、2015 年）土地利用特点的比较，分析土地利用的动态变化，并分析这种变化与发展的动因；通过同一时段内不同类型土地利用特点和不同时段内同一类型土地利用变化对比，以及必要时也可采用同一地段旅游地与非旅游地土地利用及其变化的特点对比，来说明山地旅游地土地利用变化的特征和规律。

2 概念界定与理论基础

2.1 概念界定

2.1.1 山地

山地是一种典型的地貌形态。山地一般是指高度较大、具有一定坡度、连绵延伸、显著突出于周围地域的正地貌形态，一般由山峰、山脊、沟谷组成（徐春霞，2007）。山地是自然旅游资源的主体，它包括山岳和丘陵两部分（俞学才，2002）。通常依据海拔高度、地形相对高度、山体坡度等特点，将其划分为低山、中山、高山和极高山等类型。低山通常海拔高度在500~1000m，相对高度在200~500m，山体坡度为5°~10°；中山海拔高度在1000~3500m，相对高度在200~500m，山体坡度为10°~25°；高山海拔一般在3500~5000m，相对高度为1000m以上，山体坡度一般大于25°，其中，当海拔高度大于5000m时，可以称其为极高山（钟祥浩、刘淑珍，2014）。山地在空间上具有围合限定、内外通透、空间地标等特点。

2.1.2 山地旅游资源

山地旅游资源是以山地自然环境为主要的旅游环境载体，以复杂多变的山体景观、各种山地水体、丰富的动植物景观、山地立体气候、区域小气候等自然资源和以山地居民适应山地环境所形成的社会文化生活习俗，传统人文活动流传至今形成的特定文化底蕴等人文资源为主的旅游资源（侯长红等，2008）。国家质量监督检验检疫总局等（2003）发布的《旅游资源分类、调查与评价》（GB/T18972-2003）将山地旅游资源定义为：以山地为重要载体的各种类别的旅游资源的综合开发体。山地旅游资源开发的广义理解多涉及旅游业以及旅游资源开发这两方面。其他学者对此概念也有不同的提法，如冯德显、吕连琴（2006）指出，山地旅游资源是一个以山为载体的各种旅游资源的集合体。尽管学者对山地旅游资源的界定不尽相同，但是可以肯定的是，只要以山为活动的载体，则与之相关的各类旅游资源都可以叫作山地旅游资源。

2.1.3 旅游地

我国较有代表性的旅游地概念有两种：一种认为，一定空间上的旅游资源同其相关的基础设施以及其他有关联的资源或条件相结合，便成为外出旅游者短暂停留和产生经济活动的目的地，这便是旅游地（保继刚、楚义芳，1999）。另一种是以我国著名旅游地理学家郭来喜为代表做出的解释，这类学者认为，"旅游地是一种具备特定经济形态和经济结构的旅游目标的地域组合"。尽管学者对旅游地概念本身没有太大的分歧，但是对旅游地的外延和空间范围的理解却不太统一，概括起来有两个层次的理解。保继刚、楚义芳（1999）认为，旅游地即为风景区，是可以与旅游区、旅游景区同一等级、含义相同的一个概念。而另外一些学者，如王德刚等（1998）认为，旅游地是由一定数量的旅游景点（旅游资源集合）相结合而组成的地理空间上的旅游空间单元，而在旅游地的内部等级分区体系中，旅游景区是旅游地的二级空间单元。李跃军（2010）认为，旅游地是由旅游景区、旅游通道及其旅游服务依托城镇构成的空间地域，按照旅游服务依托城镇等级体系，旅游地也呈现出空间地域体系，可有省域旅游地、市域旅游地、县域旅游地甚至是更小区域的旅游地，以及跨行政区域的旅游地等。本书研究的旅游地是指具有广义意义的旅游地，它包含旅游景区、交通道路、其他用地及其旅游服务依托的城镇空间地域等，从地域范围上看旅游地要比旅游景区范围更大。旅游地构成见图2-1。

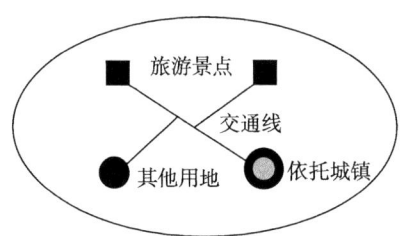

图 2-1 旅游地构成

资料来源：李跃军（2011），有改动。

2.1.4 山地旅游地

山地旅游地是指以山体为骨架，渗透着人文现象、风光秀美的自然地域综合体，是人们崇拜供奉、观光游览、闲暇娱乐的场所（梁栋栋、陆林，2006）。李跃军（2011）认为，山地旅游地是指以山地旅游资源为基础、以山地环境为依托而形成的旅游目的地。山地的含义有广义和狭义之分，广义的山地是指高原、山间盆地和丘陵，狭义的山地是指海拔在500m以上，相对高差200m以上，地形起伏较大的地区。本书中的山地旅游地是指广义上的山地，即以具有山地特色的旅游资源为依托、以山地独特环境为载体，及有相关旅游配套设施的旅游目的地，是包括各级旅游资源的地域。

2.1.5 旅游用地

旅游用地是土地利用的一种特殊形式，是基于旅游业的开发而赋予土地新的利用功能。随着旅游业在国民经济和社会发展中地位的提高，学术界对旅游用地的研究不断增多，但是由于它有别于传统的用地形式，所以学术界对它的概念界定暂未达成共识。通常所提到的旅游用地是狭义的概念，仅指县级以上人民政府批准公布确定的各级风景名胜区内的全部土地（欧名豪，2002），它可以供人们开展旅游活动，是具有一定经济结构和形态的旅游对象的地域组合（朱德举，1996）。而广义的理解是，旅游用地就是指旅游业用地，即在旅游地内凡能为旅游者提供游览、观赏、知识、乐趣、度假、疗养、娱乐、休息、探险、猎奇、考察研究等活动的土地，均可称为旅游用地（毕宝德，2000）。刘书楷、曲福田（2015）认为，旅游用地实质上是吸引能力和接待能力的统一。朱德举（1996）指出，旅游用地是旅游地内最基本的、最广泛的具有旅游功能的各种因素的组合。随着旅游业的不断发展和旅游形式的多元化，旅游用地的概念也随之不断发展变化。梁栋栋（2004）认为，旅游用地是一个由旅游地各项与旅游相关的自然因素综合了相应人类劳动成果的自然—经济地域综合体，是自然与人类活动相互作用的动态系统。梁栋栋、陆林（2005）指出，旅游用地是为了满足游客需求而开发的各种活动项目所占用的土地，并认为旅游用地在属性上应该是吸引能力与接待能力的综合统一。王珍子（2006）认为，旅游用地就是为了保证当地旅游业的开展而建设的旅游景区（景点）、旅游产业所占用的一切土地。徐勤政（2010）将旅游用地理解为旅游要素在空间范围的分布和连接，是旅游单位在城市中的数量和分布。从旅游业的发展趋势来看，未来旅游用地的概念将会更加广泛，所有为旅游业服务的土地类型都可称为旅游用地。

虽然学界对旅游用地的解释不尽相同，但还是可以从中看出旅游用地的一些特性：第一，旅游用地是土地利用的一种特殊形式，自然也具有土地利用的一般属性和特点。同时，旅游用地不仅是现代旅游业发展的载体，也是其长期生存发展的客观物质基础。第二，旅游用地是其地域空间内一切与旅游相关的自然因子和社会因子结合而形成的一个自然—经济地域综合体。第三，旅游用地具有复合性。随着旅游用地概念的广义化，旅游用地的复合性特征越来越明显，如很多旅游用地不仅具有本身的旅游属性，同时还具有农业用地、工业用地、林业用地的属性，用地属性变得复杂，用地功能更加复合和多效。第四，旅游用地有可持续性。旅游用地一旦开发利用就会长期具有旅游用地的属性，另外，由于旅游业开发是个动态的过程，只要保护和管理得当，旅游用地在数量上只会增加不会减少。但是由于土地总量有限性的特点，所以必须保持旅游用地的可持续开发，既要注重量的增长，也要追求质的提高。

目前学界对于旅游用地范围的统计基本以旅游景区用地为主，因为其他一些非专用性旅游用地难以统计，所以本书对旅游用地的统计也采用以风景区用地为主的方法。

2.2 理论基础

2.2.1 人地关系理论

人地关系是指人类社会活动与地理环境二者间相互作用的关系。这里的"人"是指人类，具有双重性，既是生产者，又是消费者。作为生产者的"人"可以通过个人和社会劳动从自然环境中获取生产和生活必需的各类产品；作为消费者的"人"，可以消耗自己或他人生产的产品，然后将不需要的物品或废弃物排入地理环境中。这里的"地理环境"也具有两种含义，一是自然地理环境，二是人文社会环境。前者是指没有或较少受到人类影响的纯自然地理环境，后者是指人类长期的活动叠加在自然环境之上而形成的环境。简单地说，人地关系就是人类系统对地理环境进行利用、改造、适应，以及地理环境对人类系统进行反馈和产生影响的过程。

人地关系理论既是地理学的重要理论，又是人文地理学的基础理论。该理论强调人类和地理环境的相互制约、相互作用关系，指出人类不能凌驾于环境之上随心所欲地开发和破坏地理环境，而应该与环境为友，善待环境，因为对社会中人类的各种活动，地理环境都会产生反馈和相应的反作用，甚至会对人类过分的活动给予报复。吴传钧院士曾经指出，人地关系有着十分宽广的意义和内涵，地理学无法研究其全部的内容，因此地理学所研究的核心内容是人地关系的地域系统（吴传钧，2008）。

土地资源既可作为生产资源也可作为消费资源，是人类一切活动和事物发展的基础，且具有总量有限性和不可移动性的特点，土地资源对人类的重要性可见一斑。但是随着人口的增长、城市的扩张、经济的发展、资源的耗竭等，人类与土地之间的矛盾也在逐渐升级，如何合理地、正确地使用每一寸土地成为摆在决策者和研究者面前的重要问题。对于山地旅游而言，优质土地资源更为稀缺，旅游开发中处理好与地理环境的关系尤为重要。人地关系理论是科学、合理、有效利用土地资源的关键理论之一。

2.2.2 可持续发展理论

可持续发展理论始于20世纪80年代,是对世界工业文明反思的结果。1972年,《增长的极限》一书详细地对人口、资源、环境、生态、经济等问题进行了分析,使人们逐渐意识到盲目地追求经济增长带来了大量社会问题,人们开始重新审视资源利用、环境保护与经济发展之间的关系(Donella et al.,1972)。随后出现许多对于环境与经济发展之间的关系的探讨,直到1987年,世界环境与发展委员会(WCED)发表了名为《我们共同的未来》的研究报告,其中第一次正式提出"可持续发展"的概念,即"既能够满足当代人的需求,又不损害后代人发展能力的发展"(世界环境与发展委员会,1987)。这标志着可持续发展思想的正式诞生,随后可持续发展思想被世界各国认可和接受。

可持续发展实质上强调的是持续发展和共同发展。不仅需要达到发展经济的目的,与此同时还要保护好人类长久以来赖以生存的自然资源环境和社会资源环境,目的是使人类的子孙后代能够长久地持续生存和发展,它涉及自然、环境、社会、经济、科技、政治等诸多方面。其主要内涵是强调人口、资源、环境、经济和社会五者之间高度统一和协调发展。推进这五个方面协调发展的主要原则性依据为:公平性原则、持续性原则、共同性原则。公平性不仅指本代的公平,还指代际公平及资源分配和利用的公平。持续性原则是指在资源和环境都能够承受的最大限度的前提下,人类社会和经济健康地发展。共同性原则是指世界上所有的国家都生存在同一个地球上,尽管不同的国家有不同的可持续发展模式,但公平和可持续性是共同的,所有国家必须团结起来维护地球的完整与整体和谐,最终实现生态、经济、社会的协同效益。20世纪90年代出现了土地可持续利用理论。1990年美国Rodale研究所和印度农业研究会在新德里举行土地利用研讨会时,第一次提出了"土地可持续利用"的概念。土地是一种稀缺资源,要在不违背可持续发展战略的基本要求下合理、科学地利用土地资源,不仅要满足现代人对土地数量和质量的需求,同时也不能损害后代人对土地数量和质量的需求能力,人们不单单要获取土地在经济上的效益,还要考虑其在社会上和生态上的效益。陈利顶和傅伯杰等(1996)指出,土地可持续利用就是要使土地生产力稳定持续增长并确保其资源潜力以及避免土地退化,最终使土地具备优良的社会效益和经济效益,即通过人类的科学利用达到土地资源的生态合理性、社会可接受性以及其经济的有效性。陈百明和张凤荣(2001)认为,土地可持续利用可以理解为其在环境方面能够达到良性循环、生态方面能够具有良好的适宜性、社会方面能够具有公正性和公平性以及在经济方面能够具有获得盈利的能力的科学的土地利用方式。许彦曦等(1998)认为,地理空间上的区域土地资源可持续利用是指不仅能够维持和提升土地生产率和土地产出率,而且能持续改善该区域的整体环境质量,使得社会经济能够长期健康发展,具备可持续性、生态性以及可调控性等特点。可以看出,土地利用可持续的内涵是强调该地域土地的可持续性、公平性、稳定性、科学性、整体性和可调控性等。

根据旅游用地的特点和土地可持续发展的内涵,我们可以归纳出旅游用地可持续发展的概念和原理。旅游用地的可持续发展具体表现在以下三个方面:第一,确保该地域的生态环境可持续发展。第二,保证旅游经济可持续发展。可持续发展理论强调的是在保护生态环境的基础上保持旅游经济的可持续增长,不仅要注重旅游经济增长的数量,还要注重旅游经济增长的质量,大力发展低碳环保型绿色产业,提高旅游用地的经济效益。第三,保证社会的可持续发展。可持续发展的目的是实现社会的可持续发展,其强调的是在满足社会基本需求的同时,充分发挥旅游用地的潜在能力,确保各类自然资源、社会资源能够在现代和以后各代之间均衡地分配,同时要保证旅游者、经营者以及当地人民的生活利益,最基本的是不能因为自己或者一方面的利益而去损害他人的合法利益,并且应该向生活在旅游区内的居民公平分配旅游的社会经济效益,即保证旅游参与各方利益,实现多方共赢。

2.2.3 山地垂直地带性理论

山地达到一定的高度，自然地理环境各组分及其构成的自然综合体将随高度变化而出现分异的现象，称为高度地带性，或垂直地带性（孙建、程根伟，2014）。简言之，垂直地带性即自然景观及其各要素随海拔高度逐渐变化的规律性。构造隆起的山体是形成垂直带谱的基本条件，热量随高度变化的迅速降低（每千米下降6℃）是垂直带谱形成的直接原因，只要山体有足够的高度，便可形成一系列的垂直自然带。垂直带的数量和顺序等结构形式被称为垂直带谱。垂直带谱的起始带称为基带，垂直带谱的性质和类型主要与带谱所处的纬度地带性、所处的位置和山体本身的特性有关，如相对高度、坡向、山脉排列及局部地貌条件的变化等。中国南北几乎跨越所有类型的温度带，东西穿越湿润森林到极干旱荒漠的所有干湿景观，特别是拥有世界上独一无二的青藏高原，生态环境极为复杂，因而孕育了世界上最为丰富的山地垂直带谱（张百平，2003）。山地垂直带谱结构反映山地的基本特征，对它的分析研究是揭示山地环境结构的基本模型方法，也是传统地学的经典范式之一（张百平，2003）。

山地垂直带的研究最早起源于19世纪的德国，该国地理学与博物学家洪堡德对南美安第斯山垂直带进行了观察和研究。20世纪30年代以来，学者们关于山地的研究开始转向山地相似垂直带的空间分布规律，尤其是雪线及森林上下限的全球比较（Card，1972）。随后，国内地学界和植物学界开始关注山地垂直带研究。60年代后，很多相关研究关注垂直带与水平带的关系，并确立了"垂直带结构的地带性原则"，即垂直地带性从属于水平地带性。20世纪70年代，地理学计量化开始发展，关于垂直带空间分布与热条件之间的定量关系成为人们研究的热点。该时期研究成果最多的是山地三维垂直地带性研究，最为经典的是牛文元先生先后在1980年和1981年提出的自然地理新论，他通过模式分析和数量关系分析，建立了自然地带性统一的空间联系，最终将复杂化的地带性规律纳入一个共同的模式之中（牛文元，1980，1981）。侯学煜先生较全面地阐述了中国山地植被的分布格局及生态规律，他强调植被三维地带的"相对性"，以防止人们把三维地带规律绝对化（侯学煜，1963，1980；植被生态学研究编辑委员会，1994）。随后，有学者对山地森林垂直带谱有了更加深入的研究。如 Hamilton 和 Perrott（1981）利用航片和实地调研对 Mt. Elgon 的森林垂直带谱进行研究，认为温度和植物竞争造成垂直梯度上的植被变化。Sprugel 等（1981）从植被特征、植物个性以及物种数方面开展了相关研究，把强风作为干扰因子对高海拔的云杉森林系统的稳定性和演替进行了研究。

山地的土地利用变化受到垂直地带性的影响。一般来说，在不同的海拔高度，土地利用类型大有不同。通常在高程较低的河谷、缓坡地带会有较多的建设用地和水体用地、农用地（耕地、园地），而在海拔较高和坡度较大的区域，则以林地为主。但是，关于土地利用的垂直地带性研究内容并不多见。

本书研究的案例区属于典型的山地地形，通过实地调研和查阅资料，发现研究区土地利用在近 30 年来有较大的变化，土地利用在高程上的分布明显具有山地垂直地带性特点，所以本书尝试用山地垂直地带性理论作为指导对研究区的土地利用时空变化进行研究和分析。

2.2.4　旅游地生命周期理论

旅游地生命周期理论源于产品生命周期理论。产品生命周期理论认为产品要经历产生、成长、成熟、消亡的过程，那么旅游地生命周期理论主要是指旅游地的产生、成长、成熟、发展过程。

旅游地生命周期理论最早被认为是 Gilbert 于 1939 年提出的，但是也有人认为该理论是由 Christaller 提出的，是他在 1963 年游历欧洲旅游景区时对旅游景区（或旅游地）发展过程的一些看法。1973 年，Plog 对旅游地生命周期理论提出了全新的注释，他把旅游地的周期与吸引不同类型旅游者的客体变化联系起来，提出心理图式假说，认为旅游地的兴衰取决于不同类型旅游者的活动。1978 年，Stansfield 也提出了类似的看法，他把大西洋沿岸作为研究案例，结果发现大西洋的客源市场部分由精英向大众旅游者转换，而随之就出现了衰落趋势。1980年，加拿大学者Butler提出了新的生命周期理论，他采用产品生命周期的变化来描述旅游地的周期变化，把旅游地的生命周期分为6个阶段：探索阶段、参与阶段、发展阶段、巩固阶段、停滞阶段、衰落阶段或复苏阶段（见图2-2）。该理论对旅游地所处的不同阶段进行了详细的概述和总结，认为旅游地的不同发展阶段具有不同的特点。目前该理论得到学者的普遍认可和应用。

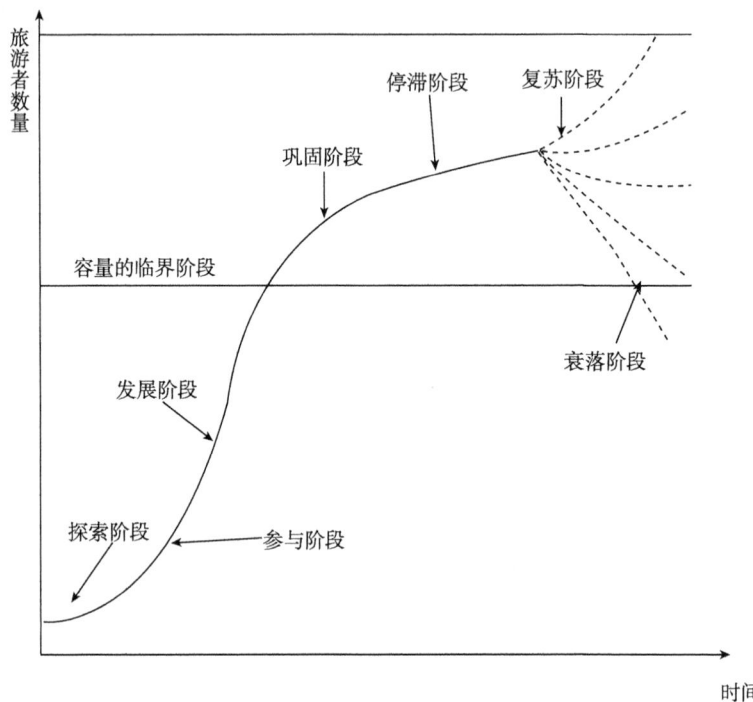

图2-2 旅游地生命周期模型

资料来源：徐志云、陆林（2006）。

Butler（1980）认为，处于不同旅游地生命周期阶段的旅游地的游客数量、旅游设施和旅游业经营具有不同的特点。①探索阶段。主要特点是少量的探险者偶然地光顾，没有公共设施，到访者被旅游地的自然风貌所吸引。②参与阶段。当地居民提供旅游基本设施，确定的客源市场开始出现，开始有了旅游季节，广告也开始出现。③发展阶段。旅游设施得到发展，促销力度加大，外地对旅游业的控制加大，旺季的旅游人数远远超过了当地人口数量,致使当地人对旅游者产生敌对情绪。④巩固阶段。旅游业成为当地经济的主要组成部分,成熟的客源市场已经形成,本地一些陈旧老化的旅游设施已降为次等设施,当地做出努力来延长旅游季节。⑤停滞阶段。旅游者数量及旅游容量达到顶峰,旅游地形象已定型并广为人知,但不再时兴,旅游设施的供应逐渐减少,其转手率较高。⑥衰落阶段。旅游者被吸引至新的旅游地,旅游设施逐渐被非旅游设施所取代,旅游地变成了旅游贫民区或是完全没有了旅游活动,采用适当的措施,如重新定位旅游吸引物、改善环境等,则可能出现不同程度的复兴(徐志云、陆林,2006)。

随着人们认识的不断深入,目前学术界对于旅游地生命周期理论存在一些分歧,主要表现在三个方面:一是对概念的质疑。有人认为旅游产品只是旅游地吸引物的一部分,并不是旅游地的全部内容,所以不能叫旅游地生命周期理论,还是称之为旅游产品理论更为科学;而另一部分人认为旅游地生命周期理论在国外有很多可靠的理论依据作为支撑,"旅游地"是一个拥有能够吸引旅游者的自然资源或是人造吸引物的地区(Tooman,1997),旅游地是具有不同生命周期的各种旅游产品的综合体(Agarwai,2002),廖世超(2006)和朱晓杰、张斌(1999)就认为旅游地生命周期与旅游产品周期同时存在且不矛盾,二者是总体与个体的关系。二是对阶段划分的质疑。对于阶段的划分有多种说法,有人认为可以分为三个阶段(Christaller,1963),主要指发现、成长和衰败阶段;有人认为可以分为四个阶段(Cooper et al.,1993),主要指发展、成长、成熟、衰败阶段;还有人将其分为五个阶段(Hovinen,2002),包括探索、参与、发展、成熟和衰落;甚至还有六个阶段的说法(Butler,1980),即开发、起步、稳定、停滞、衰退、复兴阶段。从应用的广泛程度和旅游规划的实践来看,六个阶段的划分方法得到学界的认可和肯定较多。三是对理论价值的质疑。关于理论价值,共有两种观点,即以保继刚为首的肯定说和以杨森林为代表的否定说。丁健、保继刚(2000)认为旅游地生命周期理论在旅游地的演化过程中具有积极的指导作用;查爱苹(2003)用数学方法证明了旅游地生命周期理论具有预测意义和现实意义。而杨森林(1996)则认为该理论完全凭主观，不能指导实践；阎友兵（2001）对理论上预测的所有旅游地最后都必将走向消亡的结果存在疑问，而且在实际生活中也很难找到与六阶段发展完全吻合的案例。他们认为该理论对实践没有任何指导意义。

可以看出，Butler等对于旅游地生命周期理论的研究主要起始于对旅游产品的研究，旅游产品是旅游地的重要吸引物和核心产品，它的兴衰成败对旅游地的发展有至关重要的作用。同时需要指出的是，Butler等所讨论的旅游地生命周期主要是指旅游景区生命周期。鉴于本书认为旅游地的概念要大于旅游景区，旅游景区是旅游地的核心组成部分，所以认为旅游地的生命发展周期等同于旅游景区的生命发展周期。总之，旅游地的生命周期理论有它存在的道理，而且对于现实的旅游地发展也有一定的指导意义。旅游地的发展不仅与旅游产品紧密相关，同时与旅游用地的发展也紧密相关，土地作为旅游地开发和旅游业的物质基础，对旅游地的发展至关重要，所以旅游地生命周期理论也同样适用于对旅游地土地利用变化的研究。

2.2.5 土地集约利用理论

土地集约利用理论最早始于欧美。李嘉图等古典经济学家在研究农业地租问题时发现了农用地集约耕作中的报酬递减规律，认为土地集约利用是级差地租产生的原因。马克思（1894）界定了集约利用的概念："在经济学上，所谓耕作集约化，无非是指资本集中在同一土地上，而不是分散在若干毗邻的土地上。"20世纪70年代，欧美国家"城市蔓延"现象严重，出现了郊区化和逆城市化状态，为了恢复城市中心繁荣景象，美国对城市规划采用土地集约利用的方式，这为土地集约利用理论发展奠定了基础。

20世纪90年代，我国学者展开对土地集约利用的研究。毕宝德（1991）认为，集约度就是指单位土地面积上所投资本和劳动的数量。所投入资本和劳动越多，则集约度越高；反之，则越低。何芳（2003）认为，城市土地集约利用的内涵是：对现有城市存量土地加大人力、物力、财力的投入，提高土地的经营管理水平，在现有的经济技术水平许可的条件下，尽可能提高城市土地的使用强度和效率，使单位面积提供更多的产品产量或土地负荷能力的经营方式。杨树海（2007）认为，土地集约利用是指在一定的自然、经济、技术和社会条件下，在经济、社会、环境效益相协调的前提下，单位面积城市用地上承载更多的人口和经济社会活动。陶志红（2000）把城市土地集约利用定义为："以合理布局、优化用地结构和可持续发展的思想为依据，通过增加存量土地投入、改善经营管理等途径，不断提高土地的使用效率和经济效益。"可以看出，国内学者基本上都认为土地集约利用主要是土地产出高效化，不断增加存量土地上的投入，提高土地利用率和产出率。所以土地集约利用的内涵可以概括为"严控增量、盘活存量、优化结构、提高效率"。

根据土地集约利用的内涵和旅游用地的特点，可将旅游用地集约利用定义为：在可持续发展的前提下，通过改变土地粗放式经营模式，调整"三产"土地利用结构，采取土地复合利用等方式，加大旅游用地投入，发挥旅游用地潜力，使旅游用地的生态效益、经济效益、社会效益得到协调和统一，从而达到旅游用地的结构优化和功能优化。旅游用地集约利用的内涵可概括为三个方面：第一，旅游用地集约利用是土地利用的一般方式，应严格遵循土地集约利用的一般原则和土地可持续利用的基本原则。不仅要改变旅游用地传统的粗放性经营，还要坚持生态、社会、经济协调发展，既追求量的增长，也重视质的改善、效益的提高、能源的节约。第二，旅游用地集约利用强调用地结构和用地功能双重优化。在旅游用地利用类型比例和功能复合效益上要严格考量，本着增加投入、提高产出的目标，对旅游用地严格把关。第三，旅游用地集约利用是个动态的发展过程，在不同的社会经济发展阶段、不同的土地利用制度和土地利用方式下，旅游用地的集约利用方式是不同的。因此，对旅游用地集约利用的研究应该放在特定的时间和特定的区域里做具体的分析。

3 研究区概况

3.1 地理位置及区位

研究区栾川县地处河南省西南隅,地理坐标为 111°11′~112°01′E,33°39′~34°11′N。它背靠伏牛山,南与南阳市西峡县相连,北与洛阳市洛宁县接壤,东与洛阳市嵩县擦肩,西与三门峡市卢氏县抵足,隶属洛阳市管辖。全县东西长 78.4km,南北宽约 57.2km,总面积约 2478km²,辖 14 个乡镇(其中,12 个镇,2 个乡)、209 个行政村,总户数 8.65 万户,总人口约 33.8 万人(洛阳市统计局,2015)。县城面积约 1020hm²。距洛阳市 150km,距省会郑州市 300km,省道和国道公路及快速路纵横交错,交通方便。

3.2 区域历史沿革

栾川夏商时期被称为有莘之野,其名称来源于当地的鸾水(今伊河),后因该地栾木丛生而改名为栾川。栾川县建制在历史的发展中不断变化,汉朝至北魏时期为亭,唐朝时为镇,宋朝初期为县,元朝、明朝和清朝均设置为镇,民国时期为区,归陕州卢氏县管辖。1947 年栾川解放,建制为县,但先后隶属不同专区,最后隶属洛阳专区。1986 年 4 月,由于行政区划调整,洛阳地区调整为洛阳市,故自 1986 年起隶属洛阳市。

3.3 自然条件与自然资源

3.3.1 地形地貌

栾川县地貌复杂多样，群山环抱，峰峦叠嶂。它南依伏牛山、北望熊耳山、东连杨山、西接抱犊山，中有遏遇岭。熊耳山支脉遏遇岭又自西向东延伸，将全县分为南北两大山间谷地。境内河流分属两大水系：黄河水系和长江水系，主要有伊河、小河、明白河、淯河等4大河流。其地形特点可概括为：五山四河两道川。全县海拔高度由南向北呈现出逐渐降低趋势，整体地势为东北低、西南高。全县为非常典型的山区县，各类山峰1.2×10^4个，最高峰为伏牛山主峰鸡角尖，海拔2212.5m，最低点位于潭头镇伊河与嵩县交界处，海拔仅450m，最高点和最低点的相对高差达1762.5m，因此形成跌宕起伏的山地地形。从地貌类型划分，全县可分为山地和河谷两大类型，其中，山地根据高度可分为中山和低山两种类型。海拔千米以上中山区面积占49.4%，千米以下低山区面积占34.1%，河谷川地面积占16.5%，耕地面积约$1.1 \times 10^4 hm^2$，山林面积约$2.2 \times 10^5 hm^2$，所以又有"九山半水半分田"之称。县城海拔750m，是全省海拔最高的县城。

3.3.2 气候资源

栾川县属暖温带大陆性季风气候，水热资源丰富。暖温带大陆性季风气候的特点是四季分明，夏季盛行偏南风，冬季盛行偏北风。最大风力为6级，平均为2级。年平均气温12.1℃，最低气温为－10.7℃，最高气温为40℃，每年最高气温多出现在6—7月，最低气温出现在1月。"冬长春来迟，夏短秋去早"的特点极为明显。气温随海拔增高而递减。地域积温差异较大，地势较低的潭头镇年积温为4947℃，而海拔较高的冷水镇为3534℃，相差1413℃，因此，区域内小气候特征较明显。由于夏季气温较低，因而成为避暑胜地。

全县年日照时数为2103h，比洛阳市平均2312.2h少209.2h，月日照时数最长为218.5h，日照率为51%。全年太阳总辐射量113.81kcal/cm²，农作物生长期的光合有效辐射为48.4kcal/cm²，占全年总量的87%，林果、花卉生长期的光合有效辐射量35.26kcal/cm²。全县年均初霜日在10月22日（9月9日至11月13日），终霜日在4月6日（3月23日至5月2日），霜期平均为16 d，无霜期平均为198d，无霜期短，缩短了作物的生长期。栾川县年平均降水量864.4mm，最多年份达到1386.4mm，最少年份仅有598mm，一年内降水高峰常出现在7—8月，小高峰常出现在4—6月和9—10月。全县年均蒸发量为1514.7mm，比年降水量高0.75倍。

栾川县的灾害性天气主要有干旱、洪灾、霜冻和冰雹等。第一，干旱。干旱发生频率较高。据历史记载，1813—1957年145年间，平均10年3旱；1958—1980年23年间，共发生干旱14年、20次，平均10年6旱。其中，连续2年出现旱情的有3次：1965年及次年、1968年及次年、1977及次年。连续3年出现旱情的1次：1972年及随后的2年。第二，暴雨和洪灾。发生频率也较高。全县暴雨和涝灾主要集中在7—8月，9—10月次之，春季较少。1957—1980年出现暴雨55次，年均两次半。最近的一次洪灾是2010年7月24日的大暴雨，被称为"7·24"事件，由于连降大雨，造成特大洪水，导致桥毁人亡，损失极大。第三，霜冻灾害。全县1953—1980年28年间，发生霜冻害10年，发生低温冻害6年。1953年4月中旬，因霜冻小麦全部枯萎，1972年5月14—16日，冷水、三川、叫河及陶湾的部分地区，因降雪后极冷天气引起霜冻，被毁的玉米、马铃薯幼苗约2000hm²。第四，冰雹灾害。冰雹属局部灾害，出现在每年的5—6月，多雹区分布在年气温较低的冷水、赤土店交界的遏遇岭，狮子庙的牙眼山等地。

3.3.3 水资源

栾川县水资源丰富。县内共有4大河流，即伊河、小河、明白河、淯河，分别属于我国著名的黄河水系和长江水系，其中前者位于境内的偏北位置，后者位于偏南位置。所有河流支流达604条，水系密度为0.59km/km²。境内地表水年平均径流量为6.8×10^8 m³，水能资源总蕴藏量达1.178×10^5kW，其中，在现有科技条件下，能够开发的总量达8.5×10^4 kW，栾川县为中国农村小水电电气化建设试点县。

3.3.4 森林资源

全县森林资源丰富,覆盖率高。据统计,全县林地面积219780hm²,其中,飞播造林69930hm²,人工造林67266hm²,原始森林69264hm²,林木总蓄积量889万m³,森林覆盖率全区达83.3%,居河南各县区之首,曾获"中原肺叶"之美称。境内山区广布,山中树木和各种植物品种众多,被誉为"中原地区天然生物种质资源基因库",其中不乏数量繁多的珍稀树种和名贵树种。据栾川县林业局印发的《栾川县林业局关于推进珍贵乡土树种发展的意见》(栾林〔2013〕5号)记载,目前全县珍贵树种主要有银杏、红豆杉、水杉、连香树、水曲柳、金丝楸、青冈栎、肉桂、杜仲、望春花、冬青、国槐、青果树、大果青扦、秤锤树、水青树、山白树、秦岭冷杉、麦吊云杉、核桃楸、北栾、七叶树、灯台树、血皮槭、庙台槭、红油香椿等20余种。常见经济林木主要有连翘、山茱萸、核桃、柿子等。

3.3.5 矿产资源

栾川县境内地下矿产资源丰富,主要分布在冷水、陶湾、潭头、狮子庙等镇。现已探明可供开采的矿产有钼、钨、铅、锌、金、铁、锰、铜、硫、萤石、石棉、水晶、重晶、冰洲石、油页岩等50多种。其中钼的储量达206万t,居世界第三,位列亚洲第一,据估算,钼的现价价值超过1.2×10^{11}元。钨的储量达6.8×10^5 t,居全国第二。铅锌储量达3×10^5 t,铁储量达6.11×10^7 t。黄金的储量达60.3t,是全国30个重点产金县之一。矿业是栾川县最大的经济产业。

3.3.6 旅游资源

案例区旅游资源十分丰富,数量多,品位高。全国旅游资源分类中,共8大类31个亚类,而栾川县拥有8大类26个亚类,旅游资源基本类型数达84种,占全国155个基本类型的54.2%,在一县之内拥有如此丰富的旅游资源,堪称旅游资源大县。栾川县地处中国重要的地理分界线上(亚热带和暖温带),气候类型为暖温带大陆性季风气候,年均气温12℃,夏季凉爽,冬季无严寒,气候宜人。同时,栾川县风景秀丽、山清水秀、天蓝云白、民风淳朴。全县有 2 个 5A 级景区，5 个 4A 级景区，全县 A 级景区总量 13 个。据监测，全县大气中负离子含量平均达 3 万个/cm³，最高达到 6 万个/cm³，被誉为"中原空气最清洁的县"。

3.3.7 土特产资源

栾川县土特产资源种类多、产量大、价值高。主要可分为六大类：根茎类（天麻、首乌、柴胡、黄芩、党参等）、果实类（杏仁、山楂、五味子、枸杞子、连翘等）、花叶类（竹叶、二花、茵陈、野菊、辛夷等）、皮枝类（杜仲、桑枝、柳枝、椿皮、竹茹）、藤本树脂类（松香、桃胶、忍冬藤、木通、五倍子等）、菌藻类（猪苓、桑寄生、灵芝、银耳、马勃等）。中药材品种达 1400 多类，平均年总产量达 5000 多 t，被誉为"豫西天然药库"。土特产资源丰富，品种达 100 多种，比较著名的品种有香菇、核桃、柿子、木耳、猴头、鹿茸、板栗、蜂蜜等，其产品销售地区除了国内各地以外，还远销至东南亚诸国和欧洲地区。该县丰富的中药材和土特产资源，对丰富旅游商品生产具有重要作用。

3.3.8 土壤与耕地资源

栾川县耕地资源贫乏，土壤类型符合山区特点。根据土壤调查（1985年），全县共有棕壤土、褐土、潮土等 3 个土类，共包含 9 个亚类、38 个土属、63 个土种。按照河南省土壤分类方法，全县有 7 个土类（其中耕作土壤 4 个土类），即棕壤、褐土、潮土、红黏土、粗骨土、石质土和紫色土，15 个亚类（其中耕作土壤 9 个亚类）。土壤的形成和分布受多种因素的影响，主要包括地质地貌、岩石母质、植被、气候等自然条件和人类耕作活动等。由于栾川县山地面积广大，因此全县各地土壤具有明显的垂直地带性差异。耕地土壤随地貌类型的不同可分为河川地土壤（养分含量丰富，产量高）、缓坡地土壤（养分含量次之，产量中等）、丘陵地土壤（养分少，产量低）。各类型除了取决于土壤养分含量外，还受水利条件、社会经济状况、人类生产活动等因素制约。全县林地面积达 2.2×10^5 hm²，耕地面积 1.1×10^4 hm²，土地构成中以林地为主，耕地和水面面积很小，人均耕地面积仅 0.04 hm²，人多地少特征明显。

3.4 社会经济特征

3.4.1 经济发展水平较高

在河南省108个县市中,虽然栾川县经济总量并不高,但人均经济总量却并不低。根据《河南统计年鉴》资料,2014年栾川县国内生产总值为1440442万元,居河南省各县市第51位,但由于人口较少,人均生产总值排第26位,达41831元,比河南省平均水平高出25.16%,居于前1/4的较高位次(河南省统计局,2015)。按照一般的经济发展水平指标判断,栾川县经济发展在全省居于较高水平。另据艾少伟等(2012)的研究,从2000年到2009年,栾川县整体经济实力在河南省处于较高水平(全省前15名以内),且经济实力的位次处于上升状态。该经济实力计算采用多指标分析方法,综合考虑经济发展水平指标、居民生活水平指标和经济结构指标,利用加权主成分分析方法、自然断点法及趋势分析法对多时点数据进行分析,结果显示,2000年栾川县经济实力居河南省108个县市第14名,经济实力得分为0.760(其中最高的中牟县为2.287,最低的鹿邑县为-0.774);2005年居全省第11名,得分为0.989(其中,最高的巩义市为2.382,最低的商水县为-0.891);2009年居第8名,得分为1.202(其中,最高的新郑市为1.995,最低的新蔡县为-0.965)。

在洛阳市内,该县经济亦处于较高水平。根据《洛阳统计年鉴》(2014)资料,2013年,栾川县GDP为144.04亿元,在洛阳市9县市内排名第7,总量虽然较低,但由于人口较少,人均GDP却较高,居洛阳市9县市第4位(见表3-1)。由于洛阳市整体经济水平在河南省处于较高位置,因此,栾川县仍在全省108个县市中保持着较高水平。

表3-1 2013年洛阳市各县市主要经济指标

地区	国内生产总值/万元	第一产业增加值/万元	第二产业增加值/万元	第三产业增加值/万元	人均国内生产总值/元
新安县	3439188	219283	2613020	606885	72580
偃师市	3569317	212397	2166245	1190675	63415
孟津县	2025838	255966	1294217	475655	48506

续表

地区	国内生产总值/万元	第一产业增加值/万元	第二产业增加值/万元	第三产业增加值/万元	人均国内生产总值/元
栾川县	1440442	150920	963899	325623	41831
伊川县	2751328	295255	1810879	645194	36126
洛宁县	1387703	303017	657347	427339	32791
宜阳县	1946139	328515	973762	643862	32162
嵩县	1467493	310418	677440	479635	28777
汝阳县	1155195	156486	695329	303380	28001

资料来源：河南省统计局（2015）；洛阳市统计局（2015）。

3.4.2 综合实力不断提高

据栾川县 2014 年国民经济与社会发展统计公报资料，2014 年栾川县 GDP 达 140.81 亿元，较上年增长 14.2%，其中，第一产业、第二产业和第三产业分别为 15.23 亿元、89.66 亿元和 35.92 亿元，同比分别增长 4.0%、15.3% 和 13.7%。固定资产投资达 185.94 亿元，同比增长 17.7%。2014 年，交通运输业实现增加值 5.93 亿元，同比增长 8.8%。消费品市场繁荣，全年实现社会消费品零售额 51.99 亿元，同比增长 12.7%。全年财政一般预算收入为 16.01 亿元，同比增长 6.0%，财政一般预算支出 24.57 亿元，较上年增长 21.2%。城镇化率达 41.62%，农民人均纯收入达 8166 元，城镇居民人均可支配收入 23112 元（栾川县人民政府，2014）。总之，全县经济社会发展和综合实力呈现出较高的发展速度和水平。栾川县位于豫西南深山区，交通十分闭塞，再加上耕地奇缺，使得该县长期处于落后状态，全国 1986 年第一次贫困县确定时，该县就首当其冲。经过多年发展，栾川县取得了令人瞩目的成就。早在 2006 年，该县就成为第一批"中国旅游强县"，也是河南省仅有的一个旅游强县。2007 年全县财政预算收入达 18 亿元，居河南省各县区首位。2008 年位居全省经济和社会发展综合排名第 8 的位置。2011 年，该县荣获"全国低碳旅游试验区"和"中国最具投资潜力特色示范县"称号，成为全省旅游经济强县之一。

3.4.3 矿业为全县支柱产业

栾川县处于中国 16 个最重要的有色金属成矿带上，矿产资源种类和数量均十分丰富。到 2007 年全县共探明 12 大类 50 多个矿种，其中，发现各类矿产地 87 处、大型矿产地 6 处。已查明的矿产中，金属矿主要包括钼、铅锌、金、钨、硫铁、铁、银、萤石等，其分布较为集中，利于规模化开采，但同时多数矿产成分复杂，伴生矿所占比重较大，增加了开采的难度。1978 年改革开放以来，栾川县利用丰富的矿产资源，大力发展矿业产业，目前矿业产值占全县 GDP 的 60%，已成为该县的支柱产业。尤其是钼矿采掘业一直是该县的支柱产业，到 2010 年底，栾川钼矿采掘业占全县国内生产总值的 77%[①]，产业结构呈现出"一钼独大"的趋势。据统计，2014 年全县完成工业增加值 82.76 亿元，较上年增长 15.3%，其中，限额以上工业完成 77.53 亿元，限额以下及个体工业完成 5.23 亿元。限额以上工业增加值占全县工业总增加值的 93.68%，限额以下及个体工业企业仅占 6.32%，而限额以上工业企业主要与矿产有关（见表 3-2），限额以下工业企业也多与矿产有关。

表 3-2　栾川县 2014 年限额以上工业主要产品产量

产品	单位	2014 年	同比/%
钼精矿（含纯钼 45%）	t	89048	14.94
水泥	t	259494	46.13
黄金	kg	548	7.66
锌选矿含锌量	t	1196	-4.85
铅选矿含铅量	t	8403	25.34
金精矿（折金量）	kg	2154	-30.7
钨精矿	t	18917	4.24

资料来源：栾川县统计局（2015）。

3.4.4 旅游产业发展势头迅猛

依托丰富的旅游资源，栾川县旅游产业得到了高速发展。据统计，2000 年到 2014 年间，全县游客接待量增加了 35.74 倍，旅游总收入增加

[①] 数据来源：栾川县人民政府公众信息网，2012。

了132.42倍。栾川县旅游业起源于20世纪90年代，兴起于2000年。2000年，县政府根据经济发展的一般规律，结合该县丰富的旅游资源，制定了"旅游强县"发展战略，从此，旅游业发展进入快车道。"十五"期间，游客接待量从2001年的19万人次猛增到2005年的389万人次，增长19.47倍，旅游总收入也从2001年的0.25亿元猛增到12.5亿元，增长了49倍，呈现出了井喷式的增长，这种增长势头在下一个五年规划时期又得到了实现。"十一五"期间旅游业得到飞跃式发展，到2010年，全县累计接待游客605万人次，实现旅游总收入21.9亿元，旅游产业已成为该县的支柱产业。"十二五"期间，旅游业继续保持高速增长的势头。2011年，全县接待游客681万人次，旅游收入达25.9亿元，分别同比增长12.56%和18.26%。同年还引进外商投资和项目建设投资4.92亿元，旅游投诉率控制在0.5‰以内。全县旅游景区门票收入突破0.8亿元，其中重渡沟、鸡冠洞、老君山分别达到0.25亿元、0.18亿元和0.16亿元，同比分别增长47%、38%和114%。旅游市场逐渐成熟，旅游业呈现出高速健康发展的态势。2014年，全县接待游客951万人次，实现旅游收入50.7亿元，全县各景区共实现门票收入1.01亿元，同比增长50.4%；全县接待旅游团队37.3万人，同比增长41.5%。2015年，全县接待游客1031万人次，实现旅游收入63.5万元，全县各景区共实现门票收入1.21亿元，同比增长55.4%；全县接待旅游团队42.3万人，同比增长45.4%，创历史之最；旅游业总收入占全县GDP的比重达到19.2%。旅游产业已经成为本区经济的支柱产业和支撑产业（见表3-3）。

表3-3 2000—2015年栾川县旅游业主要经济指标

年份	游客接待量/万人次	年增长率/%	旅游总收入/亿元	年增长率/%	占GDP比重/%
2000	25.88	8.00	0.38	7.00	0.69
2001	19.00	-26.58	0.25	-34.21	0.42
2002	60.00	215.79	0.89	256.00	1.36
2003	166.00	176.67	4.65	422.47	7.37

续表

年份	游客接待量/万人次	年增长率/%	旅游总收入/亿元	年增长率/%	占GDP比重/%
2004	249.00	50.00	6.45	38.71	9.90
2005	389.00	56.22	12.50	93.80	18.63
2006	440.00	13.11	13.60	8.80	19.91
2007	320.00	-27.27	11.40	-16.18	16.52
2008	418.00	30.63	15.60	36.84	14.48
2009	558.17	33.53	20.09	28.78	15.34
2010	605.00	8.39	21.90	9.01	18.62
2011	681.00	12.56	25.90	18.26	18.19
2012	790.60	16.09	30.70	18.53	18.19
2013	879.20	11.21	37.25	21.34	23.42
2014	951.00	8.17	50.70	36.11	34.70
2015	1031.00	8.00	63.50	20.00	40.09

资料来源：栾川县统计局（2000—2016）。

3.5 旅游业发展特征

除了上述旅游业高速增长的特点外，栾川县旅游业发展还具有以下特征：

3.5.1 山地旅游资源丰富

栾川县得天独厚的地形地貌及温润的气候，使得自然与人文景观旅游资源都十分丰富，且相互交融，形成了独具特色的、丰富的山地旅游资源。其中，自然景观以峰峦、叠嶂、峡谷、奇石、异洞、飞瀑、流泉、小溪、森林、古树、名花为主，再加上日出、明月、云雾、山风等气象景观，形成了神奇、灵秀、古朴、悠远的景观特色。人文景观则以道教老君山和红色教育基地抱犊寨为代表，众多的寺院、古建筑、道观、遗址遗迹、文物和大量的名人传说等，构成了丰富多彩、历史悠久、富有宗教气息的人文景观（见表3-4）。

表 3-4 栾川县山地旅游景观类型

景观类型	景观描述	主要旅游景点
奇石异洞	喀斯特地貌形成的溶洞，包括由下而上形成的石笋、由上而下形成的石钟乳等千姿百态的奇石异景	鸡冠洞景区
温泉疗养	以温泉为旅游核心载体，康体养生、休闲度假	九龙山温泉
山岭沟谷	山岭沟谷交错相间，植被茂盛，小溪潺潺，地貌独特	老君山、养子沟、倒回沟、重渡沟等景区
森林植被	阔叶林，针叶林，相间有人工竹林，林相丰富，常年郁郁葱葱，满目青翠	龙峪湾景区、倒回沟景区
山涧溪流	山溪清澈，河面开阔，烟波浩渺，沟谷逶迤，潺潺流水，青山倒影	重渡沟景区
气象气候	华顶雾凇、雨凇	老君山
人文景观	天台、道教景观、红色景观	老君山、抱犊寨

3.5.2 旅游景点数量多、品位高

截至2015年底，全县拥有A级以上景区13家，其中5A级景区2家（洛阳栾川老君山、栾川鸡冠洞）、4A级景区5家（龙峪湾、重渡沟、养子沟、伏牛山滑雪场、抱犊寨等），其他A级景区6家（倒回沟、九龙山温泉、蝴蝶谷、栾川大峡谷漂流、重渡沟竹筏漂流、鸭石红石杉），总数量位居全国县区前列。按国家制定的旅游资源调查与评价体系，全国旅游资源分为8大类31个亚类155种基本类型，而栾川有8大类26个亚类84种基本类型，分别占全国的100%、83.9%和54.2%。目前，已初步形成了以老君山为代表的山水游、以龙峪湾为代表的森林游、以鸡冠洞为代表的溶洞游、以重渡沟为代表的农家游、以九龙山为代表的温泉游、以伏牛山滑雪场为代表的冰雪游的旅游景区集群。栾川县已开发山地旅游资源构成见表3-5。

表 3-5 栾川县已开发山地旅游资源构成

景区名称	景区级别	景点数量	主要景点名称
老君山	5A	100	龙吟阁、太清观、中鼎云涌、幽林追梦、玉兰吐香、峰林烟岚、幽谷蛙鸣、十里画屏、金顶增辉、老子文化苑等
鸡冠洞	5A	50	玉柱潭、溢彩殿、叠帏宫、洞天河、聚仙宫、瑶池宫、藏秀阁、石林坊等

续表

景区名称	景区级别	景点数量	主要景点名称
龙峪湾	4A	218	黑龙潭、白马潭、仙人瀑布、彩虹瀑布、青龙瀑、仙人洞、藏兵洞、贞女洞、帽盔洞等
重渡沟	4A	200	天女植竹、湖光翠影、教堂隐竹、竹林长廊、碧剑刺天、幽竹寻溪、农舍掩竹、竹海蝉声、震天雷瀑，水帘仙宫、仙翁登坛、壁虎情缘
养子沟	4A	36	古寨墙、三清殿等
伏牛山滑雪场	4A	40	室外滑雪区、湖滨观光区、高山观光区、冰雪文化生态区等
抱犊寨	4A	30	望牛岭、抱犊古寨、火神庙等
重渡沟漂流	3A	20	娘娘山、天桥石、老龙潭等
倒回沟	3A	68	擎天柱、大鹏展翅、五指峰等
九龙山温泉	3A	25	九龙山、温泉、度假山庄等
大峡谷漂流	3A	15	峡谷奇观、水上冲浪
鸭石红豆杉	3A	20	红豆杉林
蝴蝶谷	3A	100	快活林、蝴蝶泉、玉女池、彩虹瀑、三叠岩、天池、南天柱、原始森林氧吧等

资料来源：根据栾川县旅游业统计资料整理所得。

3.5.3 旅游服务接待能力强

经过多年的发展，栾川县具有较强的旅游接待能力，有力地保障了旅游业的发展。第一，县城区域和景点景区附近建设有多个旅游集散中心和旅游商品交易中心，满足了游客集散和购物的需求。第二，住宿接待能力较强。截至2014年，全县建有5星级酒店2家、4星级旅游酒店3家、其他星级旅游酒店30多家，星级宾馆（饭店）的数量和总床位规模在全省县级地区中排名第一。另外，全县有农家宾馆1200家，总接待床位3.3万张。第三，全县拥有旅行社12家，导游人员近750名，具有较强的旅游服务能力。第四，旅游业从业人员众多，全县34余万人口中，直接、间接旅游从业人员达9万多人。与2004年"栾川模式"提出时相比，已有26%的农民就地转变为旅游从业人员。此外，全县还拥有旅游购物商场38家，开发奇石、根雕、伊源玉、土鸡蛋等旅游商品600余种，年销售额达8000

余万元。全县旅游配套服务体系基本满足旅游业未来5年发展的需要（见表3-6）。

表3-6 2015年全县旅游接待能力主要指标

指标	数量	单位	指标	数量	单位
5星级酒店	3	家	旅行社	12	家
4星级酒店	5	家	导游人员	700	人
2~3星级酒店	30	家	旅游购物商店	38	家
农家宾馆	1200	家	旅游商品	600	种
总接待床位	35000	张	旅游从业人员	90000	人

资料来源：根据栾川县旅游业统计资料整理所得。

3.5.4 交通方便，通达性高

游客流依托于交通，交通的方便性和快捷性直接影响着旅游业的发展。长期以来，由于栾川县多山的地形，"闭塞"成为其代名词。然而，随着近年来交通运输业的快速发展，目前区内外交通已十分便利。据统计，全县现有干线公路255.8km，扶贫公路512.4km，村村通道路目标也已经实现（栾川县林业局，2013），景区之间均有公路相通。洛阳至栾川的高速公路已于2012年贯通通车，通往中心城市洛阳的快速通道和通往周边各县城的快速通道更是畅通无阻。国道311和省道322、省道249和高速公路及快速公路构成了发达的公路运输网。此外，规划中的武西高速栾川段、栾川至洛宁、卢氏高速也将逐步建成，将来将构成四通八达的高速公路网，极大地密切栾川与洛阳、三门峡、南阳等省辖市及周边县（区）的联系，提高其可进入性。

4 数据来源与处理

本书研究数据主要涉及空间数据、社会经济统计数据与调研数据。其中，空间数据主要有遥感影像、航空影像、地形图、土地利用图、旅游规划图、水文图、交通图等。其中，不同时期的遥感影像、航空影像、土地利用图主要用于研究区域范围内的地类信息的提取，地形图则主要发挥辅助解译的作用。旅游规划图在土地空间扩展的宏观因素研究中也被加以利用。地形图、水文图、交通图主要用于分析自然因素及交通因素对于旅游土地利用空间演变的影响。社会经济数据主要包括统计年鉴数据、社会调研数据、经济人口普查数据，主要用于旅游土地利用演变、扩展的机制分析和影响因素的分析。

4.1 遥感数据来源与处理

4.1.1 遥感数据选择

为了解旅游用地在全县土地利用中的地位和作用，文中采用 TM 影像数据，对全县范围内的土地利用变化进行了研究。TM 影像数据由 7 个波段组成，包含 3 个可见光波段、1 个近红外波段、2 个中红外波段和 1 个热红外波段，其中热红外波段的信息量最大，空间分辨率是 120m，其他 6 个波段均为 30m，是目前国内外遥感研究土地利用/覆被的常用遥感数据。从遥感影像自身的特点和经济层面考虑，本书选择了 1991 年、2001 年、2011 年、2015 年 4 个时段的遥感影像数据，从中解译出包括 4 个年份的水体用地、建设用地、农用地、林地和未利用地数据。地形、土地利用现状等数据的来源见表4-1。

表4-1 栾川县遥感数据来源

数据类型	时间	分辨率及规格	提取信息	来源
Landsat TM	1991.10	30×30m	土地利用信息	河南省科学院地理研究所
Landsat TM	2001.08	30×30m	土地利用信息	河南省科学院地理研究所
Landsat TM	2011.06	30×30m	土地利用信息	河南省科学院地理研究所
谷歌卫星地图	2015.10	0.61m	土地利用及覆被信息	网络下载
土地利用现状图	2015	1:10000	土地利用信息	河南省科学院地理研究所
地形图	1974	1:50000	地形信息与定位信息	河南大学环境规划学院

对于景区土地利用现状的研究，本书采用了高分辨率卫星遥感数据。从研究的经济角度考虑，现状数据采用的是谷歌卫星地图数据，用 MapTileDownloader 1.8.7 下载获得，下载时间为 2015 年 10 月，经过研究和实地勘察，该期数据为 2013 年 8—9 月影像，分辨率高达 0.61m，且为真彩图像。谷歌卫星数据为卫星影像与航拍数据的整合，卫星影像来自美国 DigitalGlobe 公司的 QuickBird 卫星，影像多来自陆地卫星 LANDSAT-7，航拍部分来自 BlueSky 公司、Sanborn 公司等。在具体应用上，本书结合 Google Earth 高清影像（空间分辨率达 0.61m），然后与各个景区用地进行空间连接，对 2015 年 13 个旅游景区范围进行校正，并对各种用地现状进行判读和实地验证，从而获得各景区旅游用地现状数据，确定旅游景区开发末期土地利用的基本格局。

4.1.2 遥感数据处理

本书采用 ENVI 4.4 遥感处理系统，对栾川县 1991—2015 年 4 个时段的遥感影像进行处理，获得各年的土地利用现状图。

（1）几何纠正。

由于飞行器姿势、高度、速度、地球自转等因素导致形成图像相对地面目标会发生畸形变化，所以本书在遥感解译时，运用几何纠正的方法对原始图像进行处理，目的是消除原始图像的几何变形带来的信息损失，同时改变其投影方式，使其与其他图像的投影方式一致或基本一致。论文选用完成数字化的 1:50000 地形图作为图件的控制数据。采用全国统一中央经线和标准纬线。把 2015 年 TM 影像作为栅格—矢量校正的初级数据，进行几何纠正。

（2）波段合成。

原始遥感影像由 7 个单波段组成，相对独立，为黑白影像。经过 ENVI 软件合成彩色 TM 影像后，目视效果有很大改善，解译地物非常清晰。在土地利用类型的研究中采用 5、4、3 波段的合成，目的是更为精细地解译图像。

（3）遥感影像的辐射校正。

为了消除由于像元值与目标物的反射光谱反射率或光谱辐射亮度等物理量不一致而造成的失真，必须对遥感影像进行辐射校正。辐射校正最常用传感器定标方式来进行。一般在传感器拍摄图像过程中，最重要的影响因子是大气散射，为了消除大气散射的影响，本书采用了多波段图像对比分析方法。

（4）遥感影像的解译。

土地利用/覆被信息提取的关键是正确的遥感影像解译、判读。本书在对 4 个时段的影像进行解译的过程中，通过混合和分类比较相结合的办法，借助 ArcGIS 提供的观察图形、图像的工具在 Arc Work Space 中运用 Edit Tools 工具将经过几何纠正的影像数据以 BACK ENV 方式打开，根据影像上不同色调表现出来的地物空间特征和形状、大小、图形、阴影、位置、纹理、类型等判读，解译出土地的不同类型。将解译出的结果打印输出，通过野外校核去验证图像判读的效果，分析其解译的准确率。此外，图像中的个别区域，可能由于各种原因，无法正确判读，此时需要野外实地考察做进一步修正。

4.2 实地调研数据来源与处理

4.2.1 实地调研数据来源

实地调研数据主要通过到案例区实地考察、访谈（与当地居民、游客和景区管理人员）、索取相关资料、分发问卷等形式获得。主要包括两部分：第一部分，针对栾川县相关政府机构的调查，包括国土资源局、城乡规划办公室、旅游工作委员会、统计局、发展和改革委员会、林业局等，主要目的是获得调查区域的基础数据、统计年鉴、规划文件等，如通过对旅游工作委员会的调查，基本上弄清了旅游业发展现状和未来发展规划。

第二部分，对栾川县已开发的13个景区进行实地调查。首先，对旅游景区管理部门进行调查，了解整个景区发展概况及土地利用变化情况，包括日客流时空分布、游览面积、路线长度等。其次，采取驻村方式（每个景区5~8天），进行实地微观调研。由于研究中所收集到的图像数据比例尺偏大，不能很好地解读旅游景区用地扩展情况，加之整个县域内的许多景区在开发初期都没有规范的规划文本和图件，不能客观反映景区的土地利用发展历程，同时考虑到许多景区内有大量的农户，所以主要通过驻村的方式了解景区内每一图斑的现状及历史演变，具体方法为实地考察、访问访谈、咨询村干部或村中老人等。同时对部分游客、景区中的农户等进行了问卷调查和深度访谈。此外，通过收集和分析土地利用现状和历史资料，采用由现状到历史（1991—2015年）反演的办法来展现各个景区旅游用地的时空扩展过程。由于各个景区的开发时间不统一，1991—2001年有2个新景区开发，2001—2011年有9个新景区开发，2011—2015年有2个新景区开发，为了方便从时间和空间上进行整体对比，主要选择研究1991年、2001年、2011年、2015年四个时期的土地利用状况，所以采用各个景区开发就近的年份作为其开发初期的土地利用类型和结构。

景区调查的具体方法步骤如下：①各个景区土地利用现状数据的收集和整理。调研之前先研读和打印各个景区0.61m的高分辨率遥感影像图，对主要的地貌和地物以及图上不能确定的土地利用类型在图上进行标注，以便在实地调研时仔细辨别和确定。②各个景区土地利用历史数据收集。确定研究方案，做好入户调研和重点访谈的问卷和相关资料。在2015年6—8月先后4次为期60多天，在各个景区负责人和生产小组组长的带领下，与当地居民进行逐户访谈，访谈内容包括家庭人口、劳动力构成、人口素质、家庭收入来源、旅游业收入占家庭收入的比例、参与旅游经营的项目、参与旅游经营的时间、农家宾馆开发时间、开发农家宾馆前的土属、各个时间段土地利用的数量及结构等。重点访谈的对象主要是长期在景区工作的负责人和村里年长且善于表达的老人或任职多年的村干部，采用高清晰影像与他们进行面对面的访谈和探讨，了解景区土地利用类型时空分布、土地权属及相关的土地利用政策、社会经济变化等土地利用变化的各种过程和缘由。

4.2.2 实地调研数据预处理

实地调研结束后，针对不同的调研内容，对调研数据进行了初步的汇总、整理、预处理和检验。对13个景区土地利用现状和变化调查结果的处理，主要是在卫星数据的基础上进行矢量化处理，将每个时期每个地块作为面状对象矢量化，并将其属性数据输入对应的表中，同时通过对每个景区的位置匹配，绘制1∶5000的1991年、2001年、2011年、2015年各旅游景区土地利用图，最终形成全县所有景区的土地利用现状及历史时期土地利用分布图，这为旅游土地利用的研究奠定了较好的基础。对于问卷调查数据，如对农户的调研、对游客的调研，主要是甄别和筛选有效问卷，然后进行数据录入，形成数据库，为下一步的研究做好准备。对于访谈数据，除了当时事后的完善外，后期还进行了整理，并录入电脑以供备用，并把绘制好的图件和整理后的资料反馈给访问过的景区负责人和村干部，再次听取他们的意见和建议，最后确定研究所用的数据。对于从政府部门获得的数据，主要是进行归类保管，对于必要的数据，还进行了扫描和矢量化处理。

4.3 社会统计数据来源与处理

4.3.1 社会经济数据来源

社会经济数据主要有统计年鉴数据、社会调研数据、经济人口普查数据等，这些数据主要用来对全县旅游用地利用和扩展进行机制分析。这些资料主要由栾川县国土资源局、栾川县人民政府、栾川县旅游局及林业局等提供。本书所采用的社会经济数据来源清单见表4-2。

表4-2　栾川县社会经济数据来源

数据来源	年份	提取信息	来源
《栾川县统计年鉴》	1991	社会经济统计数据	栾川县统计局
《栾川县统计年鉴》	2001	社会经济统计数据	栾川县统计局
《栾川县统计年鉴》	2011	社会经济统计数据	栾川县统计局
《栾川县统计年鉴》	2015	社会经济统计数据	栾川县统计局
《栾川县国民经济和社会发展第十三个五年规划纲要》	2015	社会经济发展宏观调控预期目标	栾川县政府
各景区相关经济收入数据	2015	经济收入	栾川县旅游局、各景区

4.3.2　社会统计数据预处理

采用 Microsoft Excel 对统计数据进行预处理，对栾川县各年的统计数据进行汇编和整理。预处理主要包括以下几方面：

（1）计算衍生变量。如比重值、人均值等。

（2）换算管辖范围。栾川县旅游景区数量在不断地增加，旅游用地面积在不断扩大，规模及范围都有较大变化，所以需要换算。

（3）纠正遥感影像成像时间。鉴于遥感图像的成像时间不统一，且与统计数据的时间（每年年末）不吻合，因此有必要对遥感图像成像时间进行纠正。论文采用类似元重采样中的"最近领域法"，把遥感影像成像时间的土地利用结构近似地等于距该时点最近的整数年年末的土地利用结构（见表4-3），然后将遥感解译的各种土地利用类型的面积和比重数据与统计数据建立数据对，作为本书各种统计分析的基本样本。

表4-3　遥感数据与统计数据匹配表

遥感影像成像时间	样本时间（遥感纠正时间/统计数据结算时间）	统计数据来源
1991.10	1991.12	《栾川县统计年鉴》
2001.08	2001.12	《栾川县统计年鉴》
2011.06	2011.12	《栾川县统计年鉴》
2015.08	2015.07	《栾川县统计年鉴》

5 旅游用地多维变化研究

5.1 旅游用地类型划分及技术路线

5.1.1 旅游用地类型划分

旅游用地动态变化的直接表现是旅游区域内不同用地类型的变化。同时，旅游用地与城市用地具有明显的不同，使用土地利用的分类标准难以有效地刻画旅游用地的特征和与其他用地之间的不同之处。目前国内对于旅游用地的分类体系并没有统一的界定，但是被认同较多的是建设部于1999年颁布的《风景名胜区规划范围》（GB50298-1999）（以下简称《规范》）。《规范》中的风景名胜用地分类详细，为旅游用地规划提供了参考依据。但是，也存在一些问题，其中最明显的就是《规范》中的用地分类体系与全国土地分类体系不统一。全国土地分类体系是采用国家分类标准，对土地划分基本是依据土地的自然属性，是一切土地分类的依据，而旅游用地作为土地利用的方式之一，也应该与国家土地分类体系相互衔接，但是《规范》中的用地分类并没有根据用地自然属性进行划分，而是依据土地使用的主导性质，两者之间分类依据不同，分类体系自然不同，这就造成了旅游用地分类与土地分类脱节。

旅游用地的特殊性以及土地利用分类体系中缺乏对旅游用地的重视，导致以旅游业为核心产业的区域面临旅游用地与其他用地类型的混淆和界限模糊，形成取地不合理或旅游项目落地困难，影响旅游业正常发展的尴尬局面。旅游区域的产业结构特征决定了旅游用地在整个区域占地比重较大，对于此类地区，探讨旅游用地内部分类具有重要的价值。设置分类框架时，旅游用地分类新体系中的各种用地类型都应该在土地利用规划分类体系中找到其相应地类，这样可以使旅游产业规划与土地利用规划衔接也有利于统筹考虑旅游用地的规模和布局。在分类数量上，应该严格按照该地类在土地利用总体规划中的设置进行。当然，在制定和编制土地利用总体规划时，也应充分考虑当地旅游业发展的实际情况，为旅游用地预留建设指标。

另外，纵观国家几次土地利用分类（1984年颁布的《土地利用现状分类及含义》、1989年颁布的《城镇土地分类及含义》、2002年施行的《全国土地分类》、2007年颁布的国家《土地利用现状分类》），并没有把旅游用地作为一个重要的用地类型进行详细划分和归类，分类层次有待丰富。国家最新的《土地利用现状分类》（GB/T21010－2007），将公共管理与公共服务用地中的风景名胜设施用地视作二级类，但其仅仅是风景区内的设施用地，只是旅游用地的一部分，并不能代表旅游业所需要的全部旅游用地类型，由此可以看出，旅游用地缺少完整的分类体系。

鉴于以上原因，本书对旅游用地体系进行了重新分类。分类的原则是：第一，要综合考虑土地的自然属性和使用属性，尽量将两种属性相结合，使旅游用地分类体系与国家土地分类体系一致和统一。第二，要考虑旅游用地的普遍性和特殊性。旅游用地分类不仅要满足旅游业用地的普遍需求，而且要考虑旅游用地的特殊性，即案例区旅游用地的实际情况。

考虑到研究区的实际情况，旅游用地虽然在全县土地利用分类中仅属于一个亚类，但其内部却十分复杂，包括多种土地利用类型，在参考和圆媛等（2014），苏琨、周勇（2008），王金叶等（2015），卢为民、刘扬（2016），彭慧、毕宇珠（2015）等研究成果的基础上，本书对栾川县13个景区旅游用地现状进行分析，依据旅游景区用地特点，划分研究区范围内景区土地类型，具体如表5－1所示。旅游用地主要包括5个一级类（旅游建设用地、旅游农用地、旅游林地、旅游水体用地、旅游未利用地），9个二级类（风景观赏和建设用地、游览设施与工程设施用地、旅游商业服务设施用地、管理服务用地、居民社会综合用地、农用地、林地、水体用地、未利用地），18 个三级类（自然景观观赏用地、游览设施用地、工程设施用地、旅游购物用地、旅游餐饮用地、旅游住宿用地、旅游娱乐用地、管理服务用地、居民点、综合服务用地、旅游生产用地、耕地、园地、景观绿地、自然保护林地、观赏水面、水域交通、特殊旅游用地）。

表 5-1 旅游用地分类

一级类	二级类	三级类	含义	土地利用总体规划用地类型
A1 旅游建设用地	A11 风景观赏和建设用地	A111 自然景观观赏用地	指具有游赏价值和文化现象的用地类型，如博物馆、纪念馆（碑）、展览馆、科技馆、文化遗产地、宗教建筑、非涉密军事地、农村聚落景观、流行文化景观等	文化遗产保护区用地
	A12 游览设施与工程设施用地	A121 游览设施用地	指景区内的道路、生态停车场、电瓶车停靠点用地等	城镇村建设用地
		A122 工程设施用地	指景区内部给排水、供电、供热、供气、消防、环卫、通信、加油站、厕所等基础工程用地	城镇村建设用地
	A13 旅游商业服务设施用地	A131 旅游购物用地	指土特产店、工艺品店、超市、小型商店等用地	城镇村建设用地
		A132 旅游餐饮用地	指旅游饭店、小吃店、快餐店等用地	城镇村建设用地
		A133 旅游住宿用地	指规模性酒店、度假村、农家宾馆等用地	城镇村建设用地
		A134 旅游娱乐用地	指游乐中心、电影院、KTV、网吧、广场等用地	城镇村建设用地
	A14 管理服务用地	A141 管理服务用地	指风景区管理机构、车站、售票中心、游客服务中心、员工宿舍、警务室等用地	城镇村建设用地
	A15 居民社会综合用地	A151 居民点	指居民自用的宅基地等用地	城镇村建设用地
		A152 综合服务用地	指为村内居民服务的学校、卫生所、村委会等用地	城镇村建设用地
		A153 旅游生产用地	指城镇建设用地	城镇村建设用地

续表

一级类	二级类	三级类	含义	土地利用总体规划用地类型
A2 旅游农用地	A21 农用地	A211 耕地	指种植农作物的土地类型,主要指熟耕地和开荒的土地	一般农用地
		A212 园地	指农果、蔬菜用地	一般农用地
		A213 景观绿地	景区内人为栽种的花卉、竹林、苗木等观赏性绿地	绿化用地
A3 旅游林地	A31 林地	A311 自然保护林地	指具有游赏价值和体验价值的林地、灌木林、山地、丘陵、喀斯特地貌等地文景观游赏用地	林业用地
A4 旅游水体用地	A41 水体用地	A411 观赏水面	指河流水面、湖泊、瀑布、喷泉、冰雪、滩涂等水域用地等	水体
		A412 水域交通	指水库水面、漂流河道、港口码头等	水体
A5 旅游未利用地	A51 未利用地	A511 特殊旅游用地	除上述以外的其他土地,包括荒山、荒地、荒坡、滩涂地、空闲地、自留地等	未利用地

需要说明的是,本书研究区内的旅游景区多为山地自然风景类景区,景区内有大量的林地和农用地分布,这也是自然风景类景区与人文景观类景区用地类型的主要区别,所以本书将景区内的林地和农用地划分为一级类。

5.1.2 旅游用地变化研究技术路线

本部分的主要目标是弄清案例区旅游用地的动态变化,使用的数据主要为遥感影像数据和调研数据。由于案例区为山区,本书将从垂直梯度角度对该问题进行分析,主要侧重于分析在不同高程情况下,各种旅游用地的空间布局及数量分布,以及随着高程的变化旅游用地呈现出的相应变化。在分析时将采用 GIS 方法,直观显示旅游用地的空间分布和特征。

具体技术路线如图 5-1 所示。

首先,通过文献整理、图件收集和数据收集,为研究奠定基础。其次,通过 ArcGIS、ENVI、CorelDRAW 等软件对栾川县不同类型旅游用地的动态变化进行分析,并对计算结果进行可视化表达,同时,深入分析旅游用地的空间结构特征。其中,动态分析部分包括旅游用地数量、规模和类型变化,旅游用地空间分布变化，旅游用地垂直梯度分布变化，旅游用地功能变化等。旅游用地现状分析包括旅游用地数量、规模、类型现状，旅游用地空间分布现状，旅游用地垂直梯度分布现状。最后，在上述分析的基础上，对山地旅游用地变化的驱动力进行分析。本书尝试从自然因素、社会经济因素两个方面对其进行探讨，其中，自然因素包括地形地貌、气候因素、水文因素等，社会经济因素包括人口因素、经济因素、制度与政策因素等。

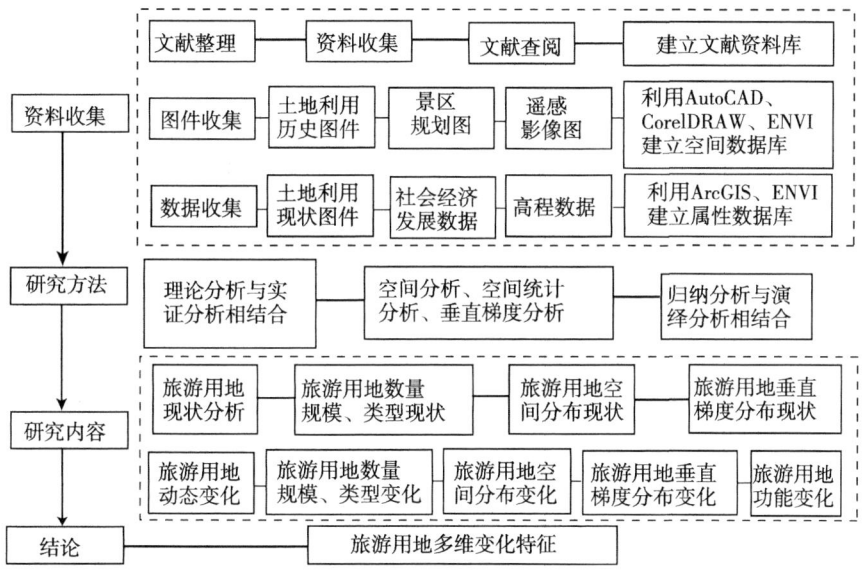

图 5-1　旅游用地变化研究技术路线

5.2　旅游用地现状

了解事物的现状是我们认识事物的基本出发点。对栾川县旅游用地现状的分析，我们将主要从旅游用地数量结构、空间分布、垂直梯度等三个方面进行。

5.2.1　旅游用地数量结构

近年来，随着栾川县"全景栾川"战略的实施，旅游业保持了高速发展态势。旅游业的快速增长必然导致本区旅游用地数量的不断增加和规模的不断扩张。栾川县旅游局相关资料显示，截至 2015 年 8 月，栾川县旅游用地主要分布在13个旅游景区（见表5-2）。

表5-2 栾川县旅游用地现状

序号	景区名称	用地面积/km²	占比/%	最高海拔/m	所在乡镇
1	老君山	22.33	13.98	2159	栾川乡
2	鸡冠洞	1.92	1.23	1021	栾川乡
3	养子沟	15.36	9.63	1500	栾川乡
4	蝴蝶谷	1.60	1.01	1800	栾川乡
5	伏牛山滑雪场	5.93	3.71	1700	石庙镇
6	龙峪湾	45.05	28.21	2120	庙子镇
7	大峡谷漂流	0.58	0.36	1200	陶湾镇
8	抱犊寨	8.07	5.05	1769	三川镇
9	倒回沟	22.59	14.09	2113	叫河镇
10	鸭石红豆杉	4.64	2.91	950	秋扒乡
11	重渡沟	29.40	18.41	1200	潭头镇
12	重渡沟漂流	2.03	1.27	1000	潭头镇
13	九龙山温泉	0.19	0.12	850	潭头镇
	合计	159.69			

资料来源：栾川县旅游局。

13个旅游景区面积合计159.69km²，占全县土地总面积的6.75%。各景区面积差异较大，除了两个漂流景区以外（漂流景区面积甚小），面积最大景区龙峪湾为45.05km²，面积最小景区为九龙山温泉景区，面积仅0.19 km²，平均面积为14.28 km²。景区面积大小与景区开发主题、旅游产品供给类型、开发时间和开发强度有关。观光型的旅游景区占地面积较大，主要有龙峪湾、老君山、重渡沟、倒回沟等（鸡冠洞景区受观光主体的影响，面积较小）；运动型的景区面积较小，如伏牛山滑雪场、两个漂流景区和九龙山温泉。开发时间长和开发强度大的景区占地面积较大，如重渡沟；开发时间短和开发强度小的景区占地面积较小，如鸭石红豆杉景区。

栾川县旅游用地数量具有以下几个特点：

第一，数量占比不大，但产出较高。根据2015年栾川县社会经济统计数据，全县GDP产值达到140.81亿元，其中，旅游业增加值达63.5亿元，单位土地面积的旅游业增加值为0.40亿元/km²，而全县土地面积的平均 GDP 产出为 0.06 亿元/km²。旅游增加值占全县 GDP 产值的比重为 45.1%，旅游用地仅占全县土地总面积的 6.75%。栾川县作为一个山地型旅游地，旅游产业被定为全县服务业的龙头产业，并且正在逐步发展为全县社会经济发展的支柱产业。

第二，自然景观用地占旅游用地比重较大。研究区为典型的山地型旅游地，13 个旅游景区也基本上都是以山水自然景观为主，除了两个漂流景区旅游用地类型是以水域为主外，其余 11 个景区旅游用地都是以林地为主，景观主要为森林景观。在旅游用地的二级分类中，林地占旅游用地总面积平均达到 93%（见图 5-2、表 5-3），其中，有 6 个景区中林地面积占比在 95% 以上（见图 5-3）。这些景区分布在全县各个乡镇内，旅游业的迅速发展不仅成为所在乡镇、县域经济发展的"助推器"，也使景区内的林地和农用地（耕地和园地）在原有土地属性（净化空气、涵养水源、调节气候、保护生态）的基础上添加了更多的景观功能。

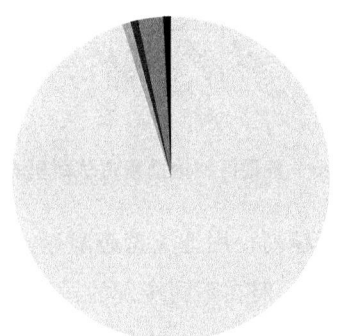

农用地　　林地　　水域　　未利用地　　建设用地

图 5-2　栾川县旅游用地结构（一级分类）

表 5-3　各旅游景区用地现状（一级分类）　　单位：hm²

景区名称	农用地	林地	建设用地	水体用地	未利用地	合计
重渡沟	1.49	2876.08	48.66	7.85	5.48	2939.56
养子沟	14.40	1457.14	48.22	1.67	9.55	1530.98
龙峪湾	55.89	4319.23	92.12	12.13	23.10	4502.47

续表

景区名称	农用地	林地	建设用地	水体用地	未利用地	合计
老君山	6.74	2159.23	60.41	4.07	2.72	2233.17
九龙山温泉	0.00	16.04	2.31	0.00	0.55	18.90
鸡冠洞	3.45	172.03	8.41	1.05	6.13	191.07
伏牛山滑雪场	0.25	550.00	34.80	3.99	4.29	593.33
蝴蝶谷	0.17	149.66	10.52	0.07	7.07	167.49
鸭石红豆杉	0.00	457.03	6.93	0.00	0.00	463.96
倒回沟	30.85	2181.22	34.85	3.80	8.47	2259.19
抱犊寨	15.19	740.49	41.17	3.24	7.08	807.17
大峡谷漂流	4.63	29.36	15.79	6.34	1.82	57.94
重渡沟漂流	0.00	60.65	14.60	114.27	14.24	203.76
总计	133.06	15168.16	443.12	158.49	90.57	15969.00

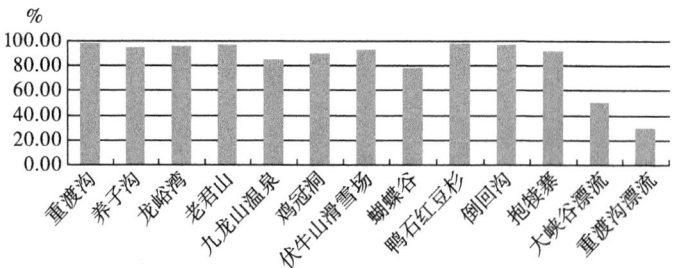

图 5-3　各景区林地面积占总面积的比重

第三，旅游景区等级越高，用地类型越复杂。旅游用地分类中，三级类共有 18 个（见表 5-1），但在不同级别的景区，三级用地类型表现出不同的特征，景区级别越高，用地类型越复杂；级别越低，用地类型越少。2 个 5A 级景区，各自的三级土地利用类型为 16～18 种，7 个 4A 级景区的各自用地类型 12～14 种以上，而 3A 级及以下景区中，各自的用地类型一般在 10 种以下，最少的仅有 5 种用地类型。用景区等级（数）和三级类用地数量进行相关分析，相关系数为 0.724（显著性水平 0.01，二尾法）。其原因是，景区级别高，意味着景区开发较为成熟，景区配套设施比较齐全和高档，景区服务功能较综合，用地类型就较多。

第四，景区开发主题直接影响旅游用地的开发使用。在 13 个景区中，休闲度假型景区，如重渡沟景区、养子沟景区、老君山景区等，其建设用地比例明显高于其他景区，原因是该类型景区需要大量的接待设施满足游客住宿、餐饮、休闲、度假的需求，所以建设用地类型除了基础设施之外，还有较多的住宿用地、餐饮用地、娱乐用地等接待用地。而其他一些观光型景区，如蝴蝶谷、鸡冠洞、抱犊寨等，建设用地主要以游览设施为主，服务接待型用地较少。以漂流为主的两个景区内水域用地明显高于其他景区，且林地用地面积也明显少于其他景区。这说明景区旅游用地结构和类型明显受开发主题的影响。

5.2.2 旅游用地空间分布

按照前文的定义，旅游用地为旅游景区所占据的土地，因此，旅游用地的空间布局和旅游景区的空间分布是吻合的。从平面形态上看，全县旅游用地目前已经形成了以县城为中心，以洛卢路为主要发展带，包括两个副中心的发展格局。两个副集聚中心已初具规模，它们是由重渡沟景区、九龙山温泉、重渡沟漂流、鸭石红豆杉景区集聚而形成的东部副中心区和由抱犊寨景区、倒回沟景区集聚而形成的西部副中心区。栾川县旅游用地空间布局呈如下特征：

第一，旅游用地空间布局具有明显的"中心地"聚集效应。这里的"中心地"指的是栾川县城，县城城区面积 10.1 km^2，常住人口 11 万，是全县的政治、经济、文化和旅游服务中心。全县 13 个景区中，有 4 个位于县城周围 5km 以内。全县开发历史较早、较为成熟、规模较大的景区均位于县城附近。老君山景区、鸡冠洞景区是全县仅有的两个国家 5A 级旅游景区，其紧邻县城，同时鸡冠洞景区开发于 20 世纪 90 年代，是全县开发最早的景区。县城作为区域的中心地，可为景区的开发带来诸多便利，如接近客源地或客源中转地，可以为景区的开发建设和运营提供更好的交通条件，可以为游客提供更好的住宿、餐饮服务，可以为景区提供更多的宣传通道等。

第二，旅游用地的交通依赖性较强。全县旅游用地以县城为中心，沿着主干道呈条带状发展。全县主要交通道路包括洛栾高速、洛卢路、旧祖路、三邓路等，这些交通干道沿线成为旅游景区建设的主要区位。其中以洛卢路为主要发展带，沿此带分布的旅游景区主要有伏牛山滑雪场、龙峪湾景区、大峡谷漂流，以及围绕县城分布的4个景区，其他3个主干道（洛栾高速、旧祖路、三邓路）附近则有另外6个景区分布，如重渡沟景区、重渡沟漂流、九龙山温泉沿洛栾高速分布，鸭石红豆杉景区沿旧祖路分布，倒回沟景区、抱犊寨景区沿三邓路分布。沿交通干道分布的主要原因在于方便的交通可减少旅游景区建设的基础投资，同时更可以提高游客的可进入性。

第三，旅游用地行政区域分布的分散性。全县13个景区分布在11个乡镇中，仅有3个乡镇没有旅游景区的分布。其中，重渡沟、重渡沟漂流、九龙山温泉分布在潭头镇，倒回沟景区分布在叫河镇，抱犊寨景区分布在三川镇，鸭石红豆杉景区分布在秋扒乡，伏牛山滑雪场分布在石庙镇，大峡谷漂流分布在陶湾镇，龙峪湾景区分布在庙子镇，老君山景区、养子沟景区、鸡冠洞景区、蝴蝶谷景区均分布在栾川乡。白土镇、赤土店镇、冷水镇三个乡镇没有旅游景区的分布，其原因可能和这三个乡镇以矿业开发经营为主有关，矿业在创造高GDP的同时，也可能破坏了自然环境。

第四，旅游用地空间分布整体上南多北少。全县13个景区中有8个分布在县域以南的伏牛山北坡，这主要是旅游资源天然区位分布造成的。雄伟的伏牛山是全县海拔最高的山脉，有着复杂的地形、高大的山体、峻峭的山峰、茂密的森林、珍奇的树木、奇特的溶洞、原始的村落、古朴的民风等，而这些自然资源恰好是旅游景区开发的必要条件。同时，县城位于伏牛山北麓，交通干道顺北麓坡脚自西而东纵贯，这些均为伏牛山北麓旅游资源的开发创造了较好的条件。

第五，旅游用地中的所有建设用地基本上都沿着道路和河流分布，且集中在沟谷地带。建设用地是旅游用地中的一种常见利用类型，也是人工投入最多的一种土地类型，因为任何旅游资源的开发都离不开各种基础设施的建设，如道路、住宿中心、购物中心、各种服务中心等。从经济和技术可行性上考虑，河流两岸的阶地和沟谷相对平缓的地带是理想的建设用地，这里地势较平，海拔较低，坡度较小，接近水源，靠近道路，长期历史作用形成的居民点也多分布在这里。

5.2.3 旅游用地垂直梯度

5.2.3.1 旅游用地高程分布

栾川县位于豫西伏牛山境内,地势西南高而东北低,形成中山、低山和河谷三种地貌类型。海拔千米以上的中山区面积,占全县总面积的49.4%,千米以下低山区面积及河谷沟川面积占全县总面积的50.6%。研究区范围内,最低点海拔为444m,最高点为2159m,极差为1715m,高程起伏较大。高程因素对研究区域内13个景区的旅游用地类型具有较为显著的影响。

为探析不同高程下旅游用地数量和利用类型的不同,针对栾川县的高程情况,在ArcGIS中对其进行等级划分,划分标准为:600m及以下(丘陵)、600~1000m(低山)、1000~1400m(中山)、1400~1800m(次高山)、1800~2200m(高山)。利用ArcGIS软件平台将高程等级图与土地利用图进行叠加处理,最终得到栾川县旅游用地高程等级图和各景区不同土地利用类型随高程变化图(见图5-4)。同时,在对各个景区影像进行拉伸处理时,所采用的拉伸类型均使用标准差方式,进而得到各个景区的高程值。考虑到旅游用地三级分类中用地类型在高程中难以显示,所以在高程分析中以二级分类为主。

旅游用地分布受高程影响明显,集中分布在600~1400m的高程范围内。海拔600m及以下的旅游用地面积仅占总面积的9.83%;而600~1400m的范围内分布最广,占总面积的66.71%,其中600~1000m范围内分布面积最大,占33.70%,1000~1400m范围内分布略低于前者,占33.01%;1400~1800m也有较为广泛的分布,占17.83%;在海拔最高的区域1800~2200m内,分布面积最小,仅占总面积的5.63%。从总体上看,随着海拔的变化,旅游用地分布呈现先增加再减少的趋势,600m及以下整体较少,600~1400m明显增多,1400~2200m则开始明显减少,表现为类似于纺锤体两端小、中间大的分布格局。

从旅游用地内部构成特征来看,各个景区内的旅游用地类型在不同的海拔分布很不均衡。林地作为各个景区内分布最广的土地利用类型,其分布特征是随着海拔增高,林地面积增大,随之又呈现减少的趋势。林地尤

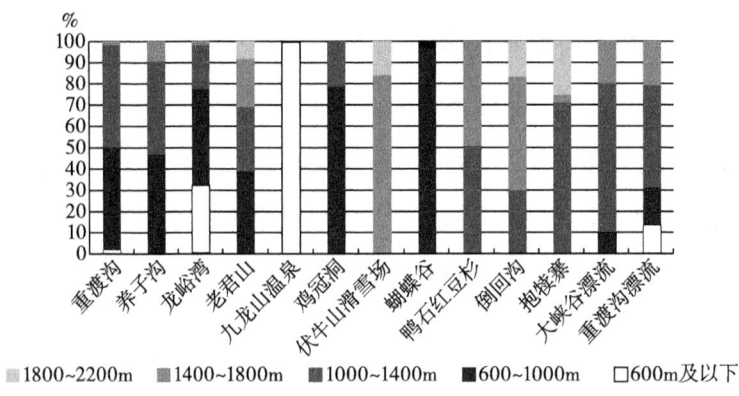

图5-4 各景区旅游用地面积在不同高程上的分布

其集中分布在600~1400m的高程范围内,说明海拔较高的位置有利于森林生长和保护(见图5-5a)。

农用地的空间分布刚好与林地相反,绝大多数的农用地分布在海拔1000m以下的区域,说明当地居民在1000m以下的区域活动最为频繁,同时也说明农用地的分布受地形的影响较为明显,海拔太高的位置,由于坡度较大、土壤贫瘠以及通达性较差,不适宜种植和养殖(见图5-5b)。

建设用地包括游览设施用地和旅游工程设施用地、商业服务用地(旅游住宿、旅游娱乐、旅游餐饮)、管理服务用地、居民综合用地(居民点、村委会、社区)、农用地和水体用地等,多分布在高程较低的区域内,首先是600m及以下(丘陵区)的区域,其次是600~1000m(低山区)。而在海拔较高的1400~1800m(较高山区)、1800~2200m(高山区)区域内仅有自然景观用地和少量的游览设施及工程设施用地分布(见图5-5c)。

作为景区内重要的旅游用地类型之一的水体用地,其基本分布在600m及以下的区域,随着高程的增加,水体用地的分布呈急剧下降的特点,在高于1800m的位置,基本上没有水体用地的分布,说明水体用地的分布受地形的严格限制(见图5-5d)。水体用地主要表现形式为河流或者筑坝河流或湖泊池塘,均位于地势低洼之处,相对高度也较低。

未利用地的分布明显在1400m以下区域,因为海拔较低的位置,人为活动较为频繁,人们会不断地根据景区的需求改变用地类型和功能,而这

5 旅游用地多维变化研究

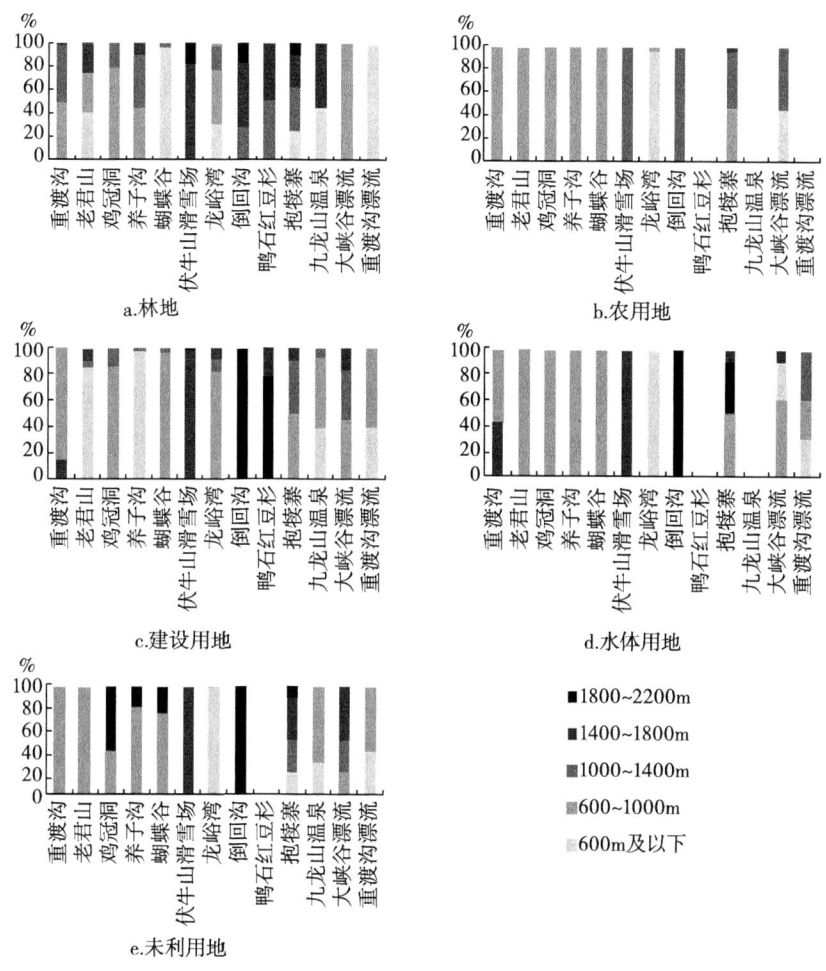

图 5-5 各种旅游用地类型在不同高程的分布

注：因为鸭石红豆杉景区没有农用地、水体用地、未利用地，九龙山温泉景区没有农用地、水体用地，重渡沟漂流景区没有农用地，所以图中不显示。

些未利用地大多为裸露的河滩地、被拆毁的房屋、废弃的荒坡荒地等（见图 5-5e）。

无论是当地居民还是游客，主要在景区内海拔较低的区域范围内活动。居民点多分布在农用地、水域、道路等分布较为集中的低海拔区域，而大多数游客也会选择在海拔较低的区域游憩、食宿、娱乐，这些旅游活动直接影响了旅游用地类型的分布。

5.2.3.2 旅游用地坡度分布

坡度对旅游用地的分布也有较大影响。基于DEM数据，利用ArcGIS空间分析功能，对坡度进行重分类，将坡度划为5个等级：平缓（0°~10°）、缓坡（10°~20°）、斜坡（20°~30°）、陡坡（30°~40°）和险坡（40°以上）。通过对旅游用地在不同坡度的分布分析，发现旅游用地随着坡度变化表现出明显的不均衡性。在各个坡度分级中，20°~30°面积最大，其面积占总面积的37.11%；其次是10°~20°区域，占比为32.44%；0°~10°和30~40°两段坡度范围内分布面积相差不大，分别占12.98%和15.41%；而在险坡范围40°~67.5°内，用地面积非常少，仅占总面积的2.92%。由此可以看出，随着坡度的增加，旅游用地面积呈现先增加后减少的趋势，尤其是高度集中在坡度10°~30°范围内，40°以上的区域用地面积锐减到3%以下。这主要是本区地形特点造成的，本区以低山丘陵为主，因此平缓地形面积较小，险坡在自然地形结构中占比也较小。

对于不同的景区，由于各自地形特点的限制，旅游用地的坡度面积结构各具特色（见图5-6）。例如，伏牛山滑雪场景区10°~20°坡度面积较大，而老君山景区则此类面积较小，蝴蝶谷景区没有40°以上的险坡区域，而老君山景区和鸭石红豆杉景区此类面积较大等。

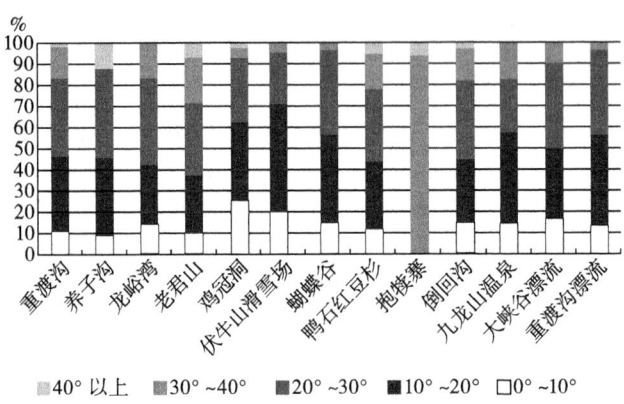

图5-6　各景区旅游用地面积在不同坡度上的分布

从不同旅游用地利用类型方面分析，受地形特征的影响，共性较为明显，但各景区存在一定差异（见图5-7）。

各景区林地面积在各个坡度段均有分布，但集中分布在10°~40°的范围内，其中在10°~20°范围内达到最高值，其次是20°~30°和30°~40°两个坡度段范围内。整体上呈现随着坡度增加而减少的趋势（见图5-7a）。

农用地的分布与建设用地的分布格局类似，整体上面积较小，且分布在0°~20°以下的范围内，随着坡度增大，农用地面积锐减，超过40°后，农用地几乎消失。农业活动仅适合在坡度较小的范围内开展，当坡度较大时（25°以上）则不适合农业活动的开展，因此，农用地受坡度影响较大。实际上，在山区，人类活动的区域主要限制在坡度较为平缓的地带，坡度较陡的区域不适合人类活动或其成本太高（见图5-7b）。

建设用地虽然整体上面积较小，但在各个坡度上的分布则较为集中，主要分布在0°~20°的范围内，尤其是以0°~10°的范围内分布最广，各个景区，无论是何种类型均是如此，其建设用地面积最大值都出现在这个坡度范围内。仅次于该区段的坡度是10°~20°，各种类型景区的建设用地在这个范围内达到第二个峰值。而随着坡度的增大，建设用地迅速减少，说明景区内建设用地的分布明显受到坡度的影响，坡度越大，越不适合建设用地的开发和建设（见图5-7c），这主要是由技术、建设成本和设施用途等因素决定的。

水体分布受到坡度的影响也较为明显，多分布在0°~30°的范围内，其中以0°~20°分布最为集中。整体的分布趋势是，随着坡度的增大，水体面积锐减，尤其是在大于30°的坡度段，水体面积几乎可以忽略（见图5-7d）。

未利用地的分布则与水域的分布相反，虽然面积较小，但是整体上分布在20°~40°坡度较大的区域（见图5-7e）。未利用地主要包括裸岩、滩涂等在目前的技术条件下难以利用或不能利用的土地，此部分用地类型在旅游用地中占比很小，一般在0.5%以下，其中的裸岩主要分布在陡峭的坡地上，由于坡度较大，水土难以保持，如遇到自然或人为的破坏，则易形成地表没有任何覆盖的基岩区。

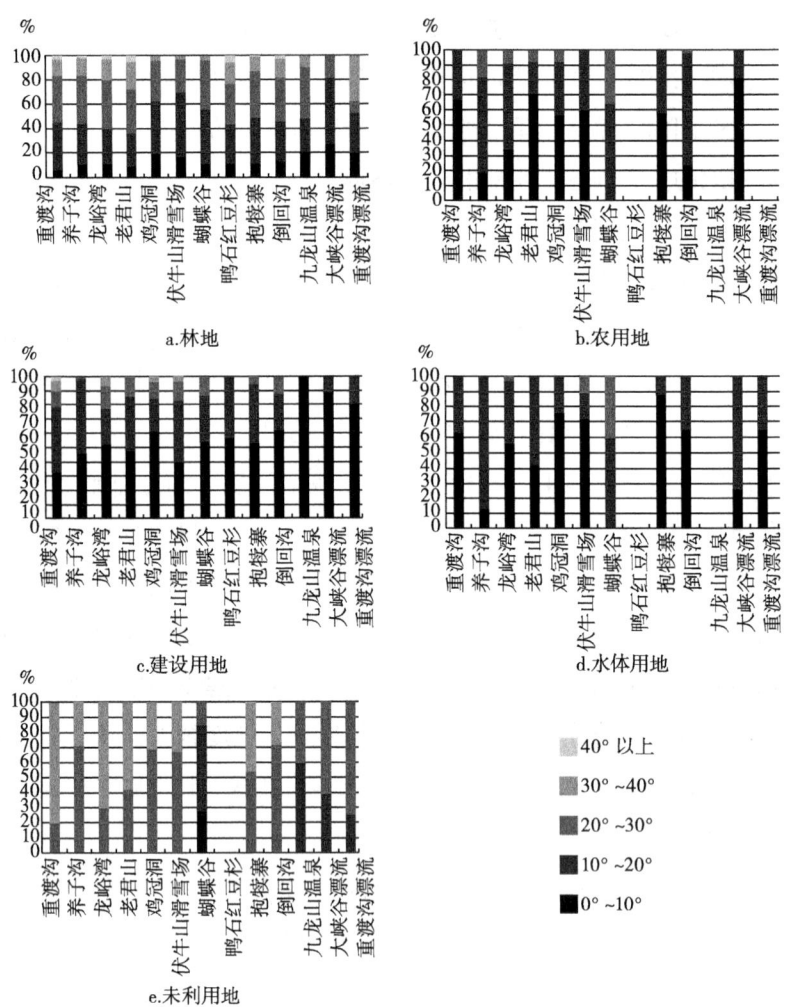

图 5-7 各种旅游用地类型在不同坡度的分布

注：因为鸭石红豆杉景区没有农用地、水体用地、未利用地，九龙山温泉景区没有农用地、水体用地，重渡沟漂流没有农用地，所以图中不显示。

5.2.3.3 旅游用地坡向分布

坡向对旅游用地的分布也具有一定的影响。在 DEM 数据的基础上，利用 ArcGIS 空间分析功能进行重新分类，将坡向划分为 9 个等级。坡向原始记录以北为起点（0°）进行顺时针旋转，采用 45°间隔等分，分为无坡向（-1°~0°）、北坡（0°~22.5°和 337.5°~360°）、东北坡（22.5°~67.5°）、东坡（67.5°~112.5°）、东南坡（112.5°~157.5°）、南坡

(157.5°~202.5°)、西南坡（202.5°~247.5°）、西坡（247.5°~292.5°）、西北坡（292.5°~337.5°）等9类。经过软件运算分析，得到栾川县旅游用地坡向等级分布图。

通过对旅游用地在各个坡向的分布分析，发现各旅游景区旅游用地类型在不同坡向的分布也不均衡（见图5-8），且不均衡程度与景区面积大小有关。在各坡向分级中，旅游用地面积最大的坡向为西南坡向和西北坡坡向，其次是东坡、东北坡、北坡坡向，在西坡和无坡向分布的最少。从总体趋势看，各景区旅游用地分布除了西坡和无坡向分布相对较少外，其他各坡向分布相对均衡，说明各旅游景区坡向对其位置选择影响不大。景区的坡向分布是景区范围划定后原始坡向的自然分布，当景区面积足够大时，景区所跨越的各种地貌和多种山脉走向相对均衡，其坡向分布也相对均衡。但是当景区面积较小时，其所覆盖的地貌部位和覆盖区的山脉走向可能较为单一，此时，坡向将集中分布于某些方向。当然，整体上旅游用地的坡向分布受制于地区的地质构造和主要山脉走向。

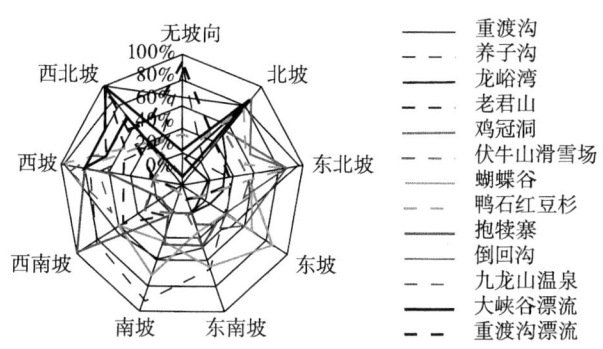

图5-8 各景区旅游用地面积在不同坡向上的分布

从旅游用地的内部特征来看，林地在旅游用地中占有绝对主导地位。各个景区的林地在不同坡向均有分布，其中在北、东北、东、南、东南、西南分布最多，这与林地的生长需要充足的阳光有直接关系，而在西北坡和无坡向分布的最少（见图5-9a）。

农用地多分布在东南、南、西南三个坡向，其他坡向分布相对较少（见图5-9b）。农用地主要用来种植粮食作物和经济作物，而作物对光照有较高的要求,需要光合作用促进生长,所以偏南方向的坡向是农用地的主要分布坡向。

各景区建设用地在各坡向的分布不大相同,但其分布没有明显的坡向偏好,主要取决于景区中平缓地面的分布,即主要受坡度的影响,受坡向的影响很小(见图5-9c)。

水体用地多分布在南坡、西南坡、西坡,其次是东南坡、东坡等,主要受地形的影响,山脉走向决定河流延伸方向,从而影响水域的分布坡向(见图5-9d)。

未利用地多分布在南坡、西南坡、西坡、西北坡四个方向,而在其他坡向分布较少,尤其是无坡向区域,仅有零星分布(见图5-9e)。未利用

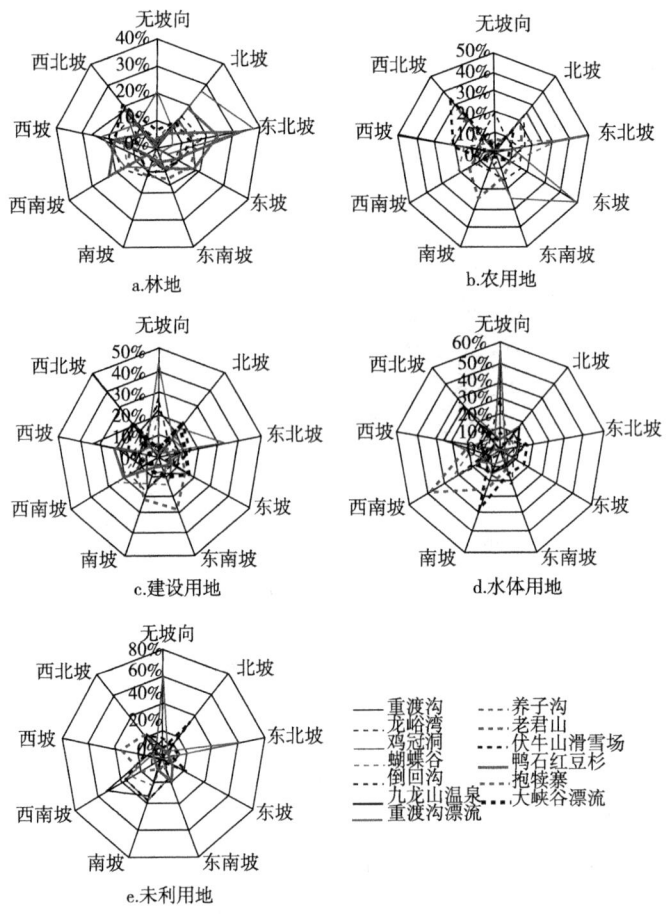

图5-9 各种旅游用地类型在不同坡向的分布

地指滩涂、荒坡、荒山、岩石等，多数分布在难以开发的区域，与海拔高度、坡度有关。坡向分布呈现随机分布的特点，也可能与山脉走向有关。

5.3 旅游用地动态变化

为进一步分析研究区13个旅游景区不同的旅游用地类型在时空上的变化，本书从旅游用地的数量结构变化、旅游用地的垂直梯度变化、旅游用地的空间和功能变化等及不同的年份对景区用地类型进行分析。本书主要基于遥感影像数据及调研数据，采用旅游用地分类的二级类和三级类进行分析。同时，为了便于与各景区旅游用地现状进行对比分析，本书对各景区先期年份的分析所使用的景区边界以景区现有边界为准，实际调研中也发现各个景区外扩的面积很小，且边界模糊，向外扩张的部分基本以林地为主，鉴于本书的研究以研究景区内建设用地变化为主，所以对于景区向外扩张的面积可忽略不计。

5.3.1 旅游用地数量结构变化

（1）旅游用地总量变化。

研究区旅游用地数量增长迅速（见表5-4）。1991年至2015年底，无论是景区数量还是旅游用地面积均明显扩张，全县旅游景区数量由2个增加到13个，旅游用地面积由2.11 km^2 增加到159.69 km^2，增长74.7倍。其中，从1991年到2001年，旅游景区数量从2个增加到10个，旅游用地面积由2.11 km^2 增加到152.43 km^2，分别增长4倍和71.24倍；从2001年到2011年，旅游景区数量从10个增加到13个，旅游用地面积由152.43 km^2 增加到159.69 km^2，分别增长0.3倍和0.05%；从2011年到2015年，旅游景区数量增加2个，景区总面积增加2.62 km^2。总的来看，年均旅游用地增长幅度第一阶段（1991—2001年）与第二阶段（2001—2011年）和第三阶段（2011—2015年）差别较大，第一阶段年均增长幅度为13.63 km^2，第二阶段为2.13 km^2，第三阶段为0.65 km^2。第一阶段增长率较高主要是因为当时是全县旅游业开发初期，旅游用地面积基数太小，因而增长迅速；第二阶段是全县旅游业快速发展阶段，旅游用地在第一阶段的基础上有新的景区开发和扩容升级,因此增加较快;第三阶段处于全县旅游业转型升级阶段,旅游业发展开始重视景区提质扩容,旅游用地内部有较大的调整,但景区数量和景区面积变化较小。

表 5-4 栾川县 1991—2015 年旅游景区用地数量变化

单位:km²

景区名称	1991 年	2001 年	2011 年	2015 年
老君山	*	22.33	22.33	22.33
鸡冠洞	1.92	1.92	1.92	1.92
重渡沟	*	29.39	29.39	29.39
养子沟	*	15.36	15.36	15.36
龙峪湾	*	45.05	45.05	45.05
抱犊寨	*	8.07	8.07	8.07
伏牛山滑雪场	*	5.93	5.93	5.93
鸭石红豆杉	*	*	4.64	4.64
大峡谷漂流	*	*	0.58	0.58
重渡沟漂流	*	*	2.04	2.04
倒回沟	*	22.59	22.59	22.59
九龙山温泉	0.19	0.19	0.19	0.19
蝴蝶谷	*	1.60	1.60	1.60
合计	2.11	152.43	159.69	159.69

注:"*"表示景区处于未开发状态。
资料来源:栾川县旅游局。

(2) 各类旅游用地数量变化。

区域内的土地利用类型变化幅度主要反映各种类型的土地在结构数量上的变动,其核心是各类土地利用类型的数量变化范围和程度。其数学模型为:

$$\Delta U = U_b - U_a \tag{5-1}$$

其中,U_a、U_b 分别表示各景区研究初期和研究末期某种旅游土地利用类型的面积。

研究区旅游景区数量的增加,不仅造成旅游用地面积的大幅度增加,同时也使旅游景区内的土地利用类型发生了明显改变。例如,旅游景区游览设施逐步升级,道路由原来的狭窄小道变为宽阔的四车道水泥路,景观景点建设也不断扩大规模,各种服务接待设施也配套升级,这些都使景区内的建设用地数量不断增加,进而引起旅游用地规模不断扩大和用地结构改变。

栾川县旅游用地结构在四个时段发生了明显变化(见表5-5),基本特点是建设用地大幅度增加,水域面积少许增加,农用地面积减少。1991年和2001年,全县旅游景区用地类型以林地为主,其次是农用地,再次为建设用地,水域用地和未利用地面积相对较少。到了2011年和2015年,林地仍然是旅游用地中面积最大的用地类型,农用地的面积却在不断减少,水体和建设用地的面积也不断上升,从而导致旅游用地结构的较大变化:林地为主导类型,其次为建设用地,再次为水体用地,农用地位列第四,未利用地面积居最末位置。总体来看,在旅游业发展初期和中期(1991—2001年),全县景区内的用地类型以林地和农用地为主,占到总面积的90%以上。这个时期旅游资源开发刚刚起步,旅游业发展还没有影响到当地居民传统的生产和生活方式,景区内的用地类型,尤其是农用地还是以满足当地居民需求为主,并没有完全为景区所用。已经开发的景区内的居民,其生活仍以农林业生产为主,旅游经济为辅。在旅游业发展的成熟期和转型期(2011—2015年),由于各个景区发展得比较成熟(除了2011年刚开发的两个漂流景区外),旅游业达到了一定的规模且经营者具有了丰富的经验,从而使景区内的土地已经完全被"旅游化",完全成为旅游业的专用资产,即便是保留下来的少量农用地,也以采摘园和观赏类花卉的旅游功能为主。2000年以后全县开始实施"旅游强县"的经济政策,保护林地、开拓水域等一系列措施使得水域面积呈现上涨趋势。

表5-5 栾川县1991—2015年各类旅游用地面积和占比

单位:hm^2,%

用地类型	1991年		2001年		2011年		2015年	
	面积	占比	面积	占比	面积	占比	面积	占比
农用地	4.57	2.16	689.39	5.00	218.78	1.20	133.06	0.83
林地	186.38	88.30	13809.06	91.00	15100.00	94.40	15168.16	95.39
建设用地	8.98	4.25	358.97	3.00	390.64	2.40	443.12	2.77

续表

用地类型	1991年		2001年		2011年		2015年	
	面积	占比	面积	占比	面积	占比	面积	占比
水体用地	1.04	0.40	169.54	1.40	152.04	0.90	158.49	0.99
未利用地	10.13	4.80	59.77	0.40	115.61	0.70	90.57	0.57
合计	211.10	100	15086.73	100	15969.00	100	15969.00	100

（3）各景区旅游用地数量变化。

为便于了解全县旅游用地在各个景区的分异情况，将各旅游景区边界分别与全县相应年份土地利用数据进行叠加，得到四个年份各景区各类旅游用地面积（见表5-6）。

表5-6 栾川县各景区1991—2015年各类旅游用地面积变化

单位：hm²

景区	年份	农用地	林地	建设用地	水体用地	未利用地
养子沟	2001	27.80	1459.07	28.42	1.38	19.35
	2011	14.93	1468.74	35.18	1.57	15.61
	2015	14.41	1459.96	48.22	1.67	9.55
伏牛山滑雪场	2001	16.73	562.51	5.99	1.60	6.46
	2011	7.59	569.63	11.21	1.60	3.26
	2015	0.21	550.01	34.80	3.99	4.29
龙峪湾	2001	110.37	4274.40	47.30	16.23	56.76
	2011	56.76	4319.45	91.45	12.16	25.22
	2015	55.89	4319.24	92.13	12.13	23.11
重渡沟	2001	5.59	2851.69	29.99	7.35	44.98
	2011	1.76	2876.39	47.33	7.94	6.17
	2015	1.49	2876.08	48.66	7.86	5.49
老君山	2001	22.56	2138.73	34.39	4.69	32.83
	2011	8.71	2159.72	57.17	4.02	3.57
	2015	6.75	2159.23	60.42	4.07	2.72
鸡冠洞	1991	4.57	170.44	6.69	1.04	9.56
	2001	3.75	172.53	7.33	0.98	7.71
	2011	3.63	172.38	8.35	1.04	6.90
	2015	3.45	172.03	8.41	1.05	6.14

续表

景区	年份	农用地	林地	建设用地	水体用地	未利用地
九龙山温泉	1991	0.00	16.05	2.29	0.00	0.57
	2001	0.00	16.04	2.31	0.00	0.56
	2011	0.04	16.01	2.31	0.00	0.56
	2015	0.00	16.04	2.32	0.00	0.56
蝴蝶谷	2001	0.32	149.54	2.98	0.08	7.53
	2011	0.21	149.68	3.38	0.08	7.09
	2015	0.18	149.67	3.48	0.07	7.08
鸭石红豆杉	2011	0.00	457.09	6.87	0.00	0.00
	2015	0.00	457.03	6.93	0.00	0.00
倒回沟	2001	34.34	2181.72	28.92	3.84	10.39
	2011	31.40	2181.27	33.89	3.84	8.81
	2015	30.85	2181.23	34.85	3.80	8.48
抱犊寨	2001	16.06	740.59	39.15	3.23	8.15
	2011	15.42	740.59	40.84	3.23	7.10
	2015	15.19	740.49	41.17	3.24	7.08
大峡谷漂流	2011	4.72	29.48	15.24	6.34	2.20
	2015	4.63	29.36	15.79	6.34	1.83
重渡沟漂流	2011	0.00	61.07	14.39	114.27	14.04
	2015	0.00	60.66	14.61	114.27	14.24

由表 5-6 可以看出，虽然各个景区的开发时间不同，但是随着景区的不断发展和设施的升级完善，景区内的土地利用类型发生了较大的变化。农用地的变化最为明显，所有景区内的农用地均表现出逐年减少的趋势，尤其是 2001—2011 年，农用地面积减少最多，减速最快。比较突出的是重渡沟景区、养子沟景区、龙峪湾景区，农用地面积减少尤为明显，分别从开发初期的 5.59hm^2、27.80hm^2、110.37hm^2 减少到 1.76hm^2、14.93hm^2、56.76hm^2，面积减小一半左右。此外，老君山景区、鸡冠洞景区、倒回沟景区、抱犊寨景区也有一定的减小幅度。总体来看，农用地变化幅度较大的景区主要为景区级别较高的区域和景区内有大量居民点的区域。随着景区接待游客的增多，旅游基础设施需求增大，因此原先基础条件较好的农用地首当

其冲地转化为了建设用地,因而造成农用地的大幅度减少。

　　林地的变化呈现出整体上升的趋势,蝴蝶谷景区略有下降,各景区林地面积增加幅度都较小。开发初期面积增加的主要原因是国家退耕还林政策的实施,在政策实施过程中,严格限制林地的随意开发和使用,同时将景区内大部分陡坡耕地退为林地,这对林地起到了积极的保护作用。随后国家又实施封山育林政策,继续加大退耕还林的力度,尤其是坡耕地的退耕,使得林地得到了较好的保护。除此之外,作为山地型旅游景区,景区内的林地和草地是重要的自然景观,景区管理者也非常重视对林地的保护,这也是林地面积一直增加的重要原因。

　　建设用地整体呈现上升趋势。面积增加最大的景区集中为 5 个 4A 级景区和 2 个 5A 级景区,由于这些景区发展速度较快,景区级别较高,需要大量配套的游览设施和服务设施,因此新增了大量的建设用地。部分高级别景区内还新增了较多的居民,从而导致住宅需求的增加,也导致较多的新增建设用地。如重渡沟景区,开发初期人口 1028 人,到 2015 年人口增加到 1365 人,净增加 337 人,为此新增住宅约 100 套。几个级别较低的景区建设用地增长速度相对较小。

　　除伏牛山滑雪场景区内的水体用地呈显增加趋势外,其他大部分景区的水体用地均呈现减小的趋势。减小的主要原因是一定时期内自然降水减少而导致河流水面面积随之减小。而增加的原因主要是景区为了美化环境,筑坝堵水,形成人工水面或扩大了自然水面。

　　未利用地整体呈现减少趋势,但是幅度较小。未利用地的分布与海拔高度和起伏程度有关,一般地势平坦的地段未利用地较少,地势陡峭的区域未利用地面积较大。全县旅游景区均属于山地旅游地,坡度较大,难以利用的未利用地较多,而这些未利用地在当今的技术条件下开发利用难度很大或成本很高,这是未利用地面积下降幅度较小的主要原因。

5.3.2　旅游用地类型变化

　　运用各类土地利用类型面积的增减可以反映土地利用类型规模的变化和速度的变化,但是不能很好地反映土地利用类型之间的转变状态,为了达到此目的,并弄清其变化方向和总趋势,本书采用马尔可夫模型进行分析。马尔可夫过程是指一类随机过程,这种随机过程具有无后效性的特点。后效性是指事物的变化状态和未来发展主要与过去不久的状态相关联,与较长时期以前的状况关系不大。"无后效性"即为某随机过程第 $n+1$ 次状态 $X_{(n+1)}$ 与 $X_{(0)}$,$X_{(1)}$,$X_{(2)}$,…无关,只与第 n 次的状态有关,$X_{(n+1)}$ 计算公式为:

$$X_{(n+1)} = X_n \times 状态转移概率(p) \tag{5-2}$$

运用马尔可夫过程的关键在于确定土地利用类型之间相互转化的初始转移概率矩阵 P,其数学表达式为:

$$P = \begin{vmatrix} p_{11} & p_{12} & \cdots & p_{1n} \\ p_{21} & p_{22} & \cdots & p_{2n} \\ \vdots & \vdots & p_{ij} & \vdots \\ p_{n1} & p_{n2} & \cdots & p_{nn} \end{vmatrix} \tag{5-3}$$

其中,n 为研究区土地利用类型的数目,p_{ij} 为研究初期由土地类型 i 转化为土地类型 j 的概率,并且满足以下条件:

$$0 \leq p_{ij} \leq 1 \text{ 且 } \sum_{n=1}^{n} p_{ij} = 1 \tag{5-4}$$

借助马尔可夫模型可以解释土地利用类型的转移情况,即各种用地类型在各期增减情况和减少去向情况。运用 GIS 软件的空间分析模块,对研究区不同时段内的土地利用类型进行空间叠置,结合土地利用数据库各期土地利用项目提取结果,并结合一定的数学方法可运算得出 1991—2015 年三个阶段各景区土地利用转移矩阵。

25 年间各景区用地类型都发生了明显变化。建设用地由于自身的较不可逆性特性,转化为其他各种用地类型的可能性不大,而其他用地类型之间都可以相互转化。从图 5-10 中可以看出:①从三个时期的转移矩阵数据看,林地向其他地类转移的概率较小,这与栾川县作为山区县域土地类型以林地为主的特点有关,而转移的部分林地主要向建设用地、农用地等转移。②水体用地和未利用地发生转移的概率较大,各个景区的三阶段矩阵中都有明显变化。因为水体在景区中是重要的景观组成部分,多数景区水体面积呈增加态势，但是未利用地却在减少。③林地、农用地、未利用地等土地类型转换为建设用地的概率较大。这主要是由于游客增多引致的景区接待规模扩大、景区接待能力提高、景区基础设施建设完善、景区环境优化造成的。这些过程必然导致用地需求的增加，从而导致大量耕地、草地等土地被改变用途。当然，这种过程虽然是客观的，但未必是合理的。具体地，各个景区的旅游用地类型的转移特点如下：

(1) 林地、农用地、未利用地向建设用地转化。

第一阶段（1991—2001年），旅游业的开发还处于萌芽阶段，全县社会经济发展还比较缓慢，经济支柱以矿业和农业为主，仅有2个景区开发（鸡冠洞景区和九龙山温泉景区），处于开发初期的这两个景区用地类型变化并不明显，且因为鸡冠洞景区重在对洞内景观的开发，九龙山温泉重在对温泉设施的开发利用，所以用地类型转换较为简单（见图5-10）。1991—2001年，九龙山温泉建设用地由林地转化4828 m^2，由农用地转化667 m^2，总计增加5495 m^2。1991—2001年鸡冠洞建设用地由林地转化8271 m^2，由农用地转化10266 m^2，总计增加18537 m^2。这一时期林地变化较小。

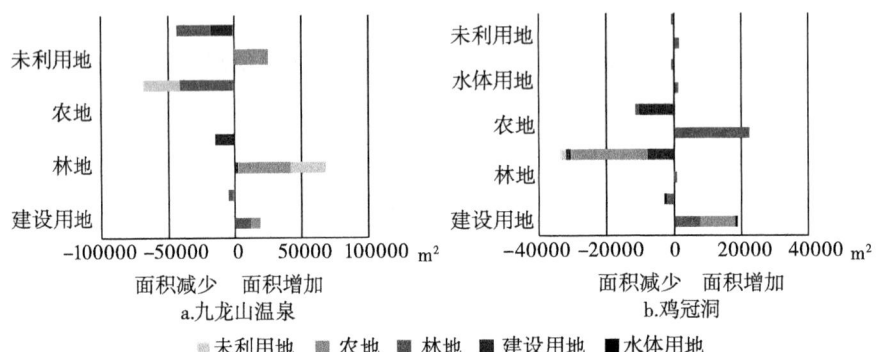

图5-10 第一阶段（1991—2001年）各景区旅游用地转移

注：1991—2001年研究区内仅有该2个景区开发。

第二阶段（2001—2011年），全县旅游业全面复苏和蓬勃发展，旅游景区增加到13个，旅游用地数量迅速增加，各种旅游用地类型之间相互转化，景区内部用地结构发生了较大变化。主要是建设用地不断增加，而增加的建设用地主要来源于林地、农用地、未利用地。这一时期各景区林地面积变化较为复杂，有的增加，有的减少或保持不变，但是整体来看，农用地和未利用地减少明显。建设用地增加最为明显的景区如下：重渡沟景区，其建设用地由林地转化35297 m^2，由农用地转化13322 m^2，由水体转化915 m^2，由未利用地转化23195 m^2，总计增加72731 m^2；老君山景区建设用地由林地转化100389 m^2，由农用地转化21667 m^2，由未利用地转化1727 m^2，总计增加 123777 m^2；抱犊寨景区建设用地由林地转化187608 m^2，由农用地转化13505 m^2，由未利用地转化17198 m^2，总计增加21831 m^2；倒回沟景区建设用地由林地转化159883 m^2，由农用地转化94594 m^2，由未利用地转化31488 m^2，总计增加285966 m^2（见图5-11）。

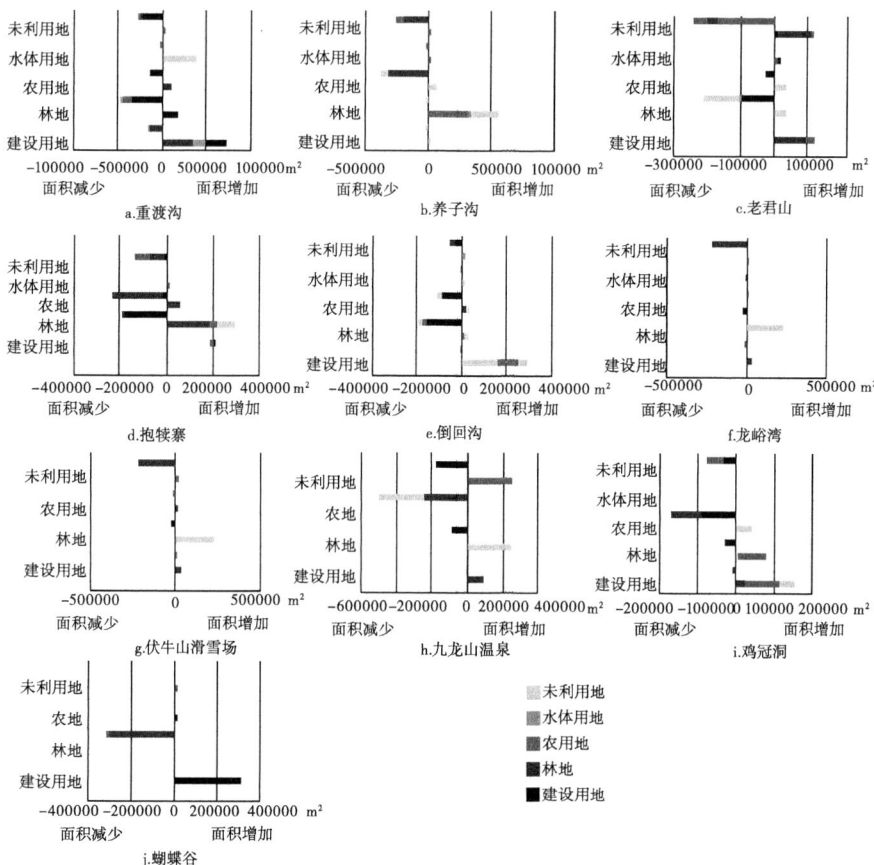

图 5-11　第二阶段（2001—2011 年）各景区旅游用地转移

注：2001—2011年本区仅有10个景区开发。

第三阶段（2011—2015 年），大部分景区发展趋于成熟，景区发展定位为转型升级，景区内部用地类型更为复杂，各种用地"旅游化"功能凸显。与前两个时期相比，林地变化不大，但农用地、未利用地锐减，减少部分全部转化为建设用地。变化较明显的景区如下：重渡沟景区建设用地由林地转化 20056 m^2，由农用地转化 6098 m^2，由水体转化 1764 m^2，由未利用地转化 66 m^2，总计增加 27985 m^2；养子沟景区建设用地由林地转化 84667 m^2，由农用地转化 139439 m^2，由水体转化 3 m^2，由未利用地转化 25452 m^2，总计增加 249562 m^2；龙峪湾景区建设用地由林地转化 122446 m^2，由农用地转化 13915 m^2，由未利用地转化 54153 m^2，总计增加 190516 m^2；老君山景区建设用地由林地转化 81541 m^2，由农用地转化 28817 m^2，由未利用地转化 10475 m^2，总计增加 120833 m^2（见图 5 - 12）。

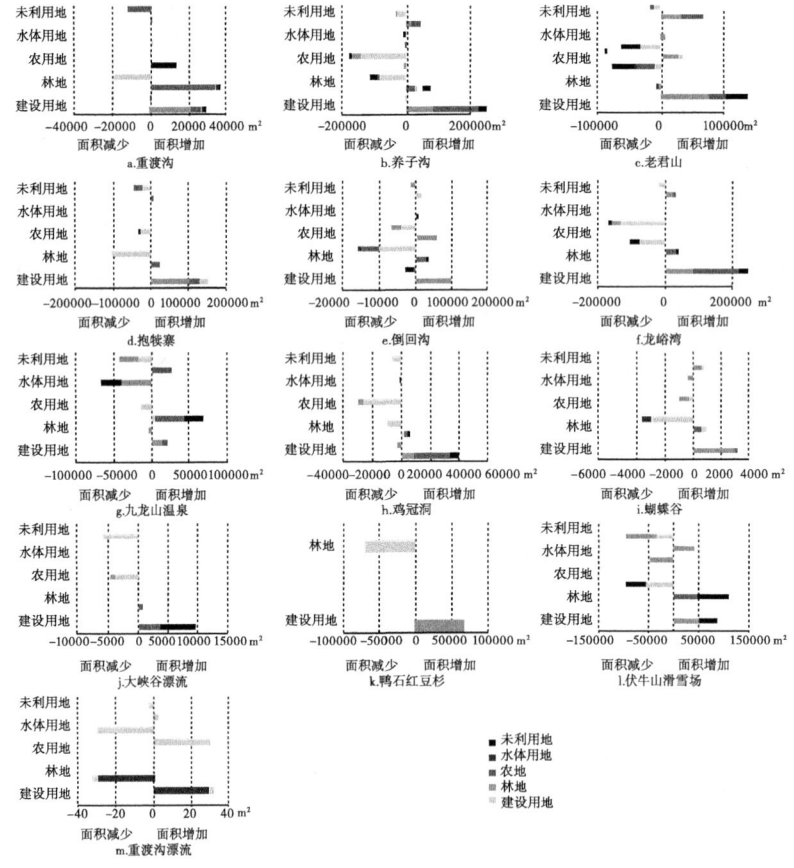

图 5 - 12　第三阶段（2011—2015 年）各景区旅游用地转移

从上述三个阶段建设用地的变化可以看出，新增建设用地主要是由林地、农用地、未利用地转化而来，同时也是这三种用地类型面积逐渐减少的原因，其中建设用地增加最明显的阶段是第二个阶段（2001—2011年），这一阶段各个旅游景区迅速发展，旅游景区功能逐步完善和成熟，使得旅游用地类型转化更加频繁和复杂。

（2）林地、农用地、水体用地、未利用地之间的相互转化。

林地、农用地、水体用地、未利用地之间的相互转化也经常发生。其中林地向农用地转移的概率较大，原因主要是部分农用地转换为建设用地以后，损失的农用地通过毁林开荒等途径由林地进行了补充。例如重渡沟景区的农用地由林地转化 9584 m^2。农用地转为林地的概率也较大，例如重渡沟景区林地由农用地转化 15111 m^2，其原因主要是景区的某些地段出于景观优化和退耕还林的需要，使部分坡度较大的农用地转化为了林地。在一个景区内部，林地转为农用地和农用地转为林地这两种过程同时发生，形式上看似矛盾，但实际上是不同地段出于不同目的人为作用的结果，在一定程度上又是合理的。林地和水体用地之间转化概率较小，因为水域多分布在地势低洼处，而林地多分布在地势高峻处。林地和未利用地之间也有一定的转化，主要是由于自然或人为的原因导致林地被毁而植被难以在短时间内恢复，或者是原来条件较好的未利用地因人工植树造林、种草等有了植被覆盖。农用地和未利用地之间转化概率较小，因为农用地多分布在地势较低且坡度较小地段，而未利用地多分布在地势较高和坡度较大地段。农用地和水体之间的转化，主要表现为农用地转化为水体，原因是人工筑坝蓄水从而使部分农用地被水面淹没形成水体。水体用地和未利用地之间的转化很少发生，原因也主要是各自分布的地势高度不同。

从时间序列来看，第二阶段（2001—2011年）林地、农用地、水体用地、未利用地四种用地之间的相互转化较为明显（见表5-7），而其他两个阶段（1991—2001年和2011—2015年）变化不明显。原因主要是，1991—2001年，全县旅游业发展处于萌芽阶段，景区的开发多是出于事业接待考虑，并未完全开放，所以景区建设较为简单。而在2000年以后，全县明确了旅游业在全县社会经济中的地位和作用，旅游业进入高速发展阶段，大量景区得到开发，管理者出于提高旅游承载能力的需要，较大强度地干预自然，从而引起各种土地利用类型之间的激烈转化，而当景区发展到一定水平之后（2011—2015年），各种设施基本齐备，人工干预的程度大大下降，从而使各类土地之间的转化也趋于平缓。

（3）建设用地向其他用地类型转化。

虽然建设用地的可逆性较小，但一些景区由于特殊原因，还是存在建设用地向其他用地类型转化的可能。如倒回沟景区在2011—2015年，建设用地转为农用地5670 m²，转为未利用地18264 m²，转为水体345 m²，总计减少24279 m²。建设用地转化的原因是景区采取了居民点外迁的措施，把80多户原住居民外迁，然后拆毁废弃的居民点，在居民点的原址上种植花卉和中草药，即将原建设用地转化为农用地。还有其他景区存在建设用地向未利用地转移的情况，主要原因是部分建设用地被开发后没有被良好地利用，处于半荒废状态。总的来看，建设用地转为其他用地的比例很小。

表5-7 第二阶段（2001—2011年）土地利用转移较明显的景区

单位：m²

年份	景区	地类	2011年			
			林地	农用地	水体用地	未利用地
2001	重渡沟	林地	17602	15111	840	2407
		农用地	9584	9848	0	264
		水体用地	2092	0	37359	35246
		未利用地	0	264	0	264
	老君山	林地	35404	0	0	35404
		农用地	0	4500	0	4500
		水体用地	4559	3151	15600	7890
		未利用地	106940	4500	0	111440
	鸡冠洞	林地	7715	7715	0	0
		农用地	136	4134	0	3998
	抱犊寨	林地	12824	8234	0	4590
		农用地	0	53081	0	53081
		水体用地	267	123	390	0

续表

年份	景区	地类	2011年			
			林地	农用地	水体用地	未利用地
2001	伏牛山滑雪场	林地	22595	816	0	21779
		农用地	824	824	0	0
	倒回沟	林地	25033	10335	0	14698
		农用地	20462	29091	0	8588
		水体用地	4336	0	6785	2449
		未利用地	6890	646	0	7805

5.3.3 旅游用地垂直梯度变化

山地型旅游地的用地变化受地形地貌的影响比较明显。本部分主要从高程、坡度、坡向三个方面来分析全县旅游用地的垂直梯度变化。

5.3.3.1 旅游用地高程变化

旅游用地随高程的变化可从景区旅游用地一级分类中的五种用地类型进行对比和分析，见图 5-13 至图 5-17。

从三个阶段来看，林地在高程上基本保持不变，见图 5-13。三个阶段林地基本都集中分布在 1000～1800m 的区域范围内，600m 及以下区域和 1800m 以上的区域分布最少。除老君山景区外的其他所有景区均是如此，如重渡沟、养子沟、龙峪湾、九龙山温泉、鸡冠洞、伏牛山滑雪场、蝴蝶谷、倒回沟、抱犊寨、鸭石红豆杉、大峡谷漂流、重渡沟漂流等景区。其原因主要在于林地是各景区面积最大的用地类型，面积基数比较大，因此，即便林地面积有少量变化，但占比变化也不会明显。老君山景区属于例外，2011 年与 2001 年相比，林地面积随高程的分布有较为明显的变化，2001 年，林地在 600～1000m 的区域内面积最大，占比为 35%，但到了 2011 年，600～1000m 区域的林地占比上升到 38%，有了显著的增加。而在 1400～2200m 高程范围内，林地面积 2011 年较 2001 年减少明显。

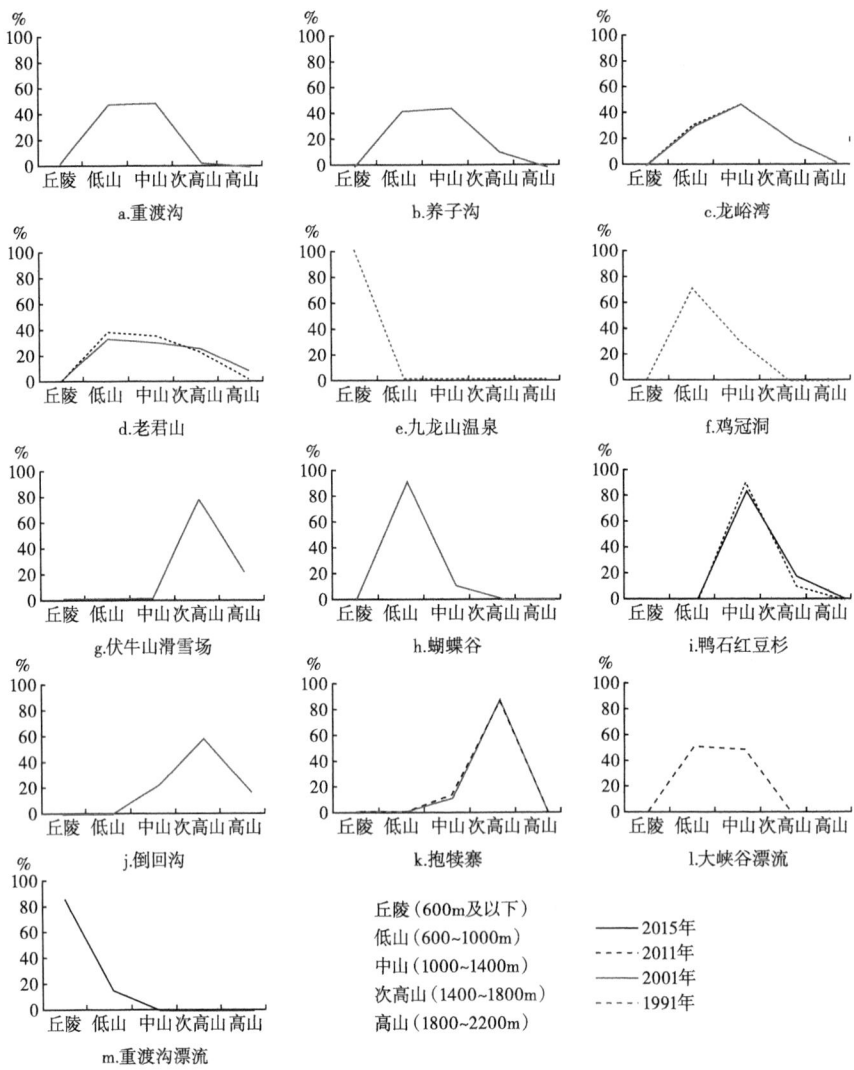

图 5-13 各景区林地在不同时期的高程变化

农用地随高程的变化各景区差异较大，有些变化明显，而有些基本上没有变化，见图 5-14。养子沟、龙峪湾、老君山、九龙山温泉、鸡冠洞、伏牛山滑雪场、蝴蝶谷、倒回沟等景区三个时期在高程上的变化不明显，基本保持一致，除此之外的其他景区农用地在高程上变化却较为明显。重渡沟景区在 1991—2001 年、2001—2011 年基本保持一致，主要分布于 600~1000m 的区域，占比为 80%，但 2011—2015 年在该区域内的农用地面积明显增加,而在1400～2200m的区域却明显减少,低海拔区域农用地面积也呈减少趋势。抱犊寨景区农用地在三个时期内的变化也较为明显,与1991年相比,2001年农用地在1000～1800m的范围有大量增加。2011年较2001年农用地分布区域由集中分布于1000～1800m区域转为1400～1800m区域,继而在2015年又转为1000～1400m区域。大峡谷漂流景区开发历史较短,但农用地随高程的变化却较为明显,具体表现为2011年农用地集中分布在600～1400m,但是2015年却明显集中在1000～1400m的范

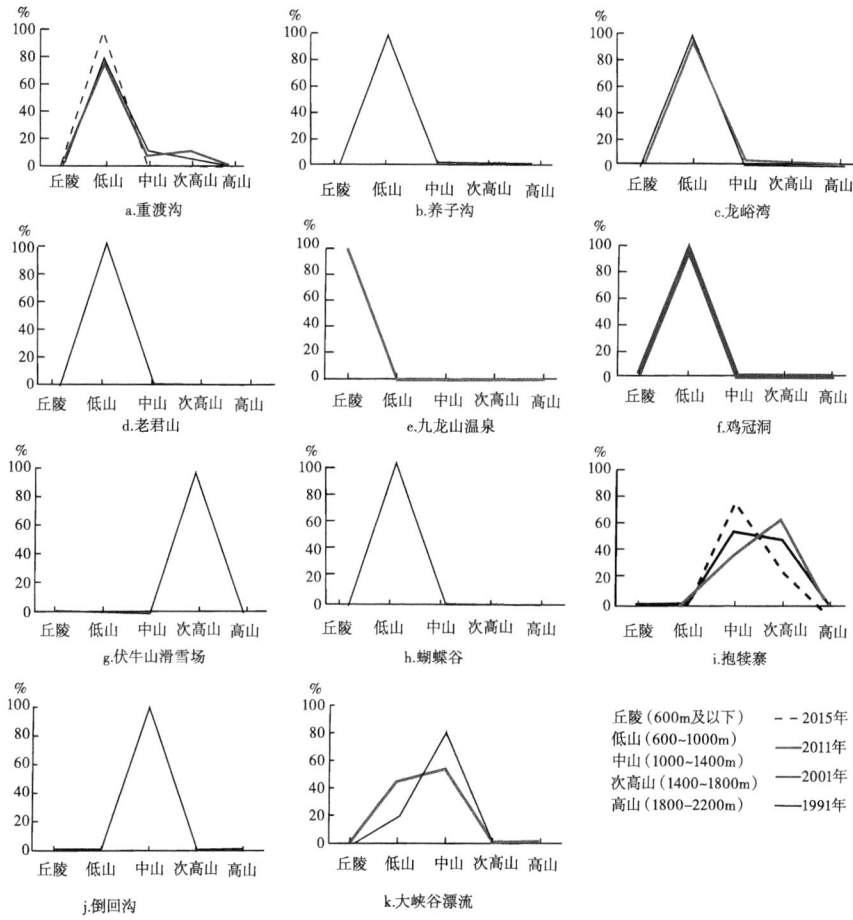

图 5-14　各景区农用地在不同时期的高程变化

注：鸭石红豆杉、重渡沟漂流景区没有农用地,所以不显示。

围内，农用地在低海拔的分布明显减少。农用地随高程的变化是否显著，主要受景区旅游开发的影响，在景区发展初期和中期，投入力度和开发力度较大，较低海拔的农用地往往被开发为建设用地，从而导致农用地在高程上分布比例的改变，而对于较为成熟的景区，投入力度减小，因而农用地随高程的变化较小或没有变化。

各景区建设用地随高程的变化也呈分化的趋势，见图5-15。一些景区，如重渡沟、养子沟、老君山、鸡冠洞、伏牛山滑雪场、蝴蝶谷、抱犊寨、重渡沟漂流景区等，三个时期建设用地在高程上的分布基本保持一致，而另一些景区则变化较为明显。龙峪湾景区在600~1000m较低的区

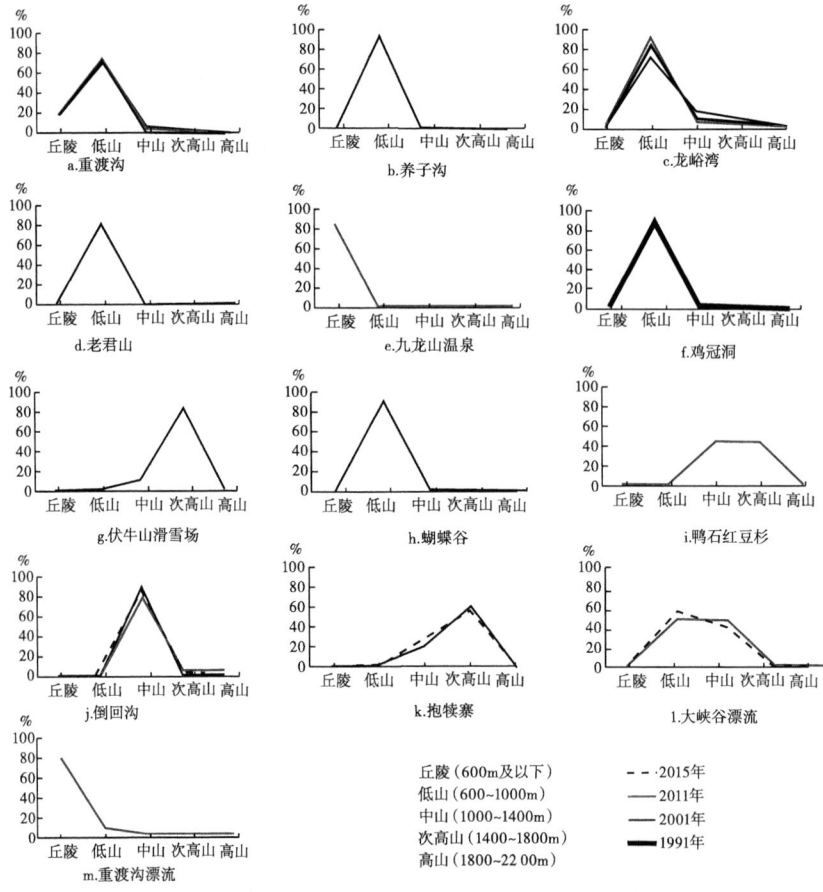

图5-15 各景区建设用地在不同时期的高程变化

域内建设用地占比逐年增加，而在1000～2200m区域则逐年减少。2001年倒回沟景区的建设用地主要分布在1000～1400m区域，而到2011年和2015年，高海拔区域分布比例明显增多。鸭石红豆杉景区1400～1800m区域内的建设用地2015年比2011年有一定比例上升。大峡谷漂流景区与2011年相比，2015年建设用地在1000～1400m海拔区域有所减少。景区建设用地随高程的变化状态主要与景区发展成熟度有关，对于较为成熟的景区，建设项目已基本终结，建设用地也不再增加，因此，随着时间的推移，随高程的分布也就不再发生变化或基本不发生变化，而对于建设中的景区，由于需要建设大量的旅游设施，建设用地也将较大幅度上升，由于低海拔区域适合旅游设施建设，因此，较低海拔地段的建设用地比例有较大幅度上升。

水体受重力的影响，基本上分布在海拔较低的区域，所以除少数景区外，大部分景区三个时期的水体用地在高程上变化不明显，见图5-16。养子沟、老君山、鸡冠洞、伏牛山滑雪场、蝴蝶谷、倒回沟、抱犊寨、大峡谷漂流等景区水体用地在各个时期基本保持一致，表现为在低海拔区域分布面积较为集中，且比例较高。变化较明显的景区有2个，重渡沟景区的水体用地2011年和2015年在高程上的分布完全一致，但与2001年相比，在600～1000m范围内水域面积有所减少，而600m及以下区域却又明显增加。龙峪湾景区水体用地2011年和2015年在高程上的分布完全一致，但与2001年相比，在600～1400m区域内水域面积明显增加，而在1400～2200m区域水体面积却又明显减少。这两个景区水体用地的变化主要与人工筑坝蓄水有关，蓄水区面积增加区域所在高程段为相应水体用地面积增加的区段，而其他高程区段的水体用地面积占比则相应下降。

未利用地随高程的变化在各个景区亦存在较大差异，见图5-17。龙峪湾、老君山、九龙山温泉、伏牛山滑雪场、倒回沟、抱犊寨、大峡谷漂流、重渡沟漂流等景区未利用地随高程的分布在三个时期基本一致。变化较明显的景区有3个：第一，重渡沟景区，未利用地在高程上的分布2011年和2015年完全一致，但与2001年相比，600m及以下较低海拔区域面

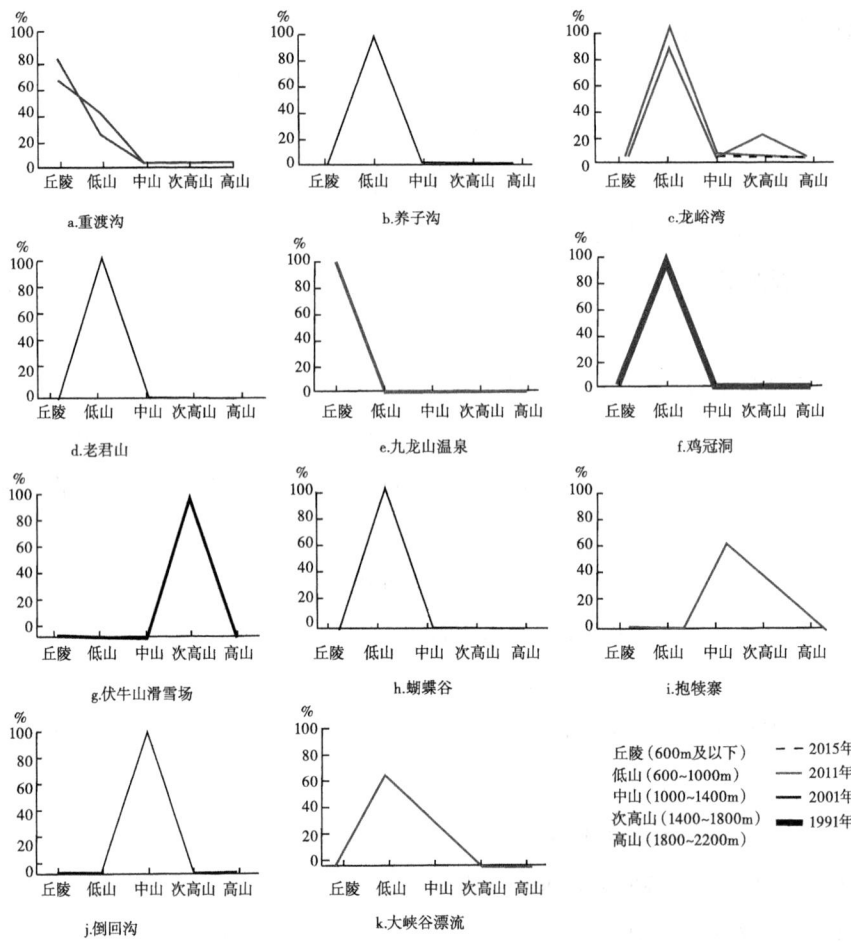

图 5-16　各景区水体用地在不同时期的高程变化

积有所减少，而在 600~1000m 海拔较高区域则有所增加。第二，养子沟景区，未利用地面积随高程分布 2011 年和 2015 年完全一致，与 2001 年相比，600m 及以下低海拔区域有所减少，600~1400m 相对较高的区域则有所增加。第三，鸡冠洞景区，1991 年与 2001 年完全一致，2011 年和 2015 年分别较前期略有变化。整体上，1000m 以下低海拔区域未利用地面积有所减少，1000~1400m 相对较高的区域面积则有所增加。蝴蝶谷景区由于仅在 2015 年才有人工水域的出现，所以不存在与历史年份的对比问题。

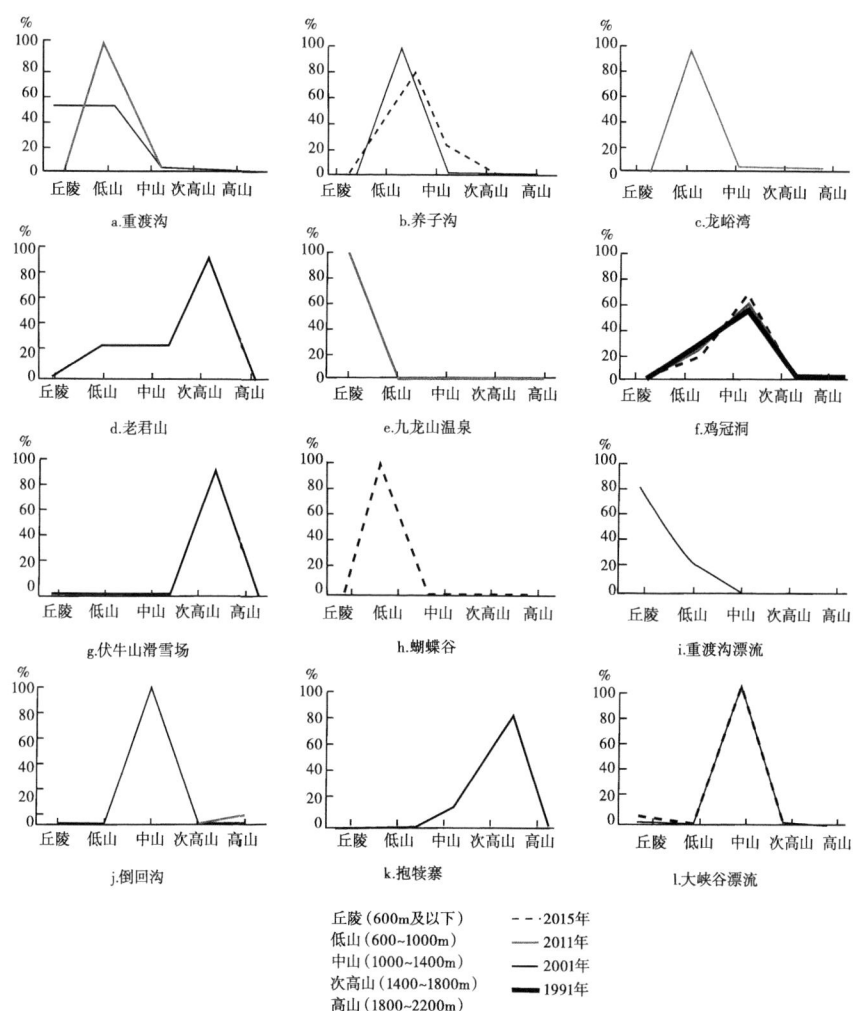

图 5-17 各景区未利用地在不同时期的高程变化

5.3.3.2 旅游用地坡度变化

旅游用地随坡度的变化也将主要从各景区旅游用地一级分类中的 5 种用地类型进行对比和分析,见图 5-18 至图 5-22。

林地随坡度的变化总体而言较小,见图 5-18。重渡沟、养子沟、龙峪湾、鸡冠洞、伏牛山滑雪场、蝴蝶谷、倒回沟、抱犊寨、鸭石红豆杉、大峡谷漂流、重渡沟漂流等景区,不同坡度林地的分布在各个时期基本一致。九龙山温泉景区在 2001—2011 年和 2011—2015 年,0°～10°范围内的林地面积有所减少，10°~20°范围内有所增加，40°以上范围内则完全保持一致。在山区，林地多分布于海拔较高、坡度较大之处，因此，景区旅游资源开发，往往对林地的分布影响较小，同时由于林地本身是构成景观的基础，因此鲜有改变林地分布的行为。但是在景区开发初期，也可能对坡度较小地段的林地进行建设，从而改变林地的坡度分布状态。

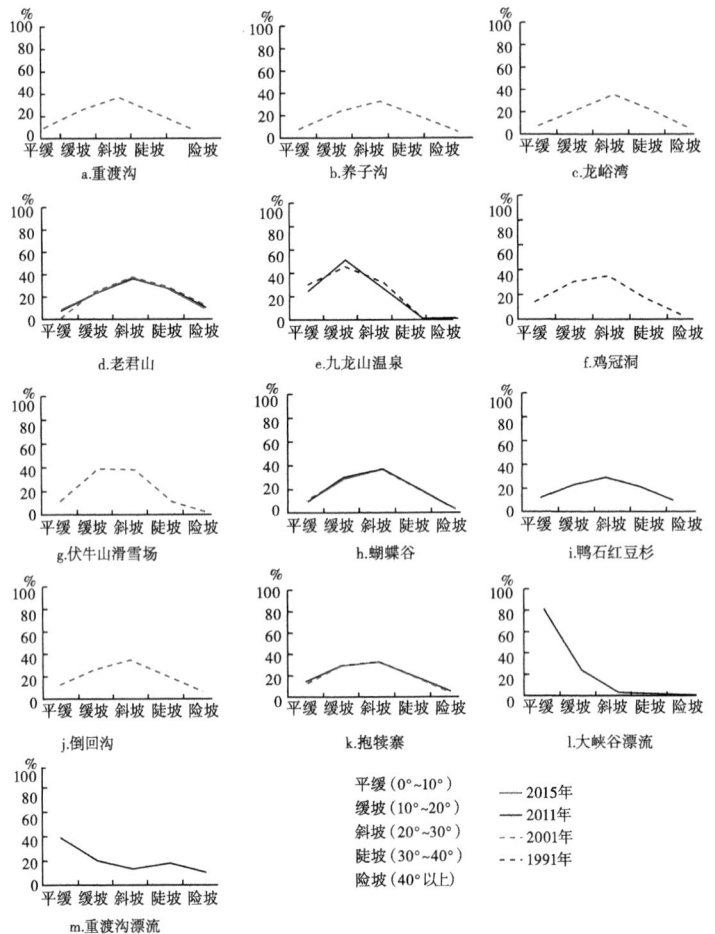

图5-18　各景区林地在不同时期的坡度变化

农用地在坡度上的变化较为明显，见图5-19。除了九龙山温泉、倒回沟两个景区外，其他景区均发生了较大变化。例如，重渡沟景区与2001年相比，2011年在坡度0°~10°范围内农用地面积有所减少，在20°~40°

范围内呈现增加的态势。整体而言,在景区发展过程中,农用地转化为其他用地,首先发生在坡度较小处,然后向坡度较大处扩散。或者,当坡度较小处的农用地被占用后,坡度较大地段也可能出现开荒种地发展农业的情况。实际上,由于农用地在景区用地和占地过程中首当其冲,因此,农用地随坡度分布也呈现出剧烈的变化态势。

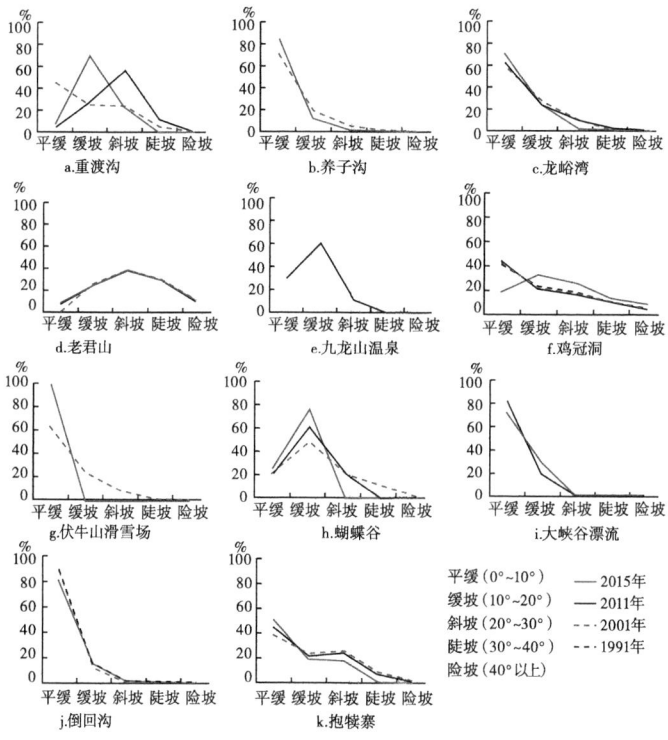

图5-19 各景区农用地在不同时期的坡度变化

各景区建设用地在坡度上的变化也较为明显,说明建设用地分布受坡度影响较大,见图5-20。建设用地的增加是景区开发的主要内容,出于经济和技术指标考虑,建设用地一般选择在地势平坦之处,因此,其对坡度的依赖性较大,坡度较大处,很少用来建设项目,即在景区开发建设的过程中,较小坡度地带建设用地面积会增加,但是当景区发展到一定程度时,如果现有建设项目满足不了需要,那么可能要占用坡度较大的土地,如果现有建设项目满足了需要,建设用地就不再增加。

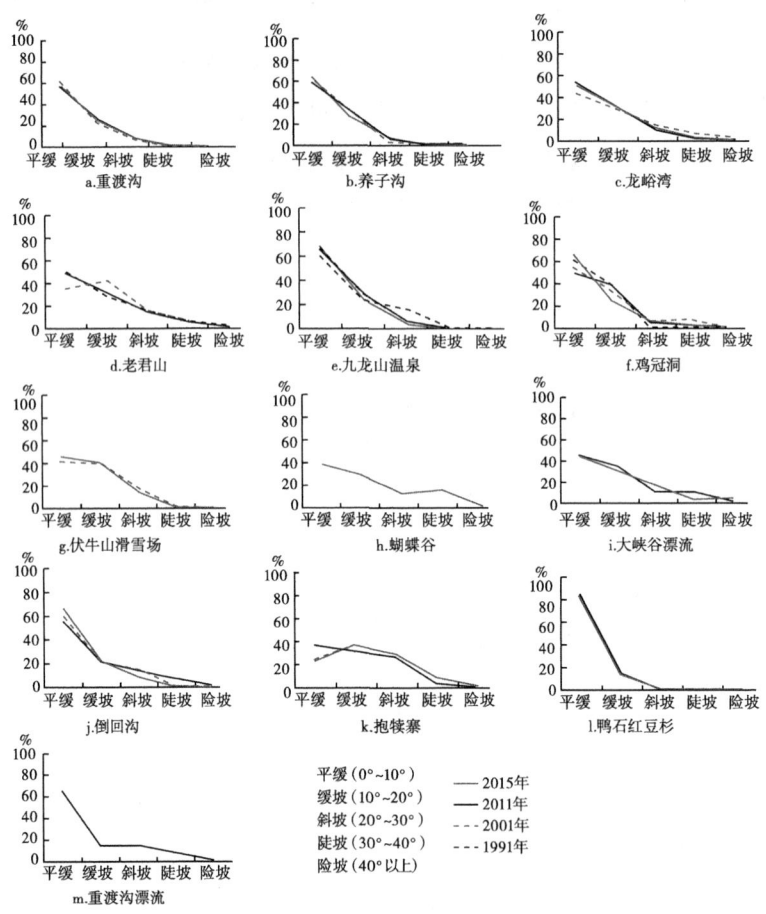

图 5-20　各景区建设用地在不同时期的坡度变化

水体用地随坡度的变化整体不大，见图 5-21。研究区的 13 个景区中，重渡沟、鸡冠洞、蝴蝶谷、倒回沟、抱犊寨、大峡谷漂流等景区的水体用地随坡度的变化在各个时段基本没有变化，其他景区虽有变化，但变化微乎其微。如龙峪湾景区，2001—2011 年水体用地面积在坡度 0°~10° 内有少量增加。2001—2011 年，老君山景区坡度 20°~30° 的范围内水体用地有少量增加，其他坡度和其他时段内，水体用地基本上也没有变化。该景区海拔高度较高，且地势起伏较大，因此较小坡度范围内的土地面积很小，坡度 20°~30° 范围内面积较大且水道面积有所扩展，因此形成此特点。2001—2011 年，伏牛山滑雪场景区水体用地面积在 0°~20° 的范围内有所增加。

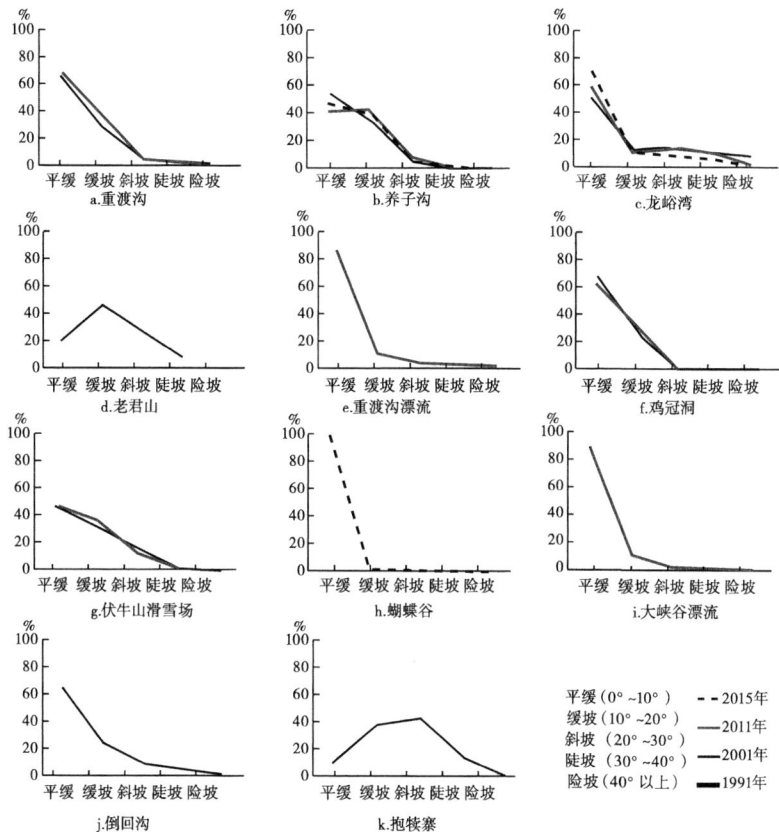

图 5-21 各景区水体用地在不同时期的坡度变化

各景区未利用地在不同时期的坡度整体变化也较明显,见图 5-22。研究区的 13 个景区中,除大峡谷漂流、重渡沟漂流 2 个漂流景区外,其余 11 个景区的未利用地随坡度都有一定程度的变化。2 个漂流景区由于土地利用类型单一且以水体用地为主,因此各时期均没有显著变化。未利用地随坡度有较为明显变化的景区,如重渡沟景区,2011 年较 2001 年未利用地面积在坡度 0°~10°的范围内有所减少,坡度 10°以上范围内基本上没有太大变化,2015 年和 2011 年相比,也呈稳定态势。较小坡度(0°~10°)范围内的未利用地减少,与景区对未利用地的改造和利用有关,对于不适合建设的未利用地主要是进行景观改造,而对于适合建设的未利用地则进行了项目建设,因而这部分未利用地被转化为了建设用地或景观用地,而较大坡度(10°以上)范围内的土地因为难以利用,基本上没有变化。

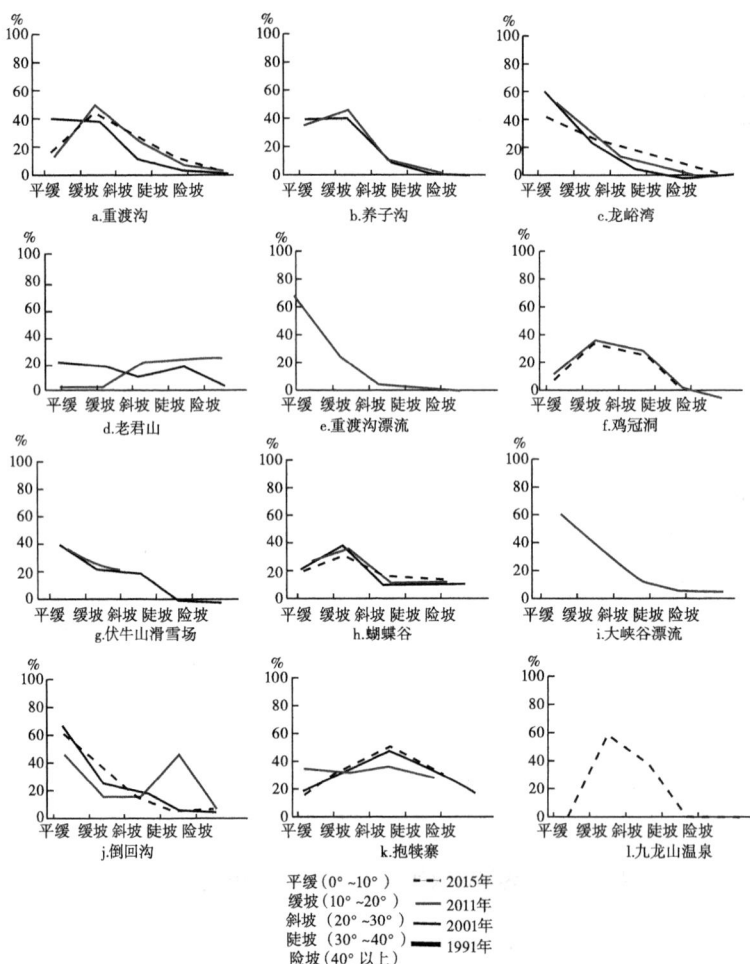

图 5-22　各景区未利用地在不同时期的坡度变化

5.3.3.3　旅游用地坡向变化

在景区的开发过程中,林地在各方位的分布变化很小或基本上没有改变,见图 5-23。林地是景区中面积最大的土地利用类型,分布广,数量多,森林在坡向分布上偏南朝阳坡向应该具有更高的郁闭度,但随着景区开发时间的推移,林地随坡向的变化很小。林地是构成景区景观的重要组成部分,除非建设项目的特殊需要,一般情况下,景区不会将林地砍伐,也不会将林地转换为其他用途,因此林地面积不会变小,原始的沿各坡向分布的格局也不会发生变化。实际情况也是如此,据统计,研究区的 13 个景区，除了九龙山温泉景区外，其余 12 个景区基本上均没有变化。九龙山温泉景区的变化只是在 2001—2011 年和 2011—2015 年出现，其特点是北坡和东北坡林地面积有少量增加。由于该景区面积较小，后期在北坡和东北坡的植树造林，才形成北坡和东北坡林地面积稍有增加的局面。

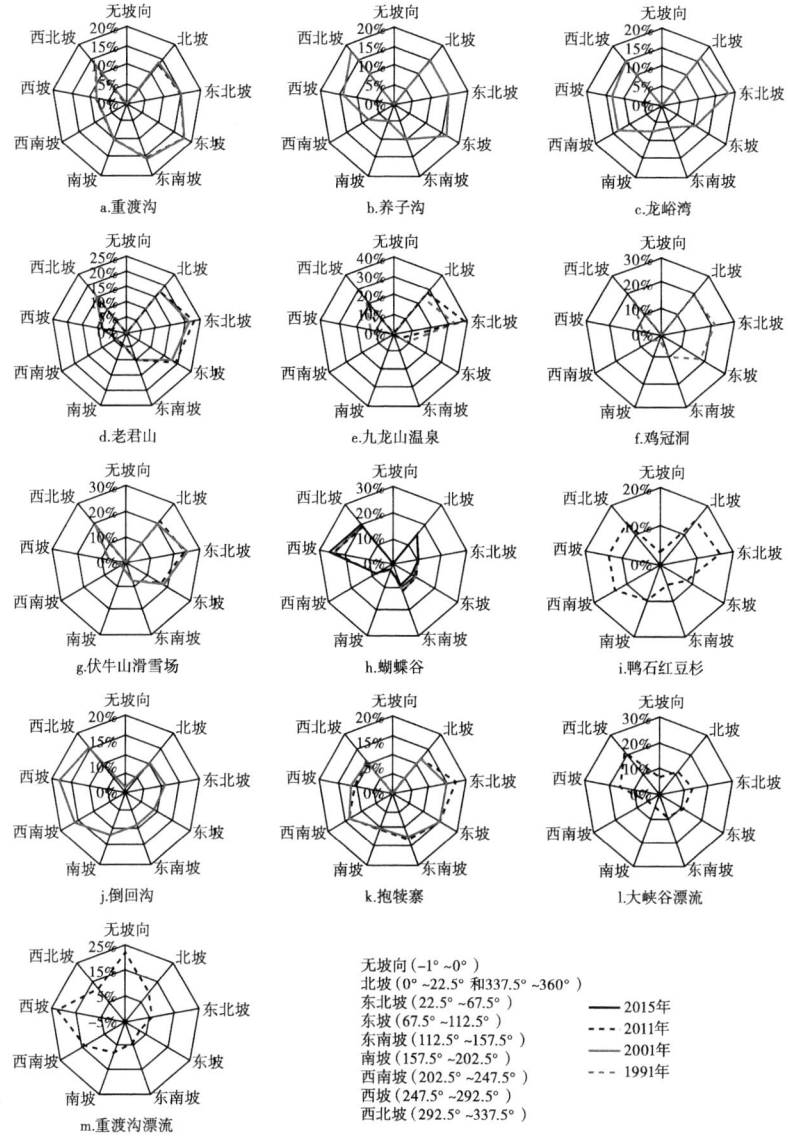

图 5-23　各景区林地不同时期在坡向上的变化

农用地在各个景区不同时段不同坡向分布变化较大,见图 5-24。除了养子沟、九龙山温泉、倒回沟、大峡谷漂流等景区基本没有变化外,其他景区均有变化。农用地是景区中最易被占用的土地利用类型,在景区未被开发前,农用地多分布在地势较低、高程较小、坡度较缓地带,多沿河流延伸,由于长期的农业开发和经营,农用地和居民点也有很大的关系。景区被开发以后,出于对建设用地的需求,一些农用地由于其优越的地理环境而被转化为建设用地,农用地面积和分布发生变化,农用地的坡向分布也相应发生变化。农用地坡向的这种变化与被占用农用地的原始坡向有关,例如,分布在南坡的农用地被占用后,农用地的南坡面积和比例

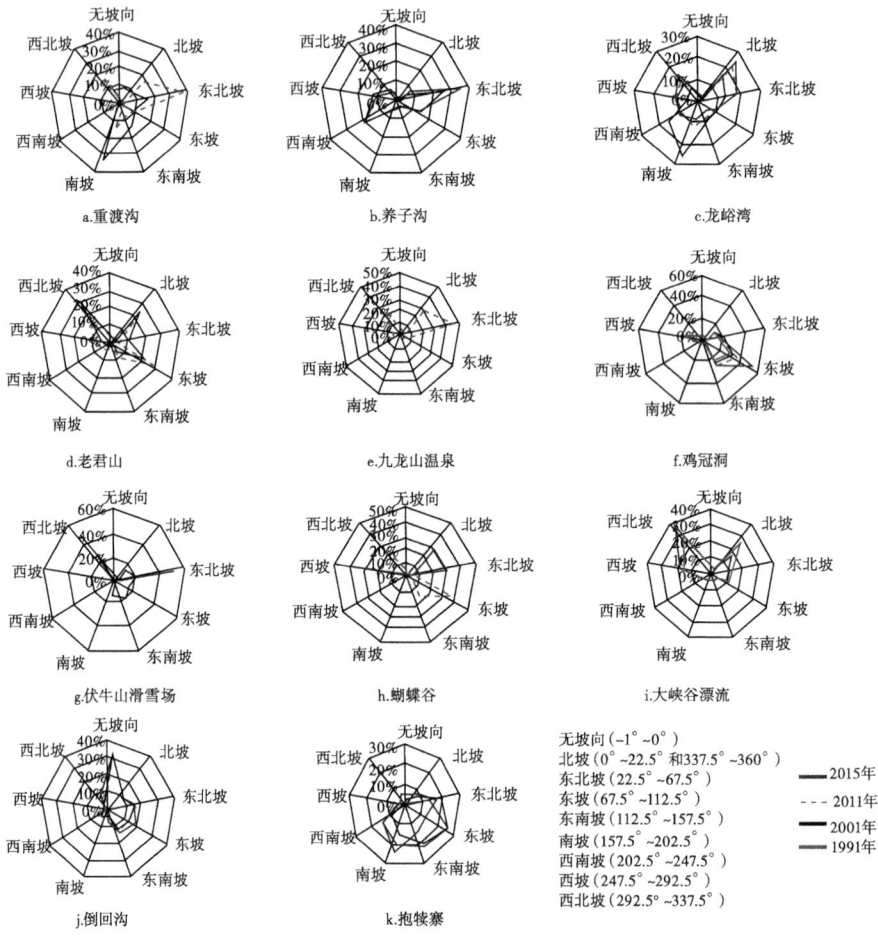

图 5-24 各景区农用地不同时期在坡向上的变化

将会减小,这种变化在景区开发初期尤为明显。以重渡沟景区为例,2001年农用地分布在南坡的比例最多,西北坡、北坡和东北坡有少量分布,但到了2011年却集中分布在北坡和东北坡。又如蝴蝶谷景区,2015年和2011年相比,由于时间跨度较短,其农用地的坡向分布变化不明显。

建设用地主要在河流两岸沿固定坡向扩展,因而其坡向变化较小,见图5-25。景区开发中的建设用地,一般要求坡度要平缓,在山区常常位

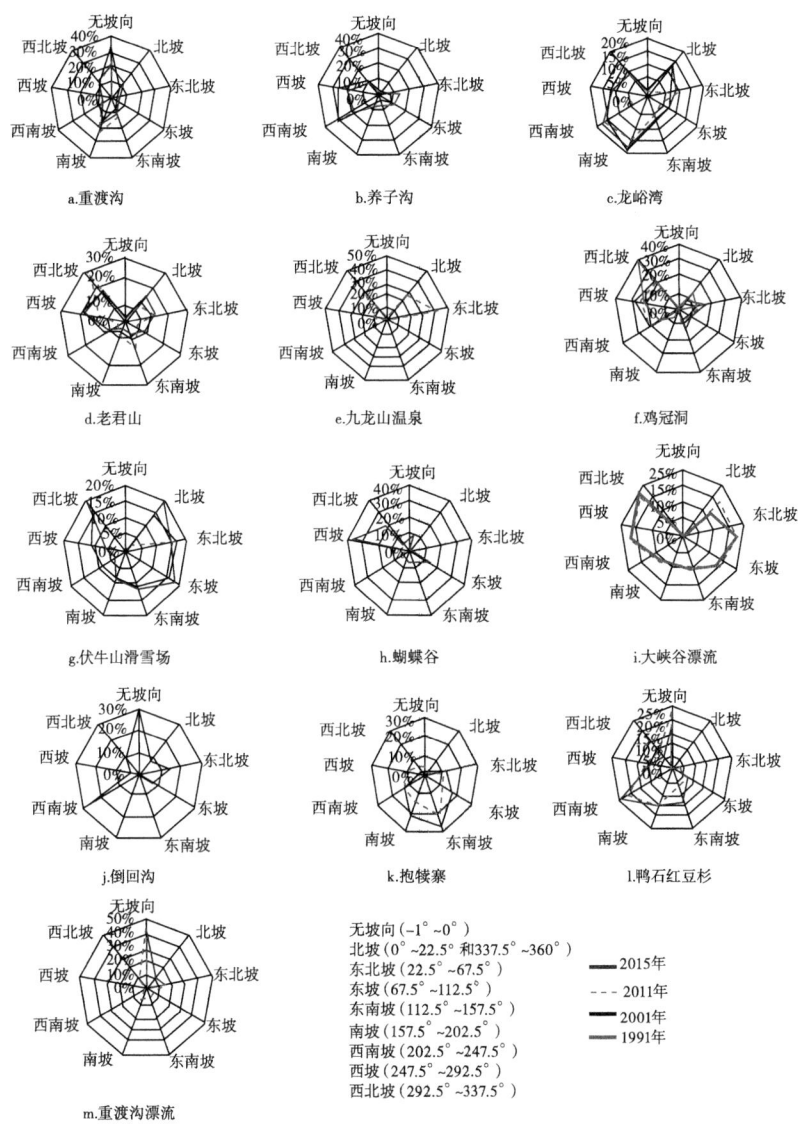

图5-25 各景区建设用地不同时期在坡向上的变化

于河流两岸的阶地之处，由于河流的天然流向，决定了阶地的延伸方向和阶地的坡向。建设用地的扩展，在空间上的主要表现就是原有的居民点、农用地等不断地被转化为建设用地，由于是沿固定坡向扩展，因此建设用地增加随坡向的变化比较稳定，基本上没有变化，即建设用地的扩展很小可能是在多个坡向同时进行的。例如，重渡沟景区的建设用地在1991年、2001年、2011年和2015年4个年份中没有明显变化，即3个阶段中，建设用地的增加并未在新坡向进行。

各景区水体用地在坡向上的分布总体上变化更小，见图5-26。因为水体用地面积的增加主要为原河道水面的扩展，就水面而言，坡度约为0°，因此水面基本上是没有坡向的，但就河流谷底而言，其是具有一定坡度的，因此也具有一定的坡向。由于水面的扩展沿原河道进行，即沿固定

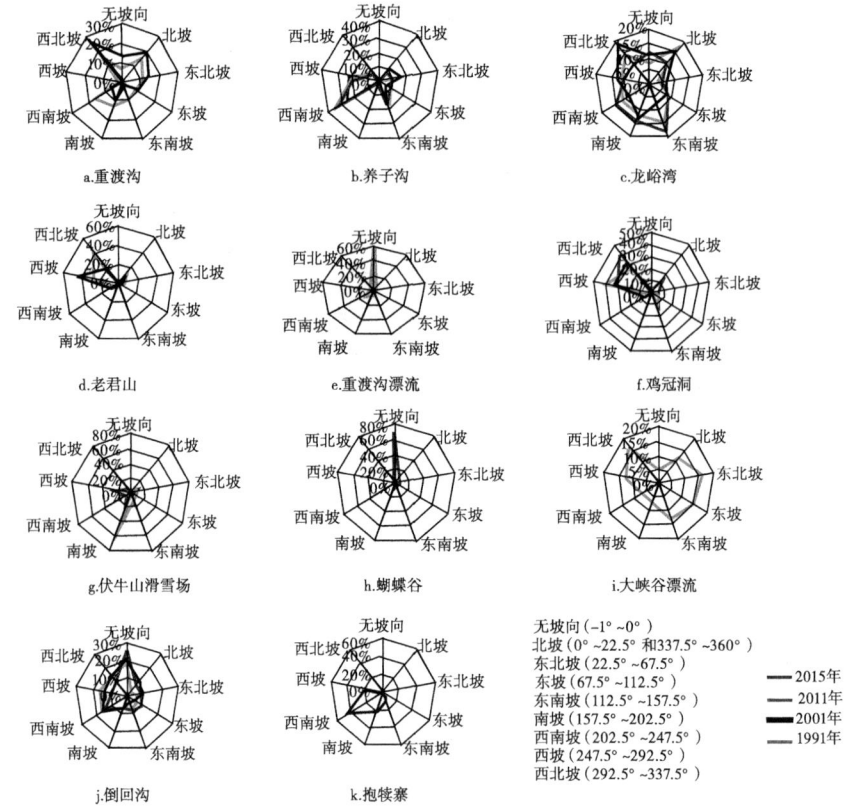

图5-26 各景区水体用地不同时期在坡向上的变化

坡向进行，因此，坡向的变化十分微小，或基本上没有变化。如有变化，则是景区有多条河流且不同流向河流水面扩展速度不同造成的，但这种情况较少发生，多数景区都是以一条河流为主。例如，倒回沟景区、大峡谷漂流景区、重渡沟漂流景区等，其水体面积在3个阶段基本上没有任何变化。有变化的景区，如龙峪湾景区，由于沿东北西南走向河道的筑坝，从而导致东南坡向水域面积增加。

随着景区建设的推进，未利用地在各坡向的分布发生了明显的变化，见图5-27。未利用地主要包括景区内的荒草地、盐碱地、沙地、裸土地

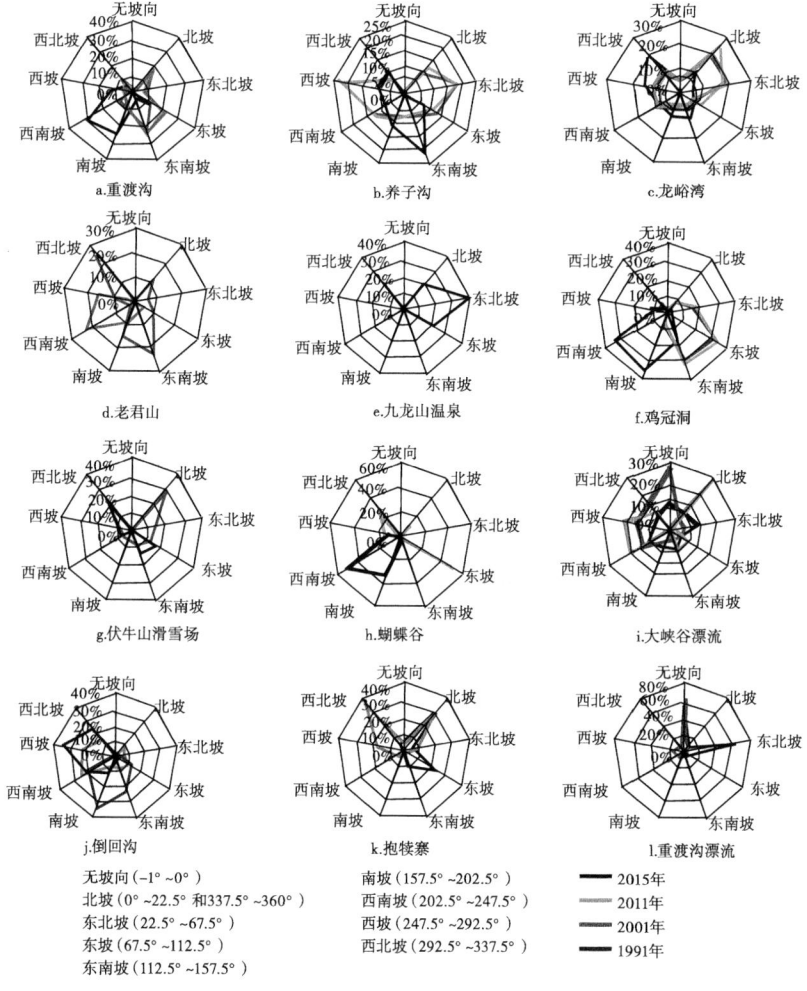

图5-27 各景区未利用地不同时期在坡向上的变化

和裸岩石砾地等。景区开发前,由于土地的产出率较低,存在一定面积的未利用地。但当景区开发后,随着土地产出率的快速提高,未利用地的面积开始缩减,然而由于自然的原因和技术经济的原因,即使比较成熟的景区仍存在一定面积的未利用地,未利用地的面积和分布在一定程度上反映了景区的开发历史和深度。本研究区的13个景区,开发历史各不相同,目前所处的景区生命周期亦各不相同,但是总体来看,随着未利用地面积的缩减,未利用地的坡向分布均发生了较为明显的变化。例如,重渡沟景区,2001年未利用地主要分布在东南坡、北坡和西北坡。最近几年,随着开发力度的加大,一些未利用地开始消失,因而其坡向构成也发生了明显变化。

5.3.4 旅游用地空间扩张和服务功能变化

5.3.4.1 平面扩张变化

本部分主要从平面维度来判断景区内旅游用地的扩张程度。平面扩张程度常用土地利用扩展指数(动态度)来研究,指景区内不同研究时期建设用地扩张的强弱和快慢(刘盛和等,2002),用公式表示为:

$$K = \frac{U_b - U_a}{U_a} \cdot \frac{1}{T} \cdot 100\% \tag{5-5}$$

其中,K 为研究时段内土地利用扩张程度;U_b 和 U_a 分别为研究期末及研究期初旅游用地的数量;T 为研究时段长度,当 T 的时段设定为年时,K 值就是该研究区内土地利用年均变化速率。

旅游用地的平面扩展主要表现在三个方面:宏观上全县景区数量的增加(景区面积的增加)、中观上具体景区面积的增加(景区边界的扩张)和微观上景区内部建设用地面积的增加。研究区旅游用地扩展具有以下特点:

(1)旅游用地总面积的增加较快。

栾川县1991年仅有2个景区(鸡冠洞景区和九龙山温泉景区),景区总面积211hm^2。到2011年,新增景区数量达到7个,新增景区总面积14225 hm^2。之后景区数量仍保持较高的增长率,到2015年,景区总数量达到13个，景区总面积达到15969hm^2，较上期新增4个景区，新增旅游用地面积1533hm^2。2011年以后，由于景区数量基本饱和，截至目前未出现新增景区。如以1991年为起始点计算，截至2015年，景区数量增加了550%，景区面积增加了15758 hm^2，年均增加景区面积656.58hm^2。

（2）景区边界经常处于变化之中。

一般而言，景区的边界呈现扩张趋势，景区范围越来越大。例如重渡沟景区，1999年开发之初，景区旅游用地集中在现在的中心区域，也就是原来的老街和滴翠河景区；但是随着景区游客量的不断增加，为了满足市场需求，又逐渐增加了金鸡河景区和前区（即中心区到景区大门口的区域）。又如老君山景区在1991年开发初期，仅包含原始林场部分；但是随着整个景区知名度的不断提高，景区开始不断外扩，逐渐把寨沟和老君庙划归到景区内部。景区边界的变化，反映了景区发展水平和规模的提高。当景区发展到一定规模时，游客数量会快速扩张，而已有的旅游设施已不能满足需要，此时，可带动周围地区旅游资源的开发和旅游服务设施的增加，从而使景区的边界向外推进，养子沟景区就是典型的案例。该景区在开发初期是仅有15户村民的山区村落，景区各种设施配套不全，旅游用地主要体现在自然景观用地和道路设施上；但是随着景区的日益成熟，景区的边界开始由原来乡村聚落中心延伸到与县城衔接的洛栾高速公路旁边，景区内的建设用地也开始不断增加，这些建设用地除了部分为基础设施外，大部分用地都由景区内老百姓自建为家庭宾馆，为游客提供餐饮、住宿服务，目前已形成了社区参与式旅游服务区，较明显地提高了当地居民的经济收入。

（3）景区内部建设用地扩张速度较快。

旅游资源开发和景区建设的主要内容就是各种服务设施和生产设施的投资和运行，在空间上的表现就是建设用地面积的增加。在景区发展的初期，只有少量的、必要的旅游基础设施，如景区道路设施、景区门禁设施、游客中心、酒店、饭店、缆车或索道、步行道等，当景区知名度提高、游客增加时，原有的设施不能满足需要，这时就带动相关服务设施，特别是农家乐、酒店等的快速扩张，甚至带动开发新的景点。当然，除了建设项目外，景观建设和环境绿化美化也属于景区建设的重要内容。

景区内部建设用地的平面扩张速度与景区区位和景区级别有关。从表5-8中可以看出，13个景区在平面维度上都有所扩张，但是扩张速度差异较大。这里采用动态度来表示研究区在一定时间和范围内某种土地利用类型的数量变化情况，数值越大，说明该区域该土地利用类型的变化越剧烈。其中级别较高的景区和距离主要城镇较近的景区发展速度较快，如老君山景区（5A级，距县城仅3km，动态度为75.67）、龙峪湾（4A级，距县城17 km，动态度为94.76）、蝴蝶谷（4A级，距县城仅3km，动态度为1.12）、养子沟景区（4A级，距县城仅4km，动态度为69.7）、伏牛山滑雪场景区（4A级，距主要乡镇仅13km，动态度为53.75）、重渡沟景区（4A级，距主要乡镇仅6km，动态度为62.29），而其他一些级别较低且远离主干道及主要城镇的景区则发展缓慢，如鸭石红豆杉景区等。

表5-8 研究基期和研究末期各景区建设用地扩展情况

旅游景区	研究基期建设用地/hm^2	研究末期建设用地/hm^2	扩展面积/hm^2	扩展速度/hm^2/a	动态度/%
重渡沟	29.98	48.66	18.68	2.96	62.29
养子沟	28.42	48.22	19.81	1.32	69.70
龙峪湾	47.30	92.13	44.82	2.99	94.76
老君山	34.39	60.42	26.02	1.74	75.67
鸡冠洞	6.69	8.35	1.65	0.07	24.71
伏牛山滑雪场	5.99	92.13	32.20	2.15	53.75
九龙山温泉	2.29	2.32	0.02	9.24	1.01
倒回沟	28.92	34.85	5.93	0.39	20.52
抱犊寨	39.15	41.17	2.02	0.13	5.17
蝴蝶谷	2.98	34.80	31.82	2.12	1.12
鸭石红豆杉	6.87	6.93	0.07	0.01	0.98
大峡谷漂流	15.22	15.79	0.58	0.12	3.82
重渡沟漂流	14.39	14.61	0.22	0.04	1.56

此外，景区建设用地扩展速度与景区成熟度、景区性质等也有较大关系。处于开发初期和中期的景区，建设用地扩展速度较快，而处于成熟期的景区，由于各种设施基本全部到位，建设用地扩展速度变慢甚至不再增加。有些景区受资源限制和服务性质的影响，不可能有较大的扩展，例如九龙山温泉景区，九龙山温泉资源基本上已经开发殆尽，不可能也没有必要进行深度扩展。又如鸡冠洞景区主要为溶洞，溶洞已经基本上达到最大开发限度，建设用地不需要新增。再如两个漂流景区，其建成以后，一般不需要进行新的建设项目，因而很少有建设用地面积的增加。

5.3.4.2 空间形态变化

各个景区用地类型，尤其建设用地基本上遵循着"中心—外围"的发展模式，即以原有村落为中心向外扩张，受地形因素的限制，基本上呈条带状展开。在山地型景区中，河流和道路在谷底几乎平行延伸，建设用地则分布在道路和河流的两侧，呈现出线状（或带状）的布局模式。除了九龙山温泉景区、鸭石红豆杉景区、蝴蝶谷景区内没有河流，建设用地呈零散分布外，其他景区的建设用地基本上都围绕着河流和道路布局，如图 5-28 和图 5-29 所示。

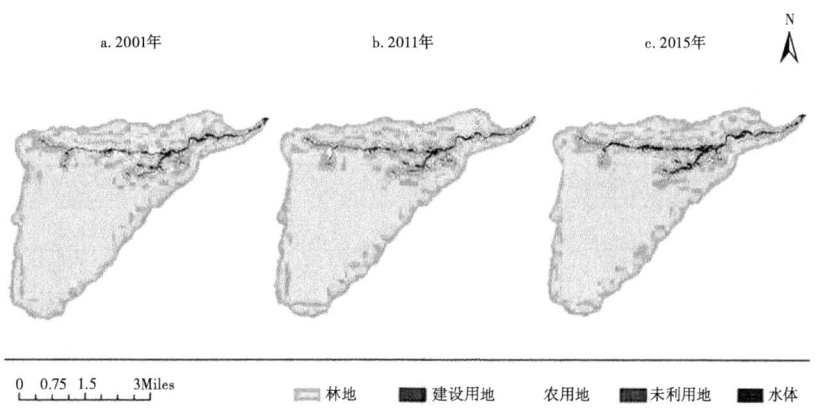

图 5-28 重渡沟景区旅游用地时空分布

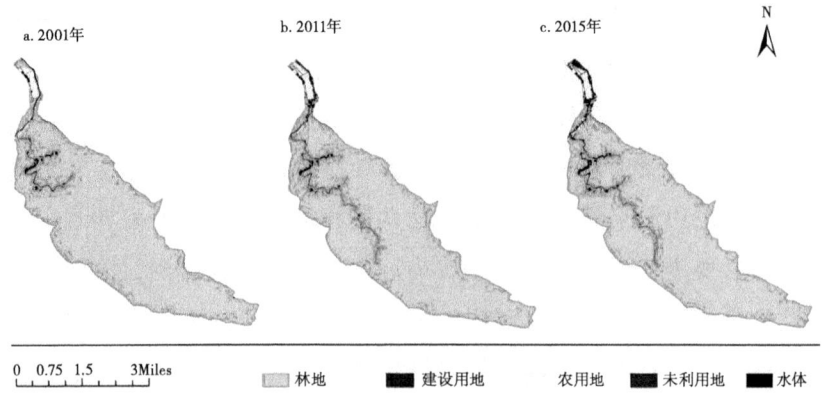

图 5-29　倒回沟景区旅游用地时空分布

5.3.4.3　服务功能变化

随着景区的不断发展，景区内用地类型逐渐由单一化向复合化、多元化发展。例如，重渡沟景区土地利用从最初的居民点用地、耕地、林地、水域用地类型向多种旅游用地发展，传统的耕地已开始向林果、药材、花卉等用地类型转化，而建设用地由单纯居民需求的道路、城镇建设和居民点用地逐渐开始向旅游商业服务用地（旅游住宿用地、旅游餐饮用地、旅游娱乐用地等）、旅游生产用地、基础设施用地发展。总之，随着景区"旅游化"不断深入，景区土地利用服务功能的隐性特征逐渐凸显，景区用地服务功能由原来的居住、生产、生活服务功能开始向旅游导向的文化娱乐等多元化功能发展，见表 5-9。

表 5-9　各景区旅游用地种类变化　　　　　　　　　　单位：种

景区	1991 年	2001 年	2011 年	2015 年
养子沟	*	4	6	7
伏牛山滑雪场	*	9	9	9
鸭石红豆杉	*	*	4	4
龙峪湾	*	4	9	9
蝴蝶谷	*	1	5	5
倒回沟	*	3	8	8
抱犊寨	*	6	7	7

续表

景区	1991年	2001年	2011年	2015年
老君山	*	8	8	8
重渡沟	*	5	9	9
九龙山温泉	3	5	6	6
鸡冠洞	4	9	9	9
大峡谷漂流	*	*	6	6
重渡沟漂流	*	*	3	3
合计	7	54	89	90

注：*表示该年景区处于未开发状态。

作为景区主要的用地类型，建设用地的功能也逐渐趋于多样化。一些景区在开发初期，建设用地的类型比较简单，建设用地的种类也比较少，主要满足游客的观光、住宿等基本需求，但当景区发展比较成熟时，建设用地的种类增加，可满足游客的大多数需求。例如养子沟景区、龙峪湾景区、蝴蝶谷景区、重渡沟景区、鸡冠洞景区等。养子沟景区2001年开发初期仅有游览设施、居民点、管理服务用地、旅游住宿用地等4种建设用地，到2011年新增工程设施和人文景观2种建设用地，至2015年又新增旅游购物用地，建设用地类型达到了7种。另一些景区建设起点高，各种功能在一开始就比较齐备或在较短时间内建设用地类型就已达到比较齐全的状态，如老君山景区、伏牛山滑雪场景区等。老君山景区在建设初期就拥有丰富的建设用地类型，包括游览设施、旅游住宿、管理服务、居民点、工程设施、旅游购物、旅游餐饮、旅游娱乐、人文景观等建设用地，由于初期功能类型较为齐全，到后期建设用地类型基本上没有增加。据计算，2001年时已经开发10个景区，其建设用地的类型总数目为54种，到2011年增加到89种，2015年为90种，反映出景区建设用地多样性由初期到成熟期逐渐完善。

5.4 小结

旅游用地的科学分类是研究旅游用地的基础。在借鉴前人研究成果的基础上，本章对旅游用地分类体系进行了研究。根据土地的主要服务性质，将旅游用地划分为旅游建设用地、旅游农用地、旅游林地、旅游水体用地、旅游未利用地等5个一级类和风景观赏和建设用地、游览设施与工程设施用地、旅游商业服务设施用地、管理服务用地、居民社会综合用地、农用地、林地、水体用地、未利用地等9个二级类和18个三级类。

栾川县旅游景区较多，旅游用地面积较大，土地产出率较高，自然景观用地占比较大，用地类型的复杂度与景区等级和开发主题有关。目前，全县共开发13个景区，旅游用地面积合计达159.69km^2，占全县土地总面积的6.75%。各景区面积差异较大，面积大小主要与开发主题和旅游产品性质有关。旅游用地经济产出率较高，为0.40亿元/km^2，是全县平均土地产出的6.67倍。作为山地型旅游地，自然景观用地占绝大部分，其中林地占比达到93%。景区旅游用地的复杂度在不同的景区具有不同的特点，主要取决于景区开发主题和景区等级，景区级别越高，景区配套设施越齐全，景区服务功能越综合，用地类型就越多。不同的旅游产品，对应不同的旅游用地类型。

旅游用地的空间分布具有中心性、交通依赖性、行政空间分散性和南向性。县城作为县域的中心地，对旅游景区的开发顺序和开发程度产生了重要影响，县城周围的景区多为开发历史悠久或开发层次较高的景区，而距离县城较远的景区则开发历史较短或开发层次较低。由于旅游对交通的高度依赖性，旅游景区的分布与交通干线分布相吻合，洛卢路、洛栾高速、旧祖路、三邓路等公路干道，成为旅游景区布局的主要区位。全县13个景区分布在11个乡镇中，具有行政空间的分散性，而仅有的3个没有旅游景区的乡镇其矿业却十分发达，意味着旅游业和矿业存在空间冲突。

受研究区地形的限制和景区性质的影响，旅游用地随高程、坡度和坡向的分布表现出与所在地区基底地形的协同现象，而旅游用地内部结构在高程、坡度和坡向上具有一定的不均衡性。在高程方面，景区旅游用地表现出平均高程较高，且与地形高程同步的特征。其中，海拔400~600m区域面积占比为9.83%，600~1400m占比为66.71%，1400~1800m占比为17.83%，1800~2200m占比为5.63%，低山和中山面积较大，其形状分布呈现出类似于纺锤体的"两端小、中间大"的分布特征。在坡度方面，旅游用地主要集中于 10°～30°的缓坡和斜坡，其占比为 69.55%，其次为陡坡。随着坡度的增加，旅游用地面积呈现先增加后减少的趋势。其中，林地面积在各个坡度段均有分布，但主要集中分布在 10°～40°的范围内，建设用地主要集中于 0°～20°的平坡和缓坡范围内，农用地与此类似，也主要分布于 0°～20°区域，水体用地主要分布于 0°～10°区域，未利用地主要分布于 20°～40°区域。在坡向方面，旅游用地面积较大的坡向分别为西南坡向和西北坡向，其次是东坡、东北坡、北坡坡向，在西坡坡向和无坡向分布较少，说明坡向对各旅游景区位置选择影响不大。其中，林地由于为本区的主导用地，且森林具有较强的适应性，因此各坡向分布较为分散。由于作物需要光合作用，农用地多分布在东南、南、西南三个坡向。建设用地对坡度有较高要求，而对坡向不敏感。水体用地主要受高度和地貌的影响，与坡向也无明显关系。坡向对未利用地的分布也无较大影响。

25 年来，栾川县旅游用地的数量、类型和空间形态发生了明显的变化。在旅游用地数量方面，研究期间全县旅游景区数量由 2 个增加到 13 个，旅游用地面积由 2.11 km^2 增加到 159.69 km^2，增长 74.68 倍，无论是景区数量还是旅游用地面积均得到显著的增长。随着旅游景区的不断完善和发展，景区内的土地已经完全被"旅游化"。在用地类型转化方面，随着旅游景区服务功能的逐渐完善，旅游用地类型发生了较大变化。转化方向主要是林地转化为建设用地、农用地，未利用地转移为水体用地，农用地、未利用地等类型转化为建设用地。核心变化是建设用地、景观用地大量增加，表明了人类对自然环境的改造和影响。在空间形态方面，随着时间的推移，各景区旅游用地在平面维度上都有所扩张，但是扩张速度及差异较大，级别较高的景区和距离主要城镇较近的景区扩张速度较快。各景区建设用地基本上遵循"中心—外围"模式，以原有村落为中心向外扩张，其中由于受地形的限制，河流和道路在谷底几乎平行延伸，呈条带状展开，从而使建设用地分布在道路和河流的两侧。景区用地功能也由原来的居住生产生活单一功能，逐渐向旅游导向的多元化功能发展。

随着旅游景区的开发建设，旅游用地类型随高程、坡度、坡向发生了对人类有利的变化。在高程变化方面，林地在高程上的变化最小，各期均主要集中在 1000~1800m 的区域；农用地变化明显，主要趋势为平均海拔高度增加；建设用地面积占比在较低海拔地区有较大增加；水体用地在低海拔区域有所集中。在坡度变化方面，林地的坡度分布变化较小；农用地的坡度变化主要体现为较小坡度农用地的减少和较大坡度农用地的增加；建设用地在较小坡度地段集中分布的趋势明显；水体用地主要是向地势平坦地段集中；未利用地的分布坡度有所增加。在坡向变化方面，林地的坡向变化很小；农用地面积在偏南坡向有所增加；虽然单体建筑考虑坡向分布，但整体上建设用地的增加与坡向关系不大；水体用地变化与坡向也无关系；未利用地在偏北坡向上的分布有所增加。上述这些变化是人为开发景区、建设旅游设施和景观美化的结果。人类总是选择自然有利、投入较经济的开发方式，低海拔、小坡度成为人类开发的重点地区。

6 旅游用地变化驱动力分析

随着经济发展和人民生活水平的提高,旅游业呈现高速发展态势,但支撑旅游业发展的旅游用地却存在着严重的开发不当、生态破坏和供需矛盾突出等诸多问题。为了实现旅游用地的可持续利用,有必要探讨引起旅游用地变化的相关因素和驱动机制。本章在大量实地调研数据的基础上,采用定性和定量分析方法,对栾川县旅游景区用地变化进行宏观和微观分析,探讨影响旅游用地分布和时空演变的内在作用力及其外部作用力驱动系统,以期厘清旅游用地分布和演变的规律性。

6.1 定性分析

旅游业的迅速发展导致旅游用地空间不断扩张和变化。影响旅游用地时空变化的主要因素包括自然环境因素、社会经济因素和政策制度因素等(见图6-1)。其中,社会经济因素包括景区等级、交通道路、城镇发展、经济利益、人口发展、景区类型等;自然环境因素包括地形地貌、气候、土壤、水文、植被等;政策制度因素包括土地政策、城镇发展政策、旅游政策。除此之外,与此相关的科技水平、生活水平,甚至宗教、文化、行政力等也可能影响土地利用变化(陈百明,1997;王建英等,2012,2016;黄睿等,2014;杨俊等,2016)。本章的定性分析主要结合本区情况,从地形地貌等方面进行分析。

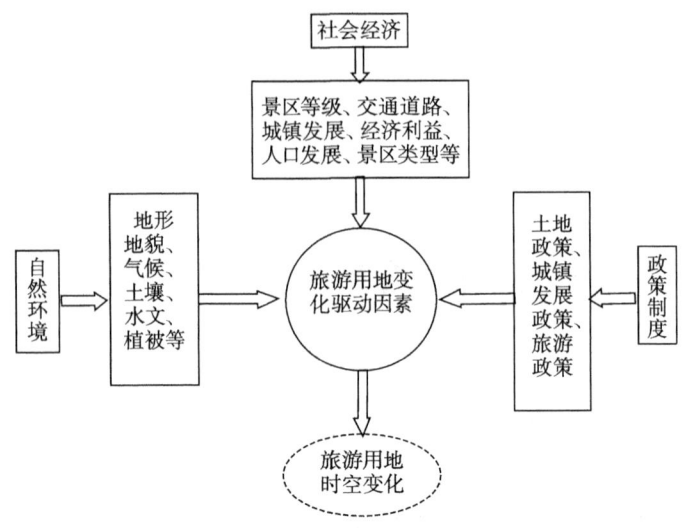

图6-1 旅游用地驱动因素

6.1.1 自然环境因素

6.1.1.1 地形地貌因素

山地旅游地的发展必须依托于本地的自然资源和地理环境，地形地貌直接影响着旅游业发展的方向和态势。研究区地势相对较高，高差较大，主要以山地地形为主，独特的地形和地貌条件使该县具有丰富的旅游资源，为发展观光旅游业提供了必要的物质基础。同时，地形和地貌条件对旅游用地结构和布局产生了直接影响。栾川县旅游资源丰富，旅游景区分布相对集中，自然风光类旅游资源占绝对优势。全县13个A级旅游景区中，有12个是自然旅游资源景区，仅有1个是以人文资源为主的景区，形成以自然风光类旅游资源占优势的结构特征，而自然类旅游资源通常分布范围较广，占地面积较大，对土地资源具有很大的依赖性，对林地的依赖性最强。除此之外，其对土地利用的生态性、集约性要求更高。本书第5章对13个景区高程的分析也在一定程度上说明了该地丰富的自然资源对旅游景区的发展和定位至关重要。

6.1.1.2 气候因素

研究区气候类型为暖温带大陆性季风气候，雨量充沛，气候温暖适宜

（详见本书第3.3节自然条件与自然资源），尤其是夏季凉爽，适合游客前来避暑，已成为避暑胜地，这也是每年夏季游客暴涨的重要原因（全县13个景区中除了伏牛山滑雪场景区和九龙山温泉景区四季开放外，其他景区明显受气候影响，只能保证半年正常开放）。独特的气候特点决定了全县旅游的淡旺季和旅游业的发展规模及走向，对旅游用地的规模和变化也产生了较大影响。

6.1.1.3 水文因素

境内分布的伊河、小河、明白河、淯河等河流，直接影响着全县土地利用格局和旅游建设用地的布局。因为城镇发展和居民点的建设多沿河道发展，旅游景区多在河流附近开发，旅游用地多分布在河流两侧。全县13个景区中有2个景区直接依附于河流而发展，分别是大峡谷漂流和重渡沟漂流，其他11个景区中的河流与景区中的道路一样成为景区的交通廊道和景观廊道，道路也基本上沿着景区内的河流走向延伸。可以说河流既是景区内的独特景观，同时也是景区内生态环境发展的必要组成部分，是旅游用地空间格局和变化的重要基础性制约因素。

6.1.1.4 植被因素

研究区内森林茂密，植物种类丰富，植被覆盖率高达90%以上，位居河南省榜首。不仅如此，全县还拥有大量稀有和名贵树种（详见本书第3.3节自然条件与自然资源）。这些林木不仅具有很高的经济价值，同时具有药学价值、美学价值，是构成自然风景的重要组成部分，"春看百花，秋看红叶"，植被及其四季变化成为该县的重要旅游资源。全县13个景区有12个基本以自然景观为主，植被在其中具有举足轻重的作用，不仅是景区内景观的重要组成部分，同时还有涵养水源、保护生态的重要功能，林地成为旅游用地中面积最大的用地类型。

6.1.2 社会经济因素

6.1.2.1 人口发展

生产和消费是人口发展的双重属性，人口增加将会导致生产性需求和生活性需求增加，进而导致土地利用规模和功能变化。随着社会经济水平的不断提高，人类的基本需求和发展需求也在不断提高，为了满足人类各种需求，必然造成基本用地类型农用地及建设用地的扩张，但是土地总数量是固定的，在荒地等未利用土地耗竭时，将会出现农用地转化为建设用地的情况。研究区也不例外，自2000年至2010年，人口净增长3×10^4人，但与此同时，耕地却表现出相反的变化趋势，净减少$4\times10^3 hm^2$，人均耕地减少$0.4 hm^2$。由于人们对居住的需求旺盛，且研究区旅游景区内有大量的农村居民点，因而居民点建设用地的增加也是旅游用地建设用地激增的重要原因。另外，随着游客人数的不断增加，为了满足游客食、住、行、游、购、娱等方面多元化的需求，相关用地面积也开始增加，这也是旅游用地增加的一个重要原因。

6.1.2.2　经济利益

土地被利用的服务功能和方式不同，其获得的收益也不同。对于土地，人们往往追求经济利益的最大化，为了取得最大收益，土地利用类型和服务方式都将发生变化。例如，同一块土地用于农业和商业的收益可相差1000倍（王良健，1999），农地被用于非农产业在未来很长时间内将是一种趋势，因为用于农业的收益比起非农产业简直是微不足道（李平等，2001）。不仅如此，土地利用的经济能力还直接影响农地转化为非农用地的能力，尤其在旅游经济发达地区，存在巨大的农地非农化需求，土地的非农化潜力被无限扩大。研究区内的13个旅游景区中，许多农用地被开发为旅游用地，如耕地被开发为花卉基地、道路设施、农家宾馆、规模酒店等，当地老百姓从中获得了巨大的经济收益，如重渡沟景区，在景区开发之前，景区老百姓仅靠人均0.3亩的薄地生活，年人均收入不足400元，旅游景区开发后，老百姓家家经营家庭宾馆，靠从事旅游业增加收入，人均年收入超过20000元，当地居民的生活方式和生产方式发生了巨大变化。巨大的经济诉求，是景区家庭旅馆业兴旺发达和旅游住宿用地不断增加的根本原因和动力。

6.1.2.3　城镇发展

城镇发展方向与布局对旅游用地的空间扩张方向产生较大影响。有学者认为，度假村空间分布明显受到区域中心城市的制约，以城市为中心的周围度假村的空间分布呈现出圈层化的特征，且随着中心城区的不断扩展，这种圈层随之向外延展（Lundgren，1974）。国内学者还提出了环城游憩带理论（吴必虎，1998），认为环城游憩带的空间分布出现围绕中心城市的特点，这是由于中心城市具有巨大的客源市场，同时中心城市也是旅游资源的高度密集区（Wu，1999）。对于研究区而言，虽然中心城市为小城市，但依然可以看出城镇的发展方向和布局对旅游用地发展的引导和指向作用。栾川县正在建设"全域旅游"县，县城正在建设成为全域的旅游集散地和旅游中心，将承担旅游相关的各种功能。县域旅游业空间发展以县城为中心，分别沿着洛卢路和三邓路向东、向西发展，旅游景区的建设呈现出以县城为中心的格局。在县城内部，重点向东部发展，其作为新城区，旅游功能得到强化，已初步形成旅游产业集聚区。总之，城镇发展与布局对旅游用地的空间扩张具有重要作用。

6.1.2.4 景区等级

旅游用地的空间扩张与旅游风景区的等级有紧密联系。一般来说，等级越高的旅游景区对旅游用地需求越高，具体表现在对景区区内及周边生态环境要求较高，对服务接待设施要求较高，对道路、环卫等基础工程要求也较高，这就意味着高等级旅游景区的旅游用地类型较为复杂多样，且用地规模较大。栾川县目前有13个旅游景区，其中高等级景区有7个，含5个4A级景区，2个5A级景区，其他6个景区等级较低。对不同等级景区内旅游用地进行分析发现，其旅游用地时空演变特征存在明显差异。具体表现在：第一，高等级旅游景区用地扩张速度明显高于低等级旅游景区。通过计算，全县25年间各景区旅游用地年平均扩张率，5A级景区为10%，4A级景区为8%，其余为5.8%。第二，高等级旅游景区辐射带动周边土地利用变化的范围较大。通过对栾川县各景区旅游影响力、知名度分析发现，旅游景区级别越高，旅游影响力和知名度也越高，旅游用地辐射带动力也越强。如通常会为了提高高等级旅游景区的可进入性，而专门修建景区内的游览道路及景外的旅游公路，为了提升高等级景区旅游接待的标准，而在景区外的其他地方专门建设旅游酒店、宾馆等。同时为了营造良好的旅游环境，高等级景区周边的很多用地都逐渐朝旅游用地方向发展。第三，高等级旅游景区土地利用类型多样，复合程度高。由于高等级旅游景区开发建设标准远高于一般性景区，所以景区内的各种景观、服务接待设施、游览道路设施、环卫工程等的建设要求和标准也较高，使得旅游用地类型多样化。同时，由于景区内土地总量的有限性，高等级旅游景点尤其注意内部的土地使用效率问题，尽量"一地多用"，不浪费一寸土地，发挥土地的复合功能。简言之，一个区域内的高等级旅游资源或旅游景区越多，区域旅游用地发展规模和速度就越快，区域内或周边将会有更多的土地资源转化为旅游用地。

6.1.2.5 景区发展周期

Butler（1980）认为，处于不同生命周期阶段的旅游地的游客数量、旅游设施和旅游业经营具有不同的特点。通常随着旅游景区的不断开发，游客数量会不断增加，旅游景区的各种设施会逐步完善，景区服务功能会不断升级和多元化，从而引起旅游用地的不断扩张。旅游景区发展初期，由于旅游市场不成熟，景区内新增的建设用地较少；旅游景区高速发展阶段，游客数量迅速增加，旅游市场趋于扩大，建设用地大幅度增加；旅游景区发展后期（稳定转型期），新增建设用地缓慢减少。可见随着旅游景区发展阶段的变化，新增建设用地也随之呈现出先缓慢增加，再迅速增加，然后再缓慢增加的发展趋势（见图6-2）。简言之，景区内的建设用地需求变化与旅游景区生命周期呈正相关关系。但是分析发现，研究区内的13个旅游景区在发展过程中，建设用地并不完全是随着景区的生命周期在持续增加。13个景区中，只有重渡沟景区的建设用地呈现持续增加态势，有6个景区虽然建设用地总体上呈现增加趋势，但是在不同的发展周期出现减少的情况，有4个景区总体上呈减少趋势，但是在不同的发展周期出现过增加的情况。所以，研究区内的旅游景区建设用地与旅游景区发展周期并非完全呈正向相关。各个旅游景区建设用地在不同阶段的增长对比见表6-1。

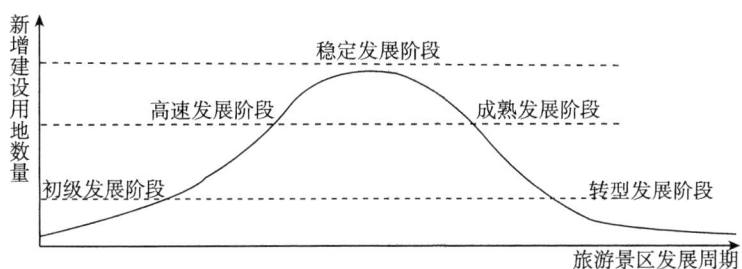

图 6-2 新增建设用地与旅游景区发展周期关系

表 6-1 各个旅游景区建设用地在不同阶段的增长对比

单位：m²

景区名称	1991—2001 年	2001—2011 年	2011—2015 年	1991—2015 年
重渡沟	53391.12	423277.01	10318.50	478514.40
老君山	2406117.38	-1339030.88	-523692.42	543394.08
鸡冠洞	-355321.99	66773.81	-10253.51	-306044.49
养子沟	50228.11	674650.31	-31578.66	481611.24
蝴蝶谷	0.00	0.00	33333.57	33333.57
伏牛山滑雪场	427114.57	-142307.71	60371.08	345177.94
龙峪湾	2017534.05	1907564.15	-1102972.10	-993002.20
大峡谷漂流	457722.45	-56184.84	-307434.66	94102.95
倒回沟	768265.26	-11803.25	-538333.17	227499.42
抱犊寨	404341.82	18909.78	-7086.12	247744.99
鸭石红豆杉	0.00	12116.73	57228.35	31345.67
重渡沟漂流	-761365.11	793886.86	1203412.37	-1170890.62
九龙山温泉	-40845.10	-73581.95	14352.00	-100075.05

注："0.00"表示该时段建设用地无增减；"-"表示该时段建设用地减少。

6.1.2.6 景区开发主题

景区开发主题主导旅游用地开发结构。栾川县旅游资源丰富，旅游景区众多，开发主题不一。根据 13 个景区的特点，将其旅游开发主题归纳为 7 类：高端养生度假型旅游景区、大众休闲度假型旅游景区、亲水娱乐体验型旅游项目、滑雪滑草体验型旅游景区、红色旅游景区、珍贵树种观赏型旅游景区、溶洞奇观体验型旅游景区。不同主题旅游景区土地利用结构和模式对比见表 6 - 2。

表 6 - 2　不同主题旅游景区土地利用结构和模式对比

景区类型	代表性景区	土地利用结构和模式
高端养生度假型	老君山、倒回沟、蝴蝶谷	"山上游、山下（外）住"，把用地指标尽量向山下或者林外转移，硬性的开发建设用地放在核心景区的外围，这样可以很好地保护核心景区的生态环境不受破坏
大众休闲度假型	养子沟、龙峪湾、九龙山温泉	需要大量服务接待设施用地满足游客住宿需求。在进行服务设施开发的同时也要注意生态保护，景观建设和接待设施以及管理用房的建设要与景区环境协调，避免造成重复建设，浪费土地，破坏生态
亲水娱乐体验型	大峡谷漂流、重渡沟漂流	旅游用地类型简单。漂流上码头仅设售票点、换洗室以及其他简单的接待设施，其他服务类接待设施均设置在漂流河道下码头
滑雪滑草体验型	伏牛山滑雪场	服务类设施均安排在滑雪场的下站，这样不仅考虑到建筑的安全、成本的降低，也考虑到对环境污染的降低以及游客出行的方便。也就是采取核心区为游乐区、外围区为服务区的用地模式
红色旅游景区	抱犊寨	该景区核心区为人文景观用地，外围为接待服务设施用地。旅游用地按圈层设计
珍贵树种观赏型	鸭石红豆杉	采取"林内游、林外住"的用地模式。目前景区内用地类型单一，仅有少量的建设用地
溶洞奇观体验型	鸡冠洞	此类景区以喀斯特地貌形成的溶洞为主，生态环境敏感性强，用地类型不可复制、不可扩张，用地模式采取"洞内游、洞外住"的开发模式，不易开发过多建设用地

6.1.2.7　交通道路

旅游景区与交通道路距离的远近直接影响着旅游用地的变化。基于旅游业的特殊性，客观上要求景区应该具备方便高效的可进入性，可进入性差对于高等级旅游地是不可想象的。栾川县的旅游景区基本上都沿着县内主要道路和河流分布，如洛卢路、三邓路、311 国道，伊河、淯河、明白河等。全县的旅游用地变化主要集中于距离主要公路 8km 范围内，1991—2015 年该区域共增加旅游用地面积 189km^2，占总增加面积的 75.38%。相关分析表明，1991 年到 2015 年，旅游用地增长率和交通距离存在显著的负相关关系，相关系数为-0.66（显著性水平0.05），这意味着距离交通线路越近的地方，旅游用地的增长率越高。显而易见，旅游业对游客的进入性依赖程度很高，方便的交通带来的不仅是游客的大量涌入，更带来了土地级差地租的改变，这一点对于交通不便、位置偏僻的地区而言尤显重要，交通条件的改善显著促进了山区旅游的开发。

6.1.3 政策制度因素

旅游业作为栾川县社会经济发展中的重要组成部分，其旅游用地的发展既是市场驱动的结果，同时也离不开相关政策的支持。政策是土地利用变化的导向因子，它引导经济活动和生产活动，对土地利用类型转化作用非常直接。20世纪90年代初期，由于该县经济发展水平较低，为了发展经济，全县开始寻求脱贫致富的道路，自1991年全县开发重渡沟旅游景区从中获取收益后，政府开始对旅游业发展给予大量支持。全县许多相关规划和政策都开始对旅游业发展和旅游用地给予政策倾斜。例如，《栾川县土地利用总体规划（2010—2020）》中将全县功能定位为"工矿强县、旅游兴县、生态立县"，强调要以旅游业为统领，努力把栾川打造成为国内知名的山地休闲旅游度假胜地、国家级生态县、充满活力的伏牛山区生态宜居城市和全省经济强县。该规划指出，要提高旅游业为龙头的服务业占国民经济的比重，到2020年三次产业结构调整到6∶54∶40。旅游产业用地目标为规划期内新增风景名胜设施用地424.36 hm^2，其中用于栾川县旅游服务产业集聚区300 hm^2，用于其他重点旅游项目124.36 hm^2，到2020年全县风景名胜设施用地规模达684.26 hm^2。又如，《栾川"十二五"发展规划（2010—2015）》指出，"十二五"期间全县社会经济发展重点是围绕培育战略性支柱产业，着力推动服务业转型升级。要以努力建设最强栾川、最美栾川为统领，以打造伏牛山生态旅游最佳目的地和休闲度假胜地为目标，大力拓展以旅游业为龙头的服务业发展空间，把加快发展服务业作为全县经济增长点和第二支柱产业的重要抓手。同时积极加强旅游产业集聚区建设，推进旅游商品的开发，加速旅游产业的融合。相应地，旅游项目用地目标为到2020年末，全县旅游新建项目占地面积达到278.23

hm², 约占全县新增建设面积 1159 hm² 的 24%，实现风景名胜用地和旅游项目用地达到 684.26 hm²。建设项目涉及栾川乡、庙子乡、潭头镇、陶湾镇等 14 个乡镇。此外，《栾川县城总体规划（2004—2010）》中将县城定位为全县政治、经济、文化发展中心，同时还定位为旅游中心，并对旅游用地进行了规划。总之，相关规划和政策的支持，是旅游用地的重要保障，政府政策对旅游用地的空间扩张具有重要影响。

综上，旅游用地动态演变是一个相互作用的复杂的动力系统，既有自然因素的影响，又受社会、经济及景区属性自身的影响。不同因素对旅游用地影响程度的强弱有待进一步的论证和分析。

6.2 定量分析

国内外学者们碍于旅游土地利用的重叠性和边际性两个原因，对区域旅游土地演变驱动力的研究成果越来越少并且成果并不突出，许多学者在浏览查阅各类文章和材料时对区域旅游用地所构建和提出的理论模式都偏向概念性或者只是进行简单的定性分析，缺少定量分析（赵莹雪，2008；赵莹雪、杜建会，2013）。本书拟采用多元线性回归模型和 Logistic 回归模型分别对研究区的旅游用地驱动力进行时间维度和空间维度的定量分析。

6.2.1 多元线性时间序列回归模型

从旅游用地驱动力的定性分析中可以看出，旅游用地的变化是自然环境因素和社会经济、政策制度等因素综合作用的结果。但对于一个较小的地域单元（一个县），在很小的时间单元（20 余年）内，自然环境因素的变化可以说是非常微小的，是可以忽略不计的，本部分对旅游用地变化的时间过程分析主要是分析短时间内有较大变化的社会和经济因素。在社会因素中，有些因素如政府的政策等是无法量化的，因此本部分主要使用了能够量化的社会经济指标。

6.2.1.1 模型表达

统计分析中最常见数据分析方法之一是回归分析（封铁英等，2005），这源于回归分析的定量分析功能，其中，线性回归分析是描述因变量（或者称为响应变量，dependent variable）Y 和模型中的自变量（independent variable）X 之间的线性相互依赖关系，在所设定的模型中，一个因变量对应一个或多个自变量。线性回归分析方法在自变量数目上又可区分为一元线性回归和多元线性回归，本质的区别在于，一元线性回归中有且仅有一个自变量，而多元线性回归分析中含有两个或两个以上的自变量。多元回归分析通过自变量的最佳组合从而预测出因变量的回归模型，其模型的一般形式为：

$$y = b_0 + b_1x_1 + b_2x_2 + \cdots + b_nx_n \qquad (6-1)$$

其中，y 是基于所有自变量 x 的值所估算出来的值，b_0 在该模型中是常数项即恒定不变值，而 b_1，b_2，$\cdots$，b_n 为 y 对应于自变量 x_1，x_2，$\cdots$，x_n 的偏相关系数，即假设模型中其他所有变量不变，某一个自变量发生变化所引起的因变量变化的比率（封铁英，2005）。

通过以上的定义可以得知，如果要采用经典的线性模型，其前提十分苛刻：所观察的样本数据应该遵循其相对应的分布特征（正态分布特征或者对数正态分布特征，lognormal distributions），并且一个解释变量和与之互不相关的一系列独立变量之间应该被良好定义为函数关系（但是依然有许多变量之间存在较强相关性）。

6.2.1.2 变量选择

旅游用地的变化是旅游产业应对社会需求的结果，受到社会经济发展和市场需求的影响和制约。社会经济发展导致的人民生活水平的提高，是旅游产业发展的核心动力，同时也是旅游用地增加的主要驱动力。表征人民生活水平的重要指标是恩格尔系数，因此本书选择该指标用于量化分析。此外，作为一个山区县，人口构成中农村人口占较大比重，在此选择了农民人均纯收入指标进行量化分析。生活水平的提高、收入的增长的主要动因是经济的发展，因此，选择县域 GDP 和经济增长速度两个指标来标度经济因素。城镇人口的增加是经济增长导致的产业结构转换和人口空间结构转变的必然结果，选择城镇化水平来标度经济发展和社会发展水平。旅游业的发展和交通运输密切相关，交通运输直接制约着景区的可进入性和人员的流动，选择道路里程和旅客周转量指标来标度交通运输因子。另外，旅游用地增加和旅游业发展可能和人口总量变化有关，人口总量的增加意味着潜在的游客的增长，因此选择人口数量指标进行分析。当然，本地的旅游资源开发面对的不仅仅是本地的市场，但由于本书以栾川旅游地为例进行研究，因此定量分析中主要使用当地的上述指标。

6.2.1.3 模型运算结果及分析

用 1991—2015 年的旅游用地变化指标和上述 8 个指标进行相关性分析，可以发现其与恩格尔系数、城镇人口规模、道路里程、人口数量、GDP 等指标相关程度很大（见表 6-3），这 5 个指标皮尔逊相关系数均在 0.8 以上且在 0.01 水平上（双侧）显著相关。而其与经济增长速度不相关，与农民人均纯收入和旅客周转量的相关性虽然达到了显著水平，但相关系数不高（只有 0.6 多）。恩格尔系数相关系数为 -0.949，说明随着人们生活水平的提高，恩格尔系数的下降，旅游业高速发展，旅游用地增加。旅游业的发展最主要的因素是市场，而伴随着旅游市场中"有钱有闲"游客人数的增加，恩格尔系数的下降，旅游用地增加是必然趋势。由于栾川县是全国众多县域和城市之一，其恩格尔系数下降不仅仅代表本地生活水平的提高，其包含更大更广阔的旅游市场的含义。城镇人口规模指标相关系数也较高，为 0.927，说明随着城镇化水平的提高，人们生活方式的改变，客源市场的增长，旅游业得到相应发展，旅游用地开始增长。实际上，城镇化率作为一个标志社会经济发展的综合指标，在很大程度上也标志着人们的生活水平和潜在的旅游客源状况。道路里程的相关系数较高，为 0.861，表明旅游用地的变化和道路里程正相关。旅游业的显著特征是依赖于游客客源，旅游资源的开发依赖于景区的可进入度，因此交通是制约旅游业发展的核心因素，再好的景致和环境，如果没有发达的交通运输业相配套，发展旅游都是空谈。道路里程作为衡量交通运输的一个重要指标，表明随着交通运输业的发展，旅游业呈现出较强的发展态势，旅游用地呈现出较大的增长趋势。人口数量的相关系数也较高，为 0.851，说明人口的增长趋势和旅游用地的增长趋势是高度相关的。这种高度相关性的可能原因是人口增长中包含着旅游潜在客源的增长，也可能是一种随机巧合。GDP 相关系数也较高，为 0.805，说明经济规模总量和旅游业发展及旅游用地是直接相关的。GDP 作为衡量区域经济总产出的最重要指标，虽然存在着一些缺陷，例如，GDP 增长可能带来环境破坏、资源消耗等，但目前仍然是一个重要的经济指标，反映经济总量和就业等关键方面。GDP 的增长，意味着经济的发展，这是人们生活水平提高的核心因素，同时经济总量增长也意味着经济结构的变化和改善，GDP 增长本身也包含着旅游业经济总量的增长，在一定程度上表明与旅游用地的关系。

表 6-3 旅游用地面积与相关社会经济发展指标的相关性分析

项目	人口数量	GDP	恩格尔系数	农民人均收入	道路里程	旅客周转量	城镇人口规模	经济增长速度
Pearson 相关性	0.851**	0.805**	-0.949**	0.635**	0.861**	0.645**	0.927**	0.030
显著性（双侧）	0.000	0.000	0.000	0.001	0.000	0.000	0.000	0.887
N	25	25	25	25	25	25	25	25

注：**表示显著性水平为 0.01。

本书在进行旅游用地变化影响因素分析时，采用的是逐步回归的分析方法。多元线性回归的一个基本要求是自变量之间应保持相对的独立性，即相关系数较小，一般学者采用 0.8 的阈值剔除因素，即当两个自变量之间的相关系数在 0.8 以上时，只能采用其中的一个。考虑到上述因素中有些因素的高度相关性（见表 6-4），本书使用 SPSS22.0 中的逐步回归方法，通过逐步删除因子，剔除掉非显著相关因子的方法进行多元回归。其基本原理是首先构建因变量和自变量之间总的回归方程，然后进行总方程的假设检验和各个自变量假设检验。当总方程回归结果不显著时，表明多元回归的关系不成立。而当某个自变量对因变量影响不显著时，模型应该删除掉这个因子，重新构建新的多元回归方程，从而筛选出具有显著影响的因子进入模型，最后构建最优回归方程。

表 6-4 各影响因素之间相关系数

指标	项目	人口数量	GDP	恩格尔系数	农民人均纯收入	道路里程	旅客周转量	城镇人口规模	经济增长速度
人口数量	Pearson 相关性	1	0.946**	-.879**	0.908**	0.986**	0.910**	0.970**	-0.055
	显著性（双侧）		0.000	0.000	0.000	0.000	0.000	0.000	0.794
GDP	Pearson 相关性	0.946**	1	-0.798**	0.908**	0.964**	0.852**	0.921**	0.039
	显著性（双侧）	0.000		0.000	0.000	0.000	0.000	0.000	0.854
恩格尔系数	Pearson 相关性	-0.879**	-0.798**	1	-0.668**	-0.879**	-0.711**	-0.947**	-0.035
	显著性（双侧）	0.000	0.000		0.000	0.000	0.000	0.000	0.866
农民人均纯收入	Pearson 相关性	0.908**	0.908**	-0.668**	1	0.917**	0.955**	0.848**	-0.180
	显著性（双侧）	0.000	0.000	0.000		0.000	0.000	0.000	0.390
道路里程	Pearson 相关性	0.986**	0.964**	-0.879**	0.917**	1	0.910**	0.976**	-0.089
	显著性（双侧）	0.000	0.000	0.000	0.000		0.000	0.000	0.673
旅客周转量	Pearson 相关性	0.910**	0.852**	-0.711**	0.955**	0.910**	1	0.866**	-0.212
	显著性（双侧）	0.000	0.000	0.000	0.000	0.000		0.000	0.309
城镇人口规模	Pearson 相关性	0.970**	0.921**	-0.947**	0.848**	0.976**	0.866**	1	-0.049
	显著性（双侧）	0.000	0.000	0.000	0.000	0.000	0.000		0.816
经济增长速度	Pearson 相关性	-0.055	0.039	-0.035	-0.180	-0.089	-0.212	-0.049	1
	显著性（双侧）	0.794	0.854	0.866	0.390	0.673	0.309	0.816	

注：**表示显著性水平为 0.01。

将因变量旅游用地变化和8个自变量引入SPSS18.0中的多元线性回归模型中,采用逐步回归方法,可得到模型的运算结果。经过多次运算,最终进入模型的变量为恩格尔系数,运算准则为:F-to-enter的概率≤0.050,F-to-remove的概率≥0.100。模型拟合结果较好,可以满足要求,其中,R^2 = 0.900,调整 R^2 = 0.896,标准估计的误差为19.4304,模型的显著性水平很高。模型的方差分析见表6-5,模型的系数见表6-6。

表6-5 模型方差分析

模型	平方和	df	均方	F	Sig.
回归	78243.383	1	78243.383	207.244	0.000
残差	8683.475	23	377.542		
总计	86926.858	24			

注:预测变量为恩格尔系数,因变量为旅游用地变化。

表6-6 模型系数

模型	非标准化系数		标准系数	t	Sig.
	B	标准误差			
(常量)	373.502	19.080		19.576	0.000
恩格尔系数	-7.432	0.516	-0.949	-14.396	0.000

注:因变量为旅游用地变化。

最终模型中,仅有恩格尔系数进入。从表6-6中可以看出,旅游用地变化与恩格尔系数显著负相关。恩格尔系数每减少1%,旅游用地面积将增加7.432km²。事实上,旅游业发展和旅游用地增加的核心驱动力是人们生活水平的提高,恩格尔系数作为衡量人们生活水平的重要指标其进入模型是具有理论依据的。恩格尔系数即居民家庭中食物性支出占家庭总支出的比重,当家庭收入较低时,其占比将较大或很大,当收入较高时,其占比将较小或很小。恩格尔系数的降低意味着人们收入的增多,这为从事旅游活动奠定了物质基础。总之,由生活水平决定的潜在客源市场的状况是影响旅游用地变化的最重要因素。模型中已排除的变量见表6-7。

表6-7 模型中已排除的变量

模型	Beta In	t	Sig.	偏相关	共线性统计量 容差
人口数量	0.073	0.523	0.606	0.111	0.228
GDP	0.131	10.205	0.241	0.249	0.363
农民人均纯收入	0.002	0.017	0.987	0.004	0.553
道路里程	0.116	0.831	0.415	0.174	0.227
旅客周转量	-0.060	-0.627	0.537	-0.132	0.494
城镇人口规模	0.282	10.406	0.174	0.287	0.104
经济增长速度	-0.004	-0.053	0.958	-0.011	0.999

注：因变量为旅游用地变化，模型中的预测变量为恩格尔系数。

6.2.2 Logistic空间回归模型

根据1991—2015年栾川县旅游土地利用类型转移矩阵推算，在25种不同土地利用类型转变类型中，林地→农用地、林地→建设用地、林地→水体用地、林地→其他用地、农用地→建设用地、农用地→其他用地等6种变化类型占到全部土地利用变化类型的88.659%，即大多数份额。由于其他用地类型较为庞杂，在土地类型变化中贡献较小，因此以下将主要分析除其他用地以外的四种变化的影响因素。

6.2.2.1 模型表达

本书运用多元Logistic回归分析法分析地理空间上影响旅游用地变化的因素。在定量分析的实际研究中，最普遍的方法莫过于建立一个线性回归模型，但是在很多情况下，线性回归模型又受一些可能的变量或成分的限制，如果预设模型中有一个变量是分类变量，并且还不是连续变量，那么该预设模型不能采用线性回归模型，在这种情况下，采用Logistic回归模型可以解决这些限制问题并且非常方便（谢花林、李波，2008a；王济川、郭志刚，2001）。在数据抽样调查的基础上，多元Logistic回归技术可以为每一个自变量对应产生一个回归系。在一定的权重运算法则下，学者们将这些系数定义为变化概率，这种变化概率不是一般随意的变化概率，而是在特定状态下土地利用类别的变化概率。例如，在研究野生动植物栖息地时（Pereiraand Itami, 1991; Narumalani et al., 1997），许多学者成功有效地运用了多元 Logistic 回归分析方法；又如，森林火灾的预测（Garcia，1995）和分析森林采伐（Stokes，1995）等方面。

多元 Logistic 回归方法能够将自变量 X_n 在预测分类被解释变量 Y 发生概率时的作用和强度通过模型给确定出来（谢花林、李波，2008a）。我们假设变量 X 是反应变量，变量 P 是模型的响应概率，那么此处相对应的回归模型如下：

$$\ln\left[\frac{p_1}{1-p_1}\right] = \alpha + \sum_{i=1}^{k} \beta_k x_{ki} \quad (6-2)$$

其中，$p_1 = P(y_i = x_{1i}, x_{2i}, \cdots, x_{ki})$ 是在给定一个自变量系列 x_{1i}，x_{2i}，$\cdots$，x_{ki} 值时，该事件的发生概率值，β 是斜率，α 是截距。事件发生的概率可以由一个因变量 X_i 所构成的非线性函数表达，该函数的表达式为：

$$p = \frac{\exp(\alpha + \beta_1 X_1 + \beta_2 X_2 + \cdots + \beta_n X_n)}{1 + \exp(\alpha + \beta_1 X_1 + \beta_2 X_2 + \cdots + \beta_n X_n)} \quad (6-3)$$

发生比率（oddsratio）被用来解释 Logistic 回归模型中各种解释变量（如分类变量、二分变量、连续变量）的系数（Pereira and Itami，1991）。在 Logistic 回归模型中测量模型内变量关联时，最适合用来描述解释变量对该事件概率的作用的方法就是采用发生比率，这源于此条件下的发生比率具备一些利于解释模型变量的优点（Stephen，1985）。

在本书的研究过程中，要实现多元 Logistic 回归还需要借助 SPSS 统计软件的 Logistic 函数。在该模型中，只要得到最大似然估计的表格就能评价分析该模型的预测能力，该表格中包含最基本的回归系数及其估计的 $\text{Wald}\chi^2$ 统计量、标准差和显著性水平（谢花林、李波，2008b）。回归系数值可正可负，正值说明自变量每增加一个单位值时对应的发生比出现相应的增加；相反，负值表示自变量每增加一个单位值时对应的发生比出现相应的减少。模型中的 $\text{Wald}\chi^2$ 统计值可以表示每个相应的自变量的相对权重，主要用来评估相对应的自变量对该事件的贡献能力。

在模型得到最大似然估计表格后，我们需要评价所建立模型的预测能力，即模型与观测数据的配准程度以及该模型是怎样有效描述反应变量的

(谢花林、李波，2008b)。检验模型拟合优度的指标有很多，而Homsmer - Lemeshow 指标（HL）、皮尔逊 χ^2 和偏差 D 等是最常见的检验指标，连续自变量被用于 Logistic 回归模型中时，被大多学者接受的拟合优度指标是 HL 指标（Gilruth and Hutchinson，1990）。而当自变量增加时，指标皮尔逊 χ^2 和偏差 D 在连续自变量下，便不再适合用来估计模型的拟合优度。也正是基于这个原因，本书在旅游用地情况的研究过程中，利用 HL 指标来对所建立的 Logistic 回归模型进行拟合优度的模拟。如果在检验结果中，HL 检验指标统计显著则说明所建立的模型方法不合适，相反，统计不显著则说明该模型拟合比较好。Maddala 指标虽并不是广为人知，但其与皮尔逊 χ^2 统计量有许多较为相似的地方。HL 指标的计算公式如下：

$$HL = \sum_{g=1}^{G} \frac{(y_g - n_g \hat{p}_g)}{n_g \hat{p}_g (1 - \hat{p}_g)} \quad (6-4)$$

其中，G 代表检验指标所分的组数，n_g 为第 g 组中的样本的数量；y_g 为第 g 组研究对象的观测数量；p_g 为第 g 组中的所要预测的事件的概率；$n_g p_g$ 为该事件的预测数量。

设定模型后，结合概念模型法和逐步模型选择法来拟合模型的优度（谢花林、李波，2008b）。在统计模型的过程中，我们首先选用的是概念模型中的自变量，随后用逐步回归法选用主要的自变量，最后基于学者设定的约束条件最少的饱和模型来分析所有自变量中对解释土地利用变化有明显贡献的变量有哪些。

6.2.2.2 抽样方法

本书使用分层随机抽样方法来配合使用 Logistic 回归模型，目的是尽量避免数据的空间自相关性。在选择研究区域的观测点时，首先分层在不同的土地利用转变类型中选择样本点，而不是在整个景区均匀地选择样本点。但是在分层后则均匀地随机地选择样本点，确保每个模型中土地利用类型变化的样本在 200 个以上。具体操作时，是将各期土地利用类型图进行叠置，分析土地利用变化类型图，然后将变化类型图与地形、坡向、道路、村庄、河流等分布图叠置，通过均匀分布的方式确定样本点，然后读取样本点属性。

6.2.2.3 变量设计

旅游用地类型的变化主要是人类出于对经济效益的考虑而对土地利用和开发的结果，自然环境变迁导致的土地利用类型变化的作用在较短的时段内是可以忽略的。而人类的开发和利用为了取得较大的经济收益，必然要考虑土地的自然因素，因为它直接决定着开发的成本和效益，因此土地的海拔高度、坡度、坡向将可能是影响旅游用地变化的因素。人类为了取得较好的收益，还必须考虑土地的区位因素，因为不同的区位开发的必要性和开发的收益存在较大差异，对土地的利用并非在空间上是完全均一的，有些地方值得开发和能够开发，而有的地点则不值得开发和不能够开发（在经济上和技术上），因此距村庄、道路、河流的距离和距区域性中心地的距离等区位条件也是影响土地利用类型转变的重要因素。不同类型的景区，建设用地特征和开发及发展历史不同，在土地利用规模、结构等方面存在较大差异，反映了景区建设对土地利用的要求，因此景区等级、开发主题和发展周期等属性对土地利用类型的转化可能产生重要影响。景区的开发受制于一定的区域经济社会环境条件，不同的区域条件和特征，对景区开发的重视程度、政策、投资、必要性等存在差异，因此，景区所在乡镇的人口密度、经济增长速度、城镇化水平等可能影响土地利用类型的转化。综上，考虑采用土地的自然属性、区位属性、景区属性和乡镇经济社会属性等四类指标 14 个因子进行影响因素的分析（见表 6-8）。

表 6-8 变量设计

指标	变量代号	因子	取值/单位	含义
自然属性	X_1	高程	≤600m 为 1；(600m, 1000m] 为 2；(1000m, 1400m] 为 3；(1400m, 1800m] 为 4；(1800m, 2200m] 为 5	样本点的海拔高度
	X_2	坡度	0°~10° 为 1；10°~20° 为 2；20°~30° 为 3；30°~40° 为 4；>40° 为 5	样本点的坡度
	X_3	坡向	平地和阳坡为 1，半阳坡为 2，半阴坡为 3，阴坡为 4	样本点的坡向分类*

续表

指标	变量代号	因子	取值/单位	含义
区位属性	X_4	距河流距离	实际值/m	样本点距河流岸边的直线距离
	X_5	距道路距离	实际值/m	样本点到公路的距离
	X_6	距村庄距离	实际值/m	样本点到村庄边缘的距离
	X_7	距镇距离	实际值/km	样本点到乡镇政府所在地几何中心的距离
	X_8	距县城距离	实际值/km	样本点到县城几何中心的距离
景区属性	X_9	景区等级	3A级为3,4A级为4,5A级为5	按照"旅游景区质量等级的划分与评定"**划定的景区等级
	X_{10}	景区开发主题	观光体验为1,休闲度假为2,康体疗养为3	按照建设用地规模对开发主题的大致分类
	X_{11}	景区发展周期	成长期为0,成熟期为1	根据本区特点,按照景区发展历史和成熟程度对景区进行的生命周期分类
乡镇经济社会属性	X_{12}	人口密度	实际值/人/km²	所在乡镇单位土地面积上的常住人口数量
	X_{13}	经济增长速度	实际值/%	所在乡镇1991—2015年平均经济增长速度
	X_{14}	城镇化水平	实际值/%	所在乡镇2015年城镇化水平

注:*表示平地(-1)和阳坡(157.5°~202.5°),半阳坡(67.5°~112.5°、112.5°~157.5°、202.5°~247.5°),半阴坡(22.5°~67.5°、202.5°~247.5°、292.5°~337.5°),阴坡(0°~22.5°、337.5°~360°);**表示中华人民共和国国家标准GB/T 17775-2003。

6.2.2.4 模型运算结果分析

(1)农用地转为建设用地。

以因变量土地利用转变类型为"农用地转为建设用地"为1,其他为0,进行Logistic模型分析,可得到表6-9所示的运算结果。结果显示,高程、坡度、距河流距离、距道路距离、距村庄距离等因素达到了显著水平。在山区，受地形的限制，居民点往往分布于地势相对较低的河流阶地上，道路等旅游基础设施也多沿河流阶地分布于山前地势较低的地带。在旅游资源开发的过程中，无论是农家乐、宾馆饭店、商店、超市、游客集散中心、演艺广场，还是交通道路等建设用地，大多都是在地势较低、坡度较小、距河流较近、距道路较近、距村庄较近的点位和地带进行建设和开发，因此，高程、坡度、距河流距离、距道路距离、距村庄距离等因素均达到了显著水平。

表6-9 "农用地转为建设用地"模型运算结果

变量	B	S.E	Wals	df	Sig.	exp(B)
常数	-5.471	2.301	5.618	1	0.044	0.004
X_1	-0.179	0.079	5.086	1	0.014	1.196
X_2	-0.572	0.219	6.776	1	0.018	0.564
X_3	-0.490	0.316	2.396	1	0.122	0.613
X_4	-0.001	0.004	5.657	1	0.015	0.999
X_5	-0.008	0.003	5.819	1	0.016	0.992
X_6	-2.137	0.909	5.526	1	0.015	0.118
X_7	-0.091	0.082	1.246	1	0.264	0.913
X_8	0.176	0.135	1.696	1	0.193	1.192
X_9	0.229	1.160	0.039	1	0.844	1.257
X_{10}	-1.572	1.174	1.794	1	0.180	0.208
X_{11}	1.073	1.783	0.362	1	0.548	2.923
X_{12}	-0.038	0.166	0.053	1	0.818	0.963
X_{13}	2.033	2.06	0.973	1	0.324	7.633
X_{14}	-0.291	0.386	0.569	1	0.451	0.747

注：模型的Nagelkerke $R^2 = 0.748$。

①高程。

高程分绝对高程和相对高程两种。绝对高程是指某点相对于平均海平面的高度，相对高程是指相对于本区最低点的高度，本书使用的是绝对高程。一般而言，山峰和山脊有较大的绝对高程，而山谷、河流阶地则有较低的绝对高程。农用地，例如耕地，一般分布于地势较为平坦的河流两岸，因而往往成为建设农家乐等旅游专业村的建设用地，同时相对高程较低处，也往往是交通线路通过的地方，因而成为交通设施用地的主要分布地带。农用地转为建设用地在山区是最常见的一种土地利用转换，在为发展旅游业提供基础设施的同时，也往往带来耕地面积的减少。

②坡度。

坡度是衡量地面倾斜程度的重要指标，用地面角的正切值来表示，也是衡量地形能否被人类进行项目建设和投资的重要指标。出于经济和技术考虑，一般的建设项目都要尽量避免在较大坡度上进行，因此，坡度成为农用地转为建设用地的重要影响因子，即旅游景区的基础设施建设和旅游专业村的旅游基础设施一般选择在坡度较小的农用地上，一般处于河流阶地上，接近河流、道路和村庄。旅游道路的选线也要重点考虑经过地区的坡度大小。

③距河流距离。

河流是人类生存和发展的重要水源地，同时有些河流还具有运输的功能，在山区人口的分布和河流的分布是一致的。河流在山区沿地势较低地带延伸，河流的两侧分布着比较平缓、坡度较小的农用地，因此，距河流的距离关系到人口的分布、居民点的分布和农用地的分布。在旅游景区的发展过程中，旅游设施的建设往往沿河流延伸，分布于河流两岸和距离河流较近的距离内，例如农家乐、酒店、饭店、旅游商店等；距离河流越远，设施越少。在山区，旅游道路的建设也是往往沿河流方向延伸，因为河流经过之地为地势较为平坦、纵向坡度较小的地带。总之，农用地转为建设用地受距河流距离的重要影响，即分布于河流较近地带的农用地转为建设用地的概率较大。

④距道路距离。

在山区，由于主要道路往往沿河流分布延伸，因此距道路距离的作用和距河流距离的作用相似，使农用地在转为建设用地的过程中，距道路距离发挥着与距河流距离同样的作用。山区主要道路的修建从技术上、经济上和安全方面的考虑，其延伸方向要尽量坡度平缓、投资小、修建容易，而河流两岸的平缓地带具有这种特性，因此道路走向和河流走向有较大的相关性,除非道路走向必须越过山地而通达到所需目的地时,才会考虑修建隧道或盘山公路。在旅游资源开发过程中,农用地转为建设用地深刻受到距道路距离的影响,距离道路越近,这种转换的概率就越大;距离越远,转换的概率就越小。

⑤距村庄距离。

在山区,村庄的选址和自然环境有高度的契合度。村庄的分布是长期历史发展过程的产物,但在村庄的形成和发展过程中,自然环境因素是必须考虑的因素。村庄的布局要考虑用水和排水的问题,因此村庄多位于河流附近或沿岸。村庄是以农业人口为主的居民点,出于农业生产的考虑,村庄周围有农田和农用地分布,即农用地主要分布在村庄附近。在农用地转为建设用地的过程中,旅游专业村出于对发展旅游的考虑,也多在原村庄或其周围毗邻地带进行旅游设施建设,因此,距村庄距离成为影响农用地转为建设用地的显著性因子。不少村庄是在原宅基地上对原有房屋进行改造和重建形成农家乐,也有不少农家乐等旅游设施建设在村庄附近的农用地上。

(2)林地转为农用地。

以因变量土地利用转变类型为"林地转为农用地"为1,其他为0,进行Logistic模型分析,可得到表6-10所示的运算结果。结果显示,高程、坡度、距河流距离、距道路距离、距村庄距离、距县城距离、景区发展周期等达到了显著水平。

表6-10 "林地转为农用地"模型运算结果

变量	B	S.E	Wals	df	Sig.	exp(B)
常数	1.610	0.602	7.163	1	0.031	5.005
X_1	-0.027	0.010	7.113	1	0.037	0.974
X_2	-0.108	0.041	7.026	1	0.048	0.897
X_3	0.122	0.188	0.42	1	0.517	1.129
X_4	-0.002	0.001	7.335	1	0.007	0.998
X_5	-0.001	0.004	7.084	1	0.041	1.001
X_6	-0.848	0.312	7.388	1	0.003	2.335
X_7	0.013	0.040	0.107	1	0.744	1.013

续表

变量	B	S.E	Wals	df	Sig.	exp(B)
X_8	-0.007	0.033	7.047	1	0.045	0.993
X_9	0.080	0.550	0.021	1	0.885	1.083
X_{10}	0.054	0.274	0.039	1	0.844	1.055
X_{11}	0.001	0.004	7.052	1	0.045	0.999
X_{12}	-0.104	0.105	0.973	1	0.324	0.902
X_{13}	0.638	0.893	0.511	1	0.475	1.894
X_{14}	0.099	0.184	0.289	1	0.591	1.104

注：模型的 Nagelkerke $R^2=0.689$。

景区内部的林地转为农用地主要是受"农用地转为建设用地"的驱使。在旅游业的发展过程中，由于"农用地转为建设用地"而使农用地大幅度减少，为了弥补农用地的流失，部分适宜的林地转化为了农用地。这些林地多位于河流、道路、村庄的不远处，相对高程较低，坡度较小，因此，距河流距离、距道路距离、距村庄距离、高程、坡度等因子成为林地转为农用地的显著性因子。

距县城距离在林地转为农用地的过程中，也是一个显著性因子。县城作为区域的中心地对旅游资源的开发具有一定的影响。从研究区来看，距离县城较近的景点开发的历史较早、规模较大、程度较高，也相对较为成熟。即距离县城较近的旅游景点由于农用地的流失而在较大程度上使林地转为了农用地。旅游业的发展改善了当地的产业结构，但并没有完全去农业化，保持一定的农用地是当地产业多样化的重要表现。实际上，当旅游业发展较好时，旅游从业人员会有大幅度的上升，但并非所有的原有农业人口全部转化为了第三产业从业人口。况且，有的旅游景点还处于发展过程之中。

景区发展周期对林地转为农用地具有显著影响。景区发展周期表征了景区发展的总体特征，处于发展中的景区和发展比较成熟的景区在旅游用地方面存在较大差异。经过长期的开发，成熟型景区的土地利用转换类型较为复杂和多样，在林地转为农用地方面也表现得较为突出，即景区的成熟型开发导致了部分林地转化成了农用地。其形成机制为农用地减少的补充机制,即随着农用地转为建设用地的过程推进,由于区域产业结构演进的继承性,客观上要求补充部分农用地,以保持当地的经济结构和社会结构的稳定。

(3) 林地转为建设用地。

以因变量土地利用转变类型为"林地转为建设用地"为1,其他为0,进行 Logistic 模型分析,可得到表6-11所示的运算结果。结果显示,高程、坡度、距河流距离、距道路距离、距村庄距离、距县城距离、景区等级等因素达到了显著水平。

表6-11 "林地转为建设用地"模型运算结果

变量	B	S.E	Wals	df	Sig.	exp(B)
常数	-2.452	1.493	2.697	1	0.019	0.086
X_1	-0.19	0.116	2.708	1	0.016	0.827
X_2	-0.078	0.048	2.647	1	0.036	1.081
X_3	0.105	0.196	0.287	1	0.592	1.111
X_4	-0.001	0.001	2.664	1	0.031	1
X_5	-0.001	0.001	2.744	1	0.003	1.001
X_6	-0.712	0.435	2.677	1	0.026	2.039
X_7	0.003	0.04	0.006	1	0.937	1.003
X_8	-0.017	0.010	2.685	1	0.023	1.017
X_9	0.104	0.063	2.731	1	0.008	0.902
X_{10}	-0.083	0.299	0.078	1	0.78	0.92
X_{11}	0.127	1.025	0.015	1	0.902	1.135
X_{12}	-0.033	0.095	0.117	1	0.733	0.968
X_{13}	0.343	0.895	0.147	1	0.701	1.410
X_{14}	0.043	0.217	0.039	1	0.843	1.044

注:模型的 Nagelkerke $R^2 = 0.645$。

林地转为建设用地主要是当景区建设需要有较多的土地供应而农用地不能满足其需求时,直接将林地转化为建设用地。这部分林地一般具有较低的高程、较小的坡度,距离河流、村庄和道路均较近,因此上述因子均达到了显著水平。距离县城越近,旅游景区的开发程度越高,占用的土地越多,因此,该因子达到了显著水平。景区等级标志着景区的经营规模和开发水平,景区等级越高,开发水平越高,占用的土地越多,林地转为建设用地的概率越大。

(4) 林地转为水体用地。

以因变量土地利用转变类型为"林地转为水体用地"为1,其他为0,进行 Logistic 模型分析,可得到表 6-12 所示的运算结果。结果显示,高程、坡度、距河流距离等因素达到了显著水平。

表 6-12 "林地转为水体用地"模型运算结果

变量	B	S.E	Wals	df	Sig.	exp(B)
常数	1.279	0.451	8.033	1	0.022	3.593
X_1	-0.033	0.012	8.017	1	0.024	0.968
X_2	-0.475	0.166	8.181	1	0.004	0.622
X_3	0.004	0.173	0.001	1	0.98	1.004
X_4	0.001	0.003	8.224	1	0.002	1.000
X_5	0.002	0.001	0.022	1	0.882	1.000
X_6	-0.205	1.580	0.017	1	0.897	0.815
X_7	0.024	0.045	0.285	1	0.594	1.024
X_8	-0.037	0.032	1.328	1	0.249	0.964
X_9	-0.082	0.465	0.031	1	0.86	0.921
X_{10}	0.381	0.257	2.192	1	0.139	1.464
X_{11}	0.275	0.629	0.192	1	0.661	1.317
X_{12}	-0.081	0.143	0.319	1	0.572	0.923
X_{13}	0.144	1.079	0.018	1	0.893	1.155
X_{14}	0.208	0.185	1.262	1	0.261	1.232

注:模型的 Nagelkerke $R^2 = 0.724$。

林地转为水体用地主要是人为筑坝形成人工水面。出于造景和恢复自然生态的考虑,一些景区以原河道为中心筑坝形成人工水面,或者是在地势相对较低处蓄水形成人工水面,由此使原来的林地转变为水体用地。因此,高程、坡度和距河流距离等因子达到了显著水平。这种转变虽然在整个自然环境中占比不大,但是在土地利用类型转变中却占有一定份额。

6.3 小结

自然环境、地形地貌、社会经济发展是影响旅游用地空间扩张的主要因素，除此之外，旅游风景区等级、交通道路、城镇发展以及政策等方面也对旅游用地时空变化有重大影响。通常来说，旅游景区等级越高，旅游用地类型也越为复杂多样，用地规模越大。距离交通干线越近，旅游用地面积也越大，增长率也越高，旅游用地增长率和交通距离存在显著的负相关关系。此外，城镇的发展方向和布局对旅游用地发展具有引导和指向作用，而政府的决策和规章制度对旅游用地扩张更具有直接作用。

虽然对土地利用变化驱动力的定量研究有一些成果，但是关于旅游用地变化驱动力的研究成果并不多见。本章利用时间序列的多元线性回归分析模型对该区25年来旅游用地变化的驱动力进行了研究，利用空间抽样和Logistic模型对影响旅游用地变化驱动力进行了定量分析。研究表明，时间序列的多元线性回归分析模型可以较好地解释旅游用地随时间变化的驱动因素，空间Logistic模型可以很好地解释不同旅游用地类型转换的驱动力和影响因素，较好地说明旅游用地类型转换在空间上的特征。

用1991—2015年的旅游用地规模变化指标和人口数量、GDP、恩格尔系数、农民人均纯收入、旅客周转量、道路里程、经济增长速度、城镇人口规模等8个指标进行相关性分析，可以发现恩格尔系数、城镇人口规模、道路里程、人口数量、GDP等指标相关程度很大，说明经济发展和人民生活水平的提高与旅游用地变化紧密相关，也说明经济发展导致的城镇化与旅游用地规模变化相关联，人口总量在一定程度上也与旅游用地变化相关，道路里程作为衡量区域通达性和可进入性的重要指标，与旅游用地规模增长相关程度较大。这意味着经济发展、交通发达对旅游用地变化和旅游业发展具有重要影响。

采用逐步回归方法对人口数量、GDP、恩格尔系数、农民人均纯收入、旅客周转量、道路里程、经济增长速度、城镇人口规模进行分析，最终进入模型的变量为恩格尔系数。旅游用地变化与恩格尔系数显著负相关，恩格尔系数每减少1%，旅游用地面积将增加7.432km^2。旅游业发展和生活水平的关系可见一斑。旅游业发展和旅游用地增加的核心驱动力是人们生活水平的提高，由生活水平决定的潜在客源市场的状况是驱动旅游用地变化的最重要因素。

旅游用地类型的变化主要是人类出于对经济效益的考虑而对土地利用和开发的结果，受诸多方面的影响，本书将其概括为土地的自然属性、区位属性、景区属性和所在乡镇经济社会属性等四类指标14个因子并进行分析。表6-9显示"农用地转为建设用地"主要受高程、坡度、距河流距离、距道路距离和距村庄距离的影响，说明景区开发中的建设用地主要来自对自然条件较好、交通方便、围绕村庄的农用地的利用。表6-10显示"林地转为农用地"主要受高程、坡度、距河流距离、距道路距离、距村庄距离、距县城距离、景区发展周期等因素的影响。景区内部的林地转为农用地主要受"农用地转为建设用地"的驱使，为了弥补农用地的流失，部分适宜的林地转化为了农用地。距县城距离因子的显著性说明区域中心地对旅游景区开发建设具有重要影响。景区的发展周期对土地利用有显著影响，成熟型开发导致了部分林地转化成了农用地。表6-11反映出林地转为建设用地受高程、坡度、距河流距离、距道路距离、距村庄距离、距县城距离、景区等级等因子的显著影响。林地转为建设用地主要是当景区建设需要有较多的土地供应而农用地不能满足其需求时，直接将林地转化为建设用地。这部分林地一般具有较低的高程、较小的坡度，距离河流、村庄和道路均较近，距县城较近。景区等级越高，开发水平越高，占用的土地越多，林地转为建设用地的概率越大。表6-12显示林地转为水体用地主要受高程、坡度、距河流距离等因素的影响，其主要机制是人为筑坝形成人工水面。

7 旅游用地发展预测

综上所述，研究区旅游业在不久的将来会以更快的速度发展，旅游用地也将发生显著变化。依据全县旅游用地的现状和动态变化特征，鉴于旅游业发展特点和相关规划，本部分将针对全县未来旅游用地未来演变趋势进行探讨，主要包括旅游用地总规模、去向及其规模、来源及供给的可能性，后二者即旅游用地"从哪里来，到哪里去"的问题。"从哪里来"是指旅游用地的来源问题，即随着旅游用地的大量增加，旅游用地的扩展会占用到哪些土地利用类型；"到哪里去"是指旅游用地的发展趋势，即旅游用地扩展后究竟被转化为哪些性质或功能的旅游用地，它们的具体用途是什么等。

7.1 旅游用地规模预测

旅游用地规模的变化受到诸多因素的影响，可用多种方法对其增长态势进行预测。

7.1.1 平均增长率预测

根据旅游用地时间序列数据，主要考虑历史时期旅游用地规模变化过程，可对栾川县旅游用地规模进行预测。从 1991 年到 2015 年，旅游用地规模从 2.11km^2 增加到 159.69km^2，年均增长率为 19.75%，平均每年新增旅游用地 11.75km^2，如按照过去 25 年平均增长率推算，到 2025 年，旅游用地总规模将达到 228.33km^2，占全县土地总面积的 8.22%（见表 7-1 中的高方案）。根据目前旅游业发展的趋势，这种总规模实现的可能性还是有的。2015年12月，栾川县被批准成为首批国家级旅游业改革创新先行区，成为河南省唯一入选的地区（人民网，2015）。与此同时还获得了7项政策支持，其中一项就是旅游用地改革。这就意味着政府会加大对全县旅游用地改革的支持力度，会有更多的其他用地类型为旅游业服务，甚至直接转变为旅游用地。

如果考虑到旅游用地发展的时间序列特点，则上述方案的预测值可能偏大。从1991年到2015年，旅游用地的增加并非一个直线增加过程，而是一个平"S"形增加过程，即刚开始增加缓慢，而后增加迅速，后期又增加平缓。根据区域旅游用地的一般发展规律，当用地规模达到一定程度之后，已开发的旅游景区基本上开发完毕，即旅游用地规模接近饱和状态，此时旅游用地的增量将明显缩小。另外，受耕地红线的保护（耕地往往和旅游用地中的建设用地发生冲突），旅游用地的增长也受一定程度的限制。因此，我们又设计了年增长率为5%（见表7-1中的中方案）和2%（见表7-1中的低方案）两个增长方案。其中，中方案到2025年净增40.52 km²，相当于一个大型景区或两个中型景区的面积，这种可能性还是比较大的。

表7-1 栾川县旅游用地增长可能方案

年份	高方案/km²	中方案/km²	低方案/km²
2016	191.06	167.53	162.74
2017	194.88	170.88	166.00
2018	198.78	174.29	169.32
2019	202.75	177.78	172.70
2020	206.81	181.34	176.16
2021	210.95	184.96	179.68
2022	215.16	188.66	183.27
2023	219.47	192.44	186.94
2024	223.86	196.28	190.68
2025	228.33	200.21	194.49

7.1.2 灰色系统预测

灰色数学GM（1,1）模型以小样本、贫信息的不确定信息为研究对象，在预测中对数据的限制较小，预测精度高，同时适合进行长期预测，用累加生成拟合微分方程,符合能量系统的发展演变变化规则。

影响区域旅游用地面积增加的主要因素是旅游景区数量的扩张,而新建旅游景区受许多因素的影响,是一个由多因素构成的复杂系统,面积增加仅是这个系统的一个综合反映。其与系统各因素和各层次存在复杂的关系,很难用定量关系进行准确的描述,但是在区域系统稳定的情况下,可以挖掘历史数据中的有用信息,从而寻求旅游用地增加的变化规律,并建立数量模型,来预测未来的发展趋势。

灰色系统 GM(1,1)预测模型如下(何国华,2008):

设历史时期原始时间序列数据 $X^{(0)}$ 为:

$$X^{(0)} = \{x_1^{(0)}, x_2^{(0)}, \cdots, x_n^{(0)}\}, x_i^{(0)} \geq 0 \tag{7-1}$$

由其形成的一次累加生产数列为:

$$X^{(1)} = \{x_1^{(1)}, x_2^{(1)}, \cdots, x_n^{(1)}\} \tag{7-2}$$

其中:

$$x_t^{(1)} = \sum_{i=1}^{t} x_i^{(0)} = x_{t-1}^{(1)} + x_t^{(0)}, t = 1, 2, \cdots, n \tag{7-3}$$

利用式(7-2)拟合微分方程:

$$\frac{dx^{(1)}}{dt} ax^{(1)} = u \tag{7-4}$$

它的系数向量可利用最小二乘法估计:

$$\hat{a} = (a, u)^T = (B^T B)^{-1} B^T X \tag{7-5}$$

其中,B 和 X 分别为下列矩阵和向量:

$$B = \begin{bmatrix} -1/2[x_1^{(1)} + x_2^{(1)}] & 1 \\ -1/2[x_2^{(1)} + x_3^{(1)}] & 1 \\ \vdots & \vdots \\ -1/2[x_{n-1}^{(1)} + x_n^{(1)}] & 1 \end{bmatrix}, X = \begin{bmatrix} x_2^{(0)} \\ x_3^{(0)} \\ \vdots \\ x_n^{(0)} \end{bmatrix} \tag{7-6}$$

求解方程(7-6),可得到下列时间响应函数:

$$\hat{x}^{(1)}(t+1) = \left[x^{(0)}(1) - \frac{u}{a}\right]e^{-at} + \frac{u}{a} \tag{7-7}$$

式（7-7）的离散形式为：

$$\hat{x}^1_{t+1} = \left[x^{(1)}_{(1)} - \frac{u}{a} \right] e^{-at} + \frac{u}{a} \qquad (7-8)$$

因为序列 $x^{(1)}$ 是 $x^{(0)}$ 的一阶累加序列，根据 $\hat{x}^1_{(t+1)}$ 采用累减计算，能得到 $x^{(0)}$ 的估计值为：

$$\hat{x}^{(0)}_{(t+1)} = \hat{x}^{(1)}_{(t+1)} - \hat{x}^{(1)} \qquad (7-9)$$

其中，$t = 1, 2, \cdots, n$。

具体进行旅游用地预测操作时，为避免原始数据的不规则波动，将原始时间序列数据进行累计叠加，产生新数列，导入 DPS7.05 中进行预测，而后通过相反规则，回归到自然数列。需要说明的是，由于1991—2001年为旅游景区剧烈扩张期，数据突变，GM（1，1）回归结果不理想，因而改用2001—2015年相对平稳的数据进行预测。模型参数 C = 0.2740 很好，P = 1.0000 很好，模型精度等级为1。具体结果如表7-2、表7-3所示。

表7-2 旅游用地 GM（1，1）预测结果

年份	预测结果/km²	年份	预测结果/km²
2016	165.58	2021	175.29
2017	167.48	2022	177.29
2018	169.40	2023	179.33
2019	171.34	2024	181.38
2020	173.30	2025	183.46

表7-3 GM（1，1）模型精度等级

评价指标	精度等级			
	1	2	3	4
C	<0.35	<0.5	<0.65	≥0.65
P	>0.95	>0.8	>0.70	≤0.70

资料来源：何国华（2008）。

7.1.3 线性回归预测

旅游用地的变化是一种复杂的自然和经济过程，受各种因素的影响，旅游用地面积和各因素之间的关系难以确切量化，但它们之间存在一定程

度的关联,这种关系在时间上具有一定的统计意义。随着时间的推移,旅游用地变化呈现出某种规律性,因此可用时间序列线性模型进行预测,以寻找这种不完全确定的变量间的关系,从而用一个变量去估计另一个变量。时间序列的一元线性回归预测方法的基本原理是对历史数据进行拟合直线分析,使用的方法是最小二乘法,基本思想是代表性直线到各观测点的距离最近。

从1991年到2015年,研究区旅游用地经历了一个急剧增加的过程,这种增加主要表现在1991年到1999年,不断新增旅游景区,从而导致景区面积的快速增长,而到2000年以后,这种增长的趋势开始趋于平缓。考虑到数据的平稳性对未来预测的重要性,因此线性回归预测使用的数据主要是2000年以后的数据,而未采用2000年以前的数据。预测结果如表7-4所示。

表7-4 基于线性回归方法的旅游用地预测结果

年份	预测结果/km²	年份	预测结果/km²
2016	167.27	2021	177.63
2017	169.34	2022	179.70
2018	171.41	2023	181.78
2019	173.49	2024	183.85
2020	175.56	2025	185.92

注:调整R^2, D.W. = 1.4453, F = 31.0519, Sig. = 0.0000。

从预测结果可以看出,2020年旅游用地面积为175.56 km²,2025年为185.92 km²,分别比2015年增加15.87 km²和26.23 km²,增加的面积仅相当于一个中型景区的面积。我们认为这种预测结果是比较保守的,未来10年,栾川县增加景区的概率还是比较大的。

7.1.4 预测结果综合分析

上述几种方法给出了不同的预测结果,那么未来的旅游用地的变化将会呈现一种什么样的状态?预测时,应遵循如下原则:第一,根据社会经济发展的一般趋势,较长时间内,旅游用地只会增加而不会减少。第二,根据旅游业发展态势和人民生活水平提高的速度,未来新增旅游景区的概率是比较大的。第三，预测时应充分考虑当地旅游规划尤其是中长期规划因素，因为政府的规划一旦落实，将对旅游用地产生重大的影响，而且规划落实的概率是很大的。第四，旅游用地的增加，受耕地红线约束和区域自然本底适宜用地的限制，旅游用地还有可能和其他用地产生冲突，不可能无止境地增加。第五，旅游用地的增加受创新平"S"形曲线的影响，该曲线表明，一种创新接受者初期增长率较高，但当发展到一定程度时将趋于饱和。

综合上述几种方法的预测结果，考虑到上述原则，可对预测结果进行判断。从上述预测结果看，线性回归和GM（1，1）结果比较接近，且GM（1，1）结果稍低，GM（1，1）可作为综合预测的下限值，增长率预测中的高方案可作为综合预测的上限值，因此可得到表7-5所示的综合预测方案。需要指出的是，综合预测结果中，预测值为一区间值，即从最小可能值至最大可能值。

表7-5 栾川县旅游用地未来10年可能变化态势

年份	预测结果/km²	年份	预测结果/km²
2016	166~191	2021	175~211
2017	167~195	2022	177~215
2018	169~199	2023	179~219
2019	171~203	2024	181~224
2020	173~207	2025	183~228

7.2 旅游用地发展趋势

7.2.1 旅游景区的深度开发建设导致旅游用地大幅度增加

根据相关规划和栾川县旅游发展工作会议精神，未来几年旅游业发展的重点是景区的深度开发。深度开发的主要内容包括：老君山景区山顶环山栈道修建1000m，景区道路扩建6km，铺设污水管网7000m，并积极筹划二级索道的建设；重渡沟景区建设目标为国家5A级景区及国家生态旅游示范区；伏牛山滑雪场景区完成文化体育公园和听雪湖大酒店建设；龙峪湾景区完成宾馆改建、车队组建、道路拓宽等一期工程；养子沟景区实现经营权转让，吸引大量外来资本为景区转型提质、做大做强、深度开发打基础；倒回沟景区完成投资1.3亿元，对景区进行全面升级改造；抱犊寨景区投资0.52亿元，建设东门客栈、北门客栈等3个新景点。这一系列深度开发，将使景区面貌发生根本性变化，当然随之改变的还有旅游用地。随着景区内部交通的改善，基础设施建设的加强，景观景点的建设，度假村、别墅、宾馆、农家乐等接待设施的升级改造，休闲农业用地的扩展，行政管理用房的建设，购物商店的增加，等等，景区建设用地面积将大量增加。同时，作为配套建设措施，景区周边的自然和人文保护区面积将增加，因为作为景区外围的保护区用地通常是衬托景区的大背景，其主要功能是涵养水源、美化环境，在土地利用类型上通常是林地或是园地。

7.2.2 重点旅游项目用地是未来全县旅游用地的重要组成部分

今后几年，栾川县将大力推进一批重点项目的建设，这些重点项目将是该区旅游用地的主要供给单元。这些在建项目如马尔代夫港湾、栾川大峡谷漂流、鸡冠洞夜游项目、杨树坪旅游新村、金牛岭旅游度假区一期工程、旅游景区基础设施升级改造、老君山金顶复建、老君山游客中心、君悦龙浩大酒店；规划建设项目如伏牛山居生态旅游度假区、未央园生态农庄、颐庄酒店、龙峪湾怡景园生态度假村、龙峪湾文化艺术村、栾川县旅游商品会展中心等。仅这些旅游重点项目就增加了约80hm^{2}的建设用地。而另据栾川县"十三五"旅游项目用地规划，到2020年末，全县要建旅游项目共34项，旅游新建项目占地面积达到278.23hm^2，约占全县新增建设面积的24%。未来重点旅游项目用地将是全县旅游用地的重要组成部分。

7.2.3 休闲农业用地将会大幅度增加

将农业与旅游业有机结合的休闲农业近年来发展较快且呈快速发展的态势，由于农业的用地属性，未来休闲农业用地面积将大幅度增加。当地政府鼓励支持各乡镇建设特色各异的生态庄园（农庄），发展特色农家大院，打造"一乡一品"。目前已形成了石庙镇薰衣草庄园、叫河镇桃菊生态庄园、潭头一地金果蔬采摘园、狮子庙镇高山渔村、合峪柳坪生态观光园等一批特色旅游点，"一乡一品"的发展格局初具雏形。庄子村玫瑰庄园入选全国美丽乡村序列。同时，正在建设的生态庄园有赤土店油菜花庄园、合峪柳坪桃李庄园、庙子南沟玫瑰蓝莓庄园、三川彩叶林庄园、潭头中药材产业园、重渡沟猕猴桃酒庄、白土无核柿子产业园等。随着这些农庄的发展和规模的不断扩大，全县将会有更多的农业用地转化为旅游休闲农业用地。

7.2.4 生态景观用地和道路用地将会增加

旅游业中游客的高度流动性和灵活流动性决定了交通在旅游业发展中的地位，旅游业对优美自然环境的高度依赖性决定了生态建设和景观建设的重要性，随着本区旅游业发展的"全景栾川"战略的逐步实施，道路用地和景观用地将会增加。为了实现"处处是景，路路畅通"的"全景栾川"愿景，栾川县规划建设生态景观廊道，主要通过土地流转、生态提升，打造洛栾高速栾川段、S249三邓线县城至狮子庙段、S328庙祖线叫河至三川段、县道潭卢线庙子至潭头段、洛栾快速通道县界至县城段、S328庙祖线县城至叫河段、S322伊卢线潭头至白土段、伊河栾川段等8条生态景观廊道。这意味着在建设交通道路的同时，道路两旁将增加更多的绿化用地，即农用地或林地将转化为交通和景观用地，因为山区道路往往沿河流阶地延伸，道路两侧主要为农田或林地。

7.2.5 其他相关旅游用地数量也将增加

为了推进栾川县旅游业纵深发展和完善旅游业发展格局，该县正在建设两个旅游产业集聚区，将占有较多的土地。其中之一为以县城为中心的旅游产业集聚区，位于县城城区东部，占地面积 $7.6km^2$，主要功能为游客集散、住宿接待、餐饮娱乐、商务会展。《栾川县土地利用总体规划（2010—2020）》中规划建设的第二个产业旅游集聚区为潭头旅游产业集聚区，位于潭头镇，是县域东部的主要旅游集散中心，附近的景区主要有重渡沟、重渡沟漂流、鸭石红豆杉等，规划占地面积 $300hm^2$。

旅游风情小镇是栾川县旅游业发展的重要内容，也将占用较多的土地。栾川县正在建设和规划建设的旅游小镇包括抱犊古寨风情小镇、养子沟休闲养生小镇、鸡冠洞异域风情小镇、石庙滑雪小镇、城关大南沟满族风情小镇、潭头淘金小镇等6个特色鲜明、主题突出的风情小镇。平均每个小镇建设将占用10km²的土地。当然，这些占用的土地可能一部分属于建设或居住用地，而其扩展部分往往则是农用地或林地。

旅游专业村是栾川县新农村建设的重要内容，也是旅游业深入发展的主要途径。通过优美的自然山水、淳朴的民俗风情、干净整洁的村容村貌吸引游客并为游客提供住宿、餐饮等服务，从而带动当地就业，推动农村经济社会发展。这些专业村主要分布在主要景区周围，其定位为服务主景区。正在建设的旅游专业村有25个，主要包括：栾川乡的七里坪村、养子沟村、双堂村、寨沟村，城关镇的大南沟村，石庙镇的观星村、杨树坪村，叫河镇的黎明村、叫河村，三川镇的大红村、火神庙村，狮子庙镇的朱家坪村，陶湾镇的红庙村、协心村、红庙西沟村、唐家庄村，庙子镇的庄子村、卡房村、蒿坪村，重渡沟管委会的重渡沟村、北乡村、仓房村，秋扒乡的鸭石村，合峪镇的柳坪村、杨山村等。平均每个专业村占地面积5km²，同风情小镇类似，其中一部分为既有的建设用地或居住用地，但扩展部分往往是农用地或林地。

休闲农庄用地是生态农业用地复合功能的表现。栾川县生态环境良好，利用良好的农业条件和特殊的地形地貌将开发8个休闲农庄，分别是以庙子镇卡房村为中心形成的玫瑰庄园、金果庄园；以赤土店镇刘竹村、郭店村为依托形成的万亩油菜花园；以合峪镇柳坪村、三里村为依托形成的万亩桃林采摘园；以石庙镇观星村、杨树坪为依托形成的红梨薰衣草农庄；等等。休闲农庄的开发丰富了全县生态休闲农业旅游的发展，但是伴随而来的是休闲农庄所占用的大量土地将会改变农村土地利用结构和模式。

工矿旅游填补了全县工业旅游的空白。栾川县各种金属矿源丰富，矿点众多，矿业开发市场成熟，主要集中在地势较高的西南区域，如冷水镇、陶湾镇、赤土店镇、白土镇以及地势相对较低的潭头镇。计划培育的工矿旅游区集中在冷水镇和赤土店镇两镇相连的盛产钼矿的区域，另外，将在合峪镇康庄村建设一个钼钨工矿科技园区，供游客前来参观游览。工矿旅游的开发可以很好地利用废弃的工矿用地，在其周边恢复生态景观建设，形成成熟的工矿旅游区。

7.3 旅游用地来源分析

随着旅游业的发展，旅游用地需求将会大量增加，这种需求能否得到满足，对旅游业今后的发展是至关重要的，下面对旅游用地来源和供应进行分析。

7.3.1 农用地转化为旅游用地的可能性

根据遥感数据获得的农用地数据和《栾川县土地利用总体规划（2010—2020）》中的农用地数据分析，1991—2015年，栾川县农用地面积虽然呈下降趋势，但变化不大。由于全县地形地貌复杂，农用地面积偏少，加之农用地利用受相关法规的制约，尤其是耕地面积的增减严重受国家耕地红线的制约，目前全县农用地面积为 191.21km²。依据栾川县农用地利用现状和《栾川县土地利用总体规划（2010—2020）》提出的用地规划指标等进行比较分析，全县农用地转化为旅游用地的可能性有以下几种情况：第一，农用地转化为旅游用地的可能性较小。农用地主要是指耕地和园地，受耕地红线的保护，占用耕地就必须要实现占补平衡，而栾川县的耕地和园地数量本身就十分有限，所以转化为旅游用地的可能性不大。《栾川县土地利用总体规划（2010—2020）》提出到2020年末耕地保有量保持在 17368.32hm²，而目前全县耕地仅有 17178.86hm²。第二，目前全县正在加大力度开发乡村旅游，而开发乡村旅游依托的是乡村民俗风情、自然山水风光、休闲农业等，承载的用地类型多是耕地、园地以及农村居民点（农家乐），这种旅游用地模式与农用地达到了复合利用的效果，当然也保障了耕地、园地的用地性质。第三，可能会有很少一部分耕地转化为旅游用地。《栾川县土地利用总体规划（2010—2020）》中提到2020年末新增旅游用地 278.23hm²，旅游项目用地有 66.85hm² 是由耕地转化而来，这就意味着必须由其他的用地类型再转化为耕地，才能实现占补平衡。

7.3.2 林地转化为旅游用地的可能性

林地作为全县主要的用地类型，占地面积最广。25年间，林地面积变化呈现出先增加后减少但又基本保持稳定的趋势，森林覆盖率基本保持在

80%左右,增加的最高点在2001年,主要因退耕还林政策的实施。森林覆盖率较高与研究区地理环境有关,研究区整体海拔较高,山体坡度较大,为避免泥石流或滑坡等自然灾害的发生,必须加强林地保护,涵养水源。全县旅游资源多为自然景观,林地是旅游用地的主要利用类型,在旅游景区内修建道路、建设景观景点、建设接待设施,都势必会对林地造成破坏,因此对其开发利用受到严格的限制,同时破坏林地进行赔偿的成本太高,这也限制了林地转化为旅游建设用地的可能。另外,随着全县生态建设的推进,还需要增加大量的林地、草地等。全县生态规划的目标是使全县森林覆盖率保持在85%以上,因此,林地转化为旅游建设用地只在非常必要时才具有可能性,而且建设时一定要注意集约和复合利用。而森林覆盖率的增加只能主要通过对未利用土地的转变才能实现。

7.3.3 建设用地转化为旅游用地的可能性

根据对遥感数据的判译,本区建设用地198.69km^2,占全县土地资源总面积的7.9%,25年间净增加73.82km^2。建设用地的主要特点之一在于它的不可逆性,所以从这方面考虑建设用地转化为旅游用地的可能性不大。但是,从栾川旅游用地的去向来看,建设用地若能复合利用,也可以间接地转化为旅游用地。如栾川县旅游风情小镇的打造、旅游专业村的打造、旅游生态廊道的打造等都可以利用原有的建设用地,但是扩展用地问题较难解决。风情小镇的建设主要是依托城镇建设用地开展,城镇中的交通道路、宾馆、酒店、绿地、主题公园等都属于建设用地的组成部分,而这些基础道路设施和旅游服务接待设施以及旅游项目设施又都可以为旅游业发展所用,所以城镇上的大部分建设用地也可间接转化为旅游用地。旅游专业村的建设要依托乡村农田、耕地、果园、居民点、乡间道路、休闲广场、自然水域等,而居民点、乡间道路、休闲广场等都是农村建设用地的主要类型,所以如果对这些建设用地进行适当的升级和改造,完全可以为旅游所用。旅游生态廊道的打造主要是依托县内通往各乡镇的交通要道,而通往各乡镇的交通要道本身就是县域基础设施建设的重要组成部分,对它进行旅游生态道路的改造可以说是土地复合利用的表现,既可完善县域"路路通,村村达"的交通网络格局,又满足了旅游发展对增强交通可进入的需求,也间接缓解了旅游用地紧缺的问题。

7.3.4 水体用地转化为旅游用地的可能性

水体用地转化为旅游用地的可能性仅在个别地点存在。目前全县水域面积11.98km^2,占全县总面积的0.48%,在过去的25年里,水域面积变化经历了先减少后增加的过程,这个过程与生态建设和旅游业发展有关。根据全县水域面积的现状和特点,本书认为,全县部分水体用地可以间接地为旅游业所用。如非饮用水源地中的中小水库水面用地及周边的非水面用地都可以用来缓解部分旅游地产或是旅游度假村新增用地的需求。

7.3.5 未利用土地转化为旅游用地的可能性

国务院《关于促进旅游业改革发展的若干意见》(国发〔2014〕31号)明确提出,要"进一步细化利用荒地、荒坡、荒滩、垃圾场等未利用土地对旅游项目用地的支持和保障"。栾川县未利用土地转化为旅游用地的可能性较大,但对未利用土地的利用存在一些困难。根据研究,全县未利用土地面积较大,自然保留地面积达8807.93hm^2,占土地总面积的3.56%,但多为质地较差的荒草地和裸地,区位条件差,地形复杂,土层薄、坡度大,地块破碎,自然限制因素多,开发难度大,尤其是可用于开垦为耕地的土地后备资源少,利用难度较大。这些未利用土地直接转化为旅游用地的可能性较小,但可以进行植树绿化,使其转变为林地,如位于旅游景区内,则可转变为广义的旅游用地。对未利用土地之中的荒地、荒坡、荒滩、垃圾场、废弃矿地、裸土地和裸岩石砾石等,根据土地利用开发复合化、多样化、"精明增长"等原则,应优先考虑进行旅游开发,以破解旅游用地来源受限的困境。

7.4 旅游用地空间扩张预测

从全县旅游用地的发展历程和空间分布看,旅游景区开发经历了零星分布模式—增长极模式—点轴线发展模式,这也完全符合地理学的空间结构发展模式特征。根据未来全县旅游资源开发和空间分布现状,以及对全县旅游业未来发展趋势的预测，全县旅游业开发将会逐渐从点—轴发展模式转变为网络发展模式，所以，预测栾川县旅游用地在空间布局上将会突破现在的"一心一带两区"的格局，逐渐形成"一心一带四区"的大格局，另外，还会形成四个新的增长极，分别是两个旅游产业集聚区（以县城为中心形成的旅游产业集聚区和以潭头镇为中心形成的旅游产业集聚区）和两个工矿旅游区（由冷水镇、赤土店镇、陶湾镇形成的钼矿工业旅游区和以合峪镇康庄村为中心形成的钨钼科技园区）。最终形成由7条交通廊道将13个旅游景区、6个风情小镇、25个特色专业村、8个休闲农庄相互连接，网状分布的旅游用地模式。

7.5 小结

未来，随着旅游业的纵深发展，旅游用地规模将适度增长。根据分析和测算，2020年前，高速增长的势头不可避免，但当用地达到一定规模之后，受土地潜力的限制和自身基本需求得到满足，这种势头可能受到遏制，预计在2025年全县旅游用地面积可达173～207 km^2，这是一个区间值，分别表示最低值和最高值，是通过对几种预测方法综合判断的结果。其后至2025年，可能以较低的增长率增长。今后几年旅游用地的高速增长主要来源于景区的深度开发建设、重点旅游项目建设、休闲农业发展、生态景观建设、旅游通道建设及旅游产业集聚区、旅游城镇及旅游专业村发展等方面。

但是，旅游用地供给不容乐观。受耕地红线的保护，农用地转化为旅游用地的可能性较小，不过乡村旅游的发展可形成对农用地的复合利用，林地转化为旅游建设用地的可能性只有在非常必要时才能出现，建设用地转化为旅游用地的可能性不大，水体用地转化为旅游用地的可能性仅在个别地点存在，未利用土地转化为旅游用地的可能性较大，但其利用存在一些困难，可通过转化置换途径进行解决。总之，今后旅游土地供需矛盾仍较突出，提高土地集约度和复合利用及转化置换将是主要发展方向。综合全县旅游用地发展趋势，预测未来栾川县旅游用地在空间布局上将会突破现在的"一心一带两区"的格局，逐渐形成"一心一带四区"的大格局，并形成新的旅游用地增长极。

8 旅游用地结构优化研究

景区的旅游用地是由不同类型的土地组成的，每类土地都是在历史发展过程中自然形成的，它的存在也是景区整体功能实现的重要前提。结构决定功能，为了能使旅游用地发挥最大和最优的旅游功能，有必要对旅游用地结构进行优化研究。旅游用地结构优化主要包括用地类型的空间结构优化和数量结构优化两部分，本章将从这两个角度进行研究。良好的生态环境是旅游景区发展的物质基础，受到破坏的自然环境不仅不能产生经济效益，同时也对当地居民的生存造成威胁，因此，旅游用地结构优化的核心是生态优化问题。本部分将主要从生态和自然角度分析旅游用地的优化问题。

8.1 旅游用地空间结构优化

旅游景区的开发，主要是在景区范围内合适的地段进行项目建设，因此建设用地布局是景区土地利用的核心问题。理论上，建设用地的规模应该适度，同时其布局应该符合自然法则，即具有生态适宜性。违反生态适宜性的后果：一是破坏环境，影响景区的自然环境和美学特性；二是加大投资，具有经济不合理性。因此，有必要从全县角度认知旅游景区建设用地的生态适宜性，从而为空间结构调整提供参考。本部分首先从生态适宜性评价方面分析旅游建设用地的生态适宜性问题，通过建立生态适宜性评价模型，判定景区建设用地的生态适宜程度，然后根据生态绿当量分析各景区是否达到生态标准，以此为基础进行旅游结构调整和空间优化。

8.1.1 旅游用地生态适宜性评价

旅游用地生态适宜性评价是根据土地的生态适宜性，将旅游用地空间分布划分出不同的等级，依据生态适宜性等级分区图对旅游用地的开发时序、空间布局进行生态优化调控（赵莹雪，2014）。

（1）因子选择。

遵从保护生态环境、自然适宜性、经济合理性、技术可能性、可操作性等原则，考虑到当地的地质、地形地貌、水文、土壤等因素，最终选取高程、坡度、坡向、河流缓冲区、道路缓冲区等5个因素作为评价因子。高程是山地地形生态环境中的重要因子，海拔高度升高使得空气温度随之降低，导致植被分布具有明显的垂直特点，使得整个生态系统也表现出明显的垂直分布。对于人和动物而言，海拔越高的位置空气越稀薄，越不适合居住和活动，所以建设用地的分布会明显随着海拔升高而减少。对于旅游景区而言，海拔较高的位置通常只有少量的游览设施和人文景观出现。坡度是影响土地开发建设的重要限制因子，坡度越大，区域地质稳定性就越差，易发生各种地质灾害，通常不适宜布局过多的建设项目，同时坡度较大的区域对工程的安全技术要求较高，会增加建设成本，是影响建设投资、开发强度的重要因素之一。坡向是局地小气候形成的重要因素，通常南坡能够接受充足的光照和具有较好的通风条件，有利于动植物的生长，所以很多建设项目布局会优先选择南向，或东南向、西南向。在适宜性分析中考虑水的影响，是由于人们的生活离不开水。水体的分布和走向对人们选择住址具有重要作用，此外，水体也是自然风景的重要组成部分，因此距离水景（例如河流）越近越适宜开发。交通因子中的道路分布直接影响交通的便利性，离道路越近的地方，建设适宜性越高。

（2）模型构建。

采用多因素加权求和模型作为生态适宜性评估的评判模型。考虑到本区的实际状况，对高程、坡度、坡向、水域缓冲区、道路缓冲区进行指标适宜程度分级设置。参照《土地评价纲要》（FAO，1976），鉴于研究区的自然特点，考虑到土地生产力差异性准则，以及参考《中华人民共和国水土保持法》（全国人民代表大会常务委员会，2010）中的相关内容等，对比分析后与专家交流，最终确定参评因子分级分值标准和权重系数，见表8-1。各指标均分为5级，其中，1为非常适宜，2为适宜，3为较适宜，4为较不适宜，5为不适宜。

表8-1 生态因子及其影响范围所赋属性值

生态因子	二级因子	分级	适宜状态	权重
地形因子	高程	≤600m	非常适宜	0.2
		600～1000m	适宜	
		1000～1400m	较适宜	
		1400～1800m	较不适宜	
		>1800m	不适宜	
	坡度	0°～10°	非常适宜	0.25
		10°～20°	适宜	
		20°～30°	较适宜	
		30°～40°	较不适宜	
		>40°	不适宜	
	坡向	平地、正南	非常适宜	0.08
		东南、西南	适宜	
		正东、正西	较适宜	
		东北、西北	较不适宜	
		正北	不适宜	
水体因子	水体缓冲区	≤100m	非常适宜	0.2
		100～200m	适宜	
		200～500m	较适宜	
		500～1000m	较不适宜	
		>1000m	不适宜	
道路因子	道路缓冲区	≤500m	非常适宜	0.27
		500～2000m	适宜	
		2000～5000m	较适宜	
		5000～10000m	较不适宜	
		>10000m	不适宜	

(3) 单因子评价。

在 ArcGIS 中，将上述各因子的分级指标进行重分类，可得到各因子的单因子评价结果分布，见图 8-1。

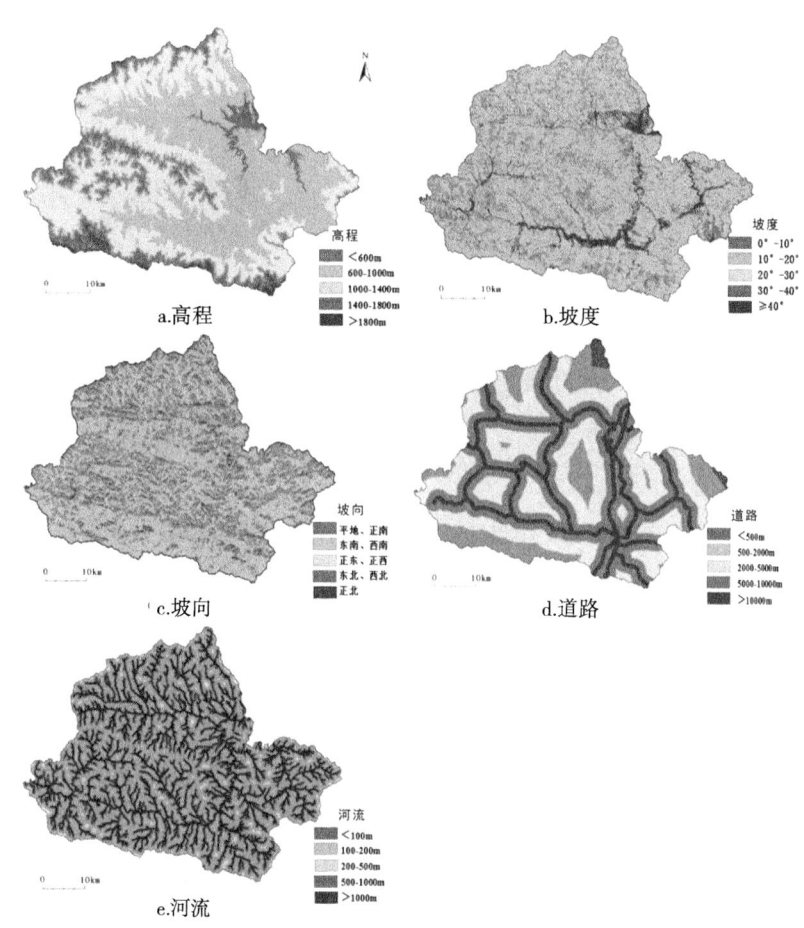

图 8-1 各因子生态适宜性评价

(4) 综合评价结果与分析。

利用 GIS 软件，根据建立的多因素综合评价模型，通过对选取的评价因子进行单因素图加权求和，得出全县土地生态适宜性评价值。评价值在 1.00～4.99 区间变化，可分为五个适宜性等级，分别为：1.00～1.80 为非常适宜用地；1.80~2.60 为适宜用地；2.60~3.40 为较适宜用地；3.40~4.20 为较不适宜用地；4.20~4.99 为不适宜用地。评价结果见图 8-2、表 8-2。

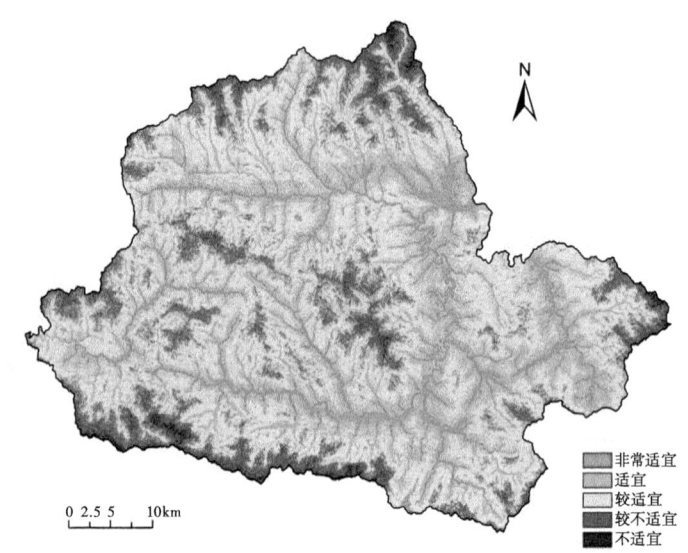

图 8-2　栾川县土地利用综合生态适宜性评价

表 8-2　全县综合生态适宜性分类统计

适宜性分类	区间	面积/km²	占比/%
非常适宜用地	1.00~1.80	297.23	12.00
适宜用地	1.80~2.60	445.84	18.00
较适宜用地	2.60~3.40	1040.29	42.00
较不适宜用地	3.40~4.20	520.15	21.00
不适宜用地	4.20~4.99	173.38	7.00

图 8-2 直观地显示了全县土地的生态适宜性分布情况。评价结果显示，全县被分成五个等级，颜色越绿（浅）的区域表示越适合用作建设用地，颜色越红黄（深）的区域越不适合用作建设用地。对照全县当前土地利用状况，可以看出：非常适宜用地一般分布在高程小于 600 米，坡度小于 10°，坡向在正南和平地两个方位，到河流的距离小于 100 米，到道路的距离小于 500m 的区域，占全县面积的 12%；适宜用地一般分布在高程 600~1000m，坡度 10°~20°，坡向在东南和西南两个方位，到河流的距离

为 100~200m，到道路的距离为 500~2000m 的区域，占全县面积的 18%；较适宜用地一般分布在高程 1000~1400m，坡度 20°~30°，坡向在正东和正西两个方位，到河流的距离为 200~500m，到道路的距离为 2000~5000m 的区域，占全县面积的 42%；较不适宜用地一般分布在高程 1400~1800m，坡度 30°~40°，坡向在东北和西北两个方位，到河流的距离为 500~1000m，到道路的距离为 5000~10000m 的区域，占全县面积的 21%；不适宜用地一般分布在高程 1800~2200m，坡度大于 40°，坡向在正北方位，到河流的距离为大于 1000m，到道路的距离为大于 10000m 的区域，占全县面积的 7%。

未来全县旅游建设用地应该优先布局在生态非常适宜区，其次为适宜区和较适宜区，避免在较不适宜区和不适宜区内布局。结合《栾川县旅游产业发展规划（2005—2020）》，近期内应该优先考虑非常适宜区和适宜区内的景区，首先着手提升和完善"一心一带"，即县城周围和洛卢路沿线的重点旅游建设项目，例如老君山、鸡冠洞、养子沟、蝴蝶谷、伏牛山滑雪场、大峡谷漂流等的提质扩容，以及洛卢路沿线的风情小镇和旅游专业村的基本设施的建设和完善。其次要以东部非常适宜区和适宜区，以及较适宜区为主，开发新的旅游资源和完善现有旅游用地内的基础设施，如重渡沟、九龙山温泉、重渡沟漂流、鸭石红豆杉等。最后考虑西部非常适宜区、适宜区以及较适宜区内的旅游建设项目，并以建设用地为中心，开发新的旅游资源并完善现有的旅游设施，如倒回沟、抱犊寨、大红高山种植园等。

8.1.2 旅游用地空间优化结果

对现已开发的旅游用地，按照生态适宜性分区进行分类开发与优化。将全县综合生态适宜性评价图与 2015 年全县旅游景区用地分布图叠加，得到全县现有旅游建设用地的适宜性分布情况，见图 8-3 和表 8-3。现有旅游建设用地分布在非常适宜区、适宜区、较适宜区、较不适宜区、不适宜区的占比为分别为 5.80%、24.96%、43.49%、24.92%、0.83%。总的来看，较适宜区及以上的占比较高，面积占 74.25%，但仍有较多的旅游建设用地布局在较不适宜区和不适宜区，二者合计占比达到 25.75%，有必要对此进行治理。对于已经布局在生态非适宜区内的旅游建设用地，除保留必需的游览设施、管理服务设施、接待服务设施外，其余违建的人工建筑及设施应该拆除，进行生态修复。

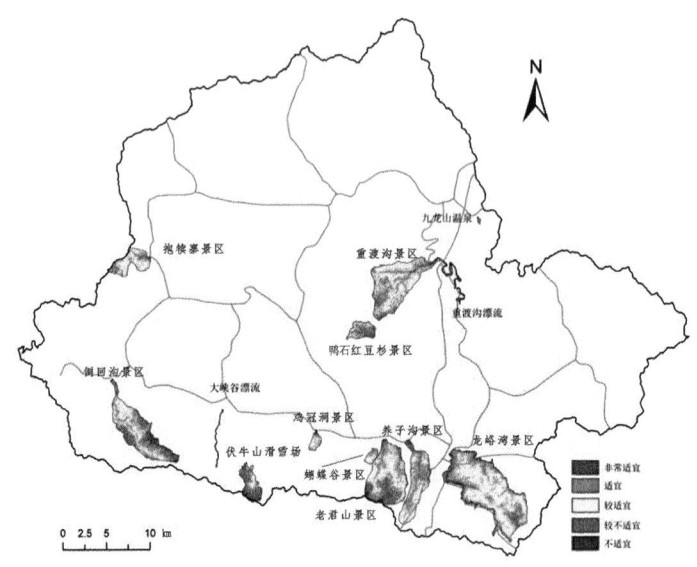

图 8-3　2015 年栾川县旅游建设用地生态适宜性评价

受地形地貌的影响，各个景区在 5 个生态适宜区的面积分布相差很大。比如海拔较高、坡度较大、平地面积较少的几个景区，即老君山、倒回沟、鸭石红豆杉、伏牛山滑雪场等，有较多的建设用地面积在生态较适宜和较不适宜区，而在生态非常适宜区几乎没有任何建设用地分布，在适宜区仅有很少的面积分布，在不适宜区也有部分建设用地分布。而海拔相对较低、坡度较平缓的几个景区，如大峡谷漂流、养子沟、鸡冠洞、九龙山温泉、重渡沟漂流等，有较多的面积分布在生态适宜区和较适宜区，其次分布在非常适宜区，而在较不适宜区和不适宜区鲜有分布。这说明各个景区旅游建设用地的分布明显受地形地貌的影响。

表8-3 各景区旅游用地适宜性分级面积

单位：hm^2

景区	非常适宜	适宜	较适宜	较不适宜	不适宜
蝴蝶谷	2.07	73.60	92.34	3.78	0.00
老君山	52.20	383.68	980.55	787.14	29.61
鸭石红豆杉	0.00	41.14	130.95	288.45	3.42
伏牛山滑雪场	0.00	48.62	121.14	463.14	23.40
大峡谷漂流	12.60	37.08	8.28	0.00	0.00
养子沟	138.96	762.79	621.63	10.44	0.00
龙峪湾	406.98	1245.22	2276.28	572.40	1.62
倒回沟	19.71	242.67	839.52	1085.94	71.37
鸡冠洞	12.69	69.21	95.22	13.95	0.00
九龙山温泉	1.53	16.31	0.18	0.00	0.00
重渡沟漂流	176.04	25.93	1.80	0.00	0.00
抱犊寨	22.86	139.29	493.11	151.92	0.00
重渡沟	85.50	917.64	1314.45	621.18	0.81
合计	931.14	4003.18	6975.45	3998.34	130.23

8.2 旅游用地类型结构优化

8.2.1 旅游用地类型结构优化方法

目前对森林生态服务价值计算有多种方法，如替代工程法、综合费用效益法、造林成本法，以及"绿量相当"的面积计算法，其中"绿量相当"的面积计算法是目前应用较广且较容易量化的一种研究方法。

关于旅游用地类型结构的优化，本章主要引用生态绿当量相关模型来研究，该模型主要通过计算各种旅游用地类型的生态绿当量和基于绿当量的最佳森林覆盖率进行旅游用地各种类型结构的生态优化。绿当量为具有和森林基本相同的生态功能当量，其主体可以是其他绿色植被。简言之，绿当量就是衡量单位面积森林和其他绿色植被生态环境功能强弱的量化值（刘艳芳等，2002）。"绿量相当"的概念包括保证等量的光合作用，合理的布局和足以抵偿原被破坏区域的植被所发挥的生态功能（毛永文，2003）。所以，简单地说，绿当量可以被理解为是其他绿色植被的生态绿量和等量森林面积绿量的比例。

旅游用地是各类旅游资源开发的载体,从探讨研究区旅游用地优化出发,应用系统学与生态学原理,借鉴以往相关研究成果,将生态绿当量的概念引入旅游用地生态系统,使其旅游用地数量和结构得到优化配置。其计算公式(赵莹雪,2014)如下:

(1)各类生态系统的平均生态绿当量。

在全年满种的情况下,我们假设林地的生态绿当量为1,则有:

$$G_i = F_i / F_{林} \tag{8-1}$$

其中,G_i表示第i类生态系统的生态绿当量;F_i表示第i类生态系统的生态服务总值;$F_{林}$表示林地生态系统的生态服务总值。

(2)最佳森林覆盖率。

$$R = (S_z - S_j - S_s - S_w) \, 100\% / S_z \tag{8-2}$$

其中,R表示最合理森林覆盖率;S_z为旅游用地总面积,S_j为旅游建设用地面积;S_s为旅游用地中的水体面积;S_w为旅游用地中的未利用地。

(3)最佳林地覆盖率要求的区域林地面积。

$$S_{林} = S_{总} R_i \tag{8-3}$$

其中,$S_{总}$是指区域总面积,$S_{林}$是指按照最佳林地覆盖率要求的区域林地面积,R_i是指区域最佳林地覆盖率,其对应的绿当量$\overline{X} = 1$。

(4)区域实际林地绿当量。

$$X_{林} = S_{实林} / S_{林} \cdot 100\% \tag{8-4}$$

其中,$X_{林}$指区域实际林地绿当量,$S_{实林}$是指区域实际林地面积。

(5)区域绿当量。

$$X = X_{林} + \sum_{i=1}^{n} \left[S_i \frac{g_i}{S_i} 100\% \right] \tag{8-5}$$

其中,X为全区域绿当量,S_i指的是i类用地面积,g_i为i类用地绿当量,i表示除林地以外的其他用地类型,且$i = 1, 2, 3, \cdots, n$。

(6)X与$\overline{X}$的关系。

$$X \geq \overline{X} \text{ 或是 } X < \overline{X} \tag{8-6}$$

比较两者之间的关系是衡量区域生态是否达标的关键。如果$X \geq \overline{X}$,说明区域内的生态达标；如果 $X<\bar{X}$，那么就需要对其他用地类型进行结构调整，尤其是耕地、草地、建设用地、未利用地等，直至其达标。

从生态学的角度来讲，通常绿色植被都不同程度地发挥着具有和森林相似功能的生态绿化作用，比如耕地、园地、林地、草地及一些未利用地，这些都是具有显性绿当量的用地；还有一些用地类型，比如说水体，它也是含有绿当量的用地，具有调节气候、净化大气、构成景观等功能，但是相对隐性。另外，还有一些不具备绿当量的用地类型，通常包括工商业用地、工矿用地和交通用地（陈希等，2014；赵丹等，2011）。见表8-4。

表8-4 基于生态绿当量的土地重分类

分类	地类名称	合并地类
具有绿当量的用地	农地	水田
	园地	园地
	林地	林地
	草地	牧草地、荒草地
	其他农用地	耕地（除水田）及农用地中其他农用地
	部分未利用地	未利用地中的植被稀疏地、城市其他绿地总和
隐含绿当量的用地	水体	沼泽、苇地、滩涂、坑塘、养殖水面、水库水面等
不具有绿当量的用地	建设用地	商服用地、工矿用地、交通用地、部分未利用地

8.2.2 旅游用地类型结构优化结果

（1）各类绿色植被生态功能作用的分值测算。

具有生态绿当量的各种用地类型，诸如林地、园地、耕地、水体等，它们在生态系统中的环境功能各不相同。日本有专家专门调查了各类生态系统环境功能，结果认为就综合环境功能而言，森林生态系统最高，其次为自然草地、水田、牧草地、园地、普通旱田（毛永文，2003）（见表8-5）。根据研究区内各景区的实际用地现状，确定各景区单位面积生态服务价值当量。其中农用地对应农田，林地对应林地，水域对应水体，考虑到未利用地中大部分都是裸岩和荒滩地，所以将未利用地对应为荒漠，建设用地也对应荒漠。同时在全年满种的前提下，根据研究区旅游用地实际利用情况，得出自然林地的生态环境总分值为174.04，人工林地为164.15，考虑到实际生活中所用的林地通常包含以上两种，所以取两者的平均值169.05为林地环境功能总分值，自然草地为132.26，牧草地为121.84，水田为127.56，普通旱地为113.55，园地为124.53。

表8-5 生态系统的各种环境保护功能评价

功能		自然林地	人工林地	自然草地	牧草地	水田	普通旱地	园地
大气	大气组成改善1	9.45	9.08	6.95	7.40	7.20	6.50	6.30
	大气组成改善2	10.00	9.75	5.13	5.48	5.10	5.10	7.30
	大气净化1	9.13	8.55	5.33	5.33	6.10	5.80	6.58
	大气净化2	8.90	9.63	5.23	5.33	6.50	5.80	6.68
	气候缓和	9.45	9.28	5.23	4.90	6.20	5.40	6.46
	防噪声	9.45	8.75	4.13	3.70	4.10	4.00	5.83
水	洪水防止	9.78	9.56	7.18	6.30	7.80	5.80	5.60
	水源涵养	10.00	9.48	6.85	6.20	7.40	5.30	5.00
	水质净化	9.45	8.65	8.35	6.43	7.30	6.70	5.83
土壤	防止土沙崩溃	9.58	8.95	7.73	7.18	8.13	5.40	7.15
	防止表面侵蚀	9.78	8.85	8.38	7.73	8.75	5.30	6.78
	防止地面下沉	5.83	7.70	6.78	6.20	8.05	5.25	6.10
	污染物净化	8.40	8.18	7.28	7.40	8.00	8.10	6.30
空间	防止发生灾害	9.73	8.75	7.50	7.60	7.90	7.30	7.98
	提供避暑胜地	8.58	8.95	9.25	6.75	7.00	9.50	9.30
	维持景观	10.00	8.45	9.45	7.93	7.40	7.00	7.75
	维持娱乐空间	9.58	8.16	9.45	8.70	3.23	4.70	6.78
生物	生物相保护	10.00	7.83	6.63	5.10	4.90	4.60	5.00
	防止有害动植物	6.95	5.65	5.63	6.18	6.00	6.00	5.83
合计		174.04	164.15	132.26	121.84	127.56	113.55	124.53

资料来源：毛永文（2003）。

（2）各类生态系统的平均生态绿当量。

我国学者谢高地等在Constanza对生态系统服务价值研究的基础上，对中国陆地生态服务系统价值变化进行了系统研究，最后得到中国陆地生态系统单位面积生态服务价值当量表（谢高地等，2008），见表8-6。

表 8-6 中的当量因子是不同类型生态系统服务价值相对于农田粮食生产价值的重要性,即假设农田食物生产的服务价值当量为 1,则相对于农田生产粮食每年获得的利润,生态系统提供的其他生态服务价值的大小(谢高地等,2008)。

表 8-6 中国陆地生态系统单位面积生态服务价值当量

一级类型	二级类型	森林	草地	农田	湿地	水体	荒漠
供给服务	食物生产	0.33	0.43	1.00	0.36	0.53	0.02
	原材料生产	2.98	0.36	0.39	0.24	0.35	0.04
调节服务	气体调节	4.32	1.50	0.72	2.41	0.51	0.06
	气候调节	4.07	1.56	0.97	13.55	2.06	0.13
	水文调节	4.09	1.52	0.77	13.44	18.77	0.07
	废物处理	1.72	1.32	1.39	14.40	14.85	0.26
支持服务	保持土壤	4.02	2.24	1.47	1.99	0.41	0.17
	维持生物多样性	4.51	1.87	1.02	3.69	3.43	0.40
文化服务	美学景观	2.08	0.87	0.17	4.69	4.44	0.24
合 计		28.12	11.67	7.9	54.77	45.35	1.39

资料来源:谢高地等(2008)。

根据《洛阳统计年鉴》,得出 2015 年洛阳市平均粮食产量为 4046kg/hm^2,粮食单价以河南省的平均价格 1.4 元/kg 为标准,考虑到没有人力投入的自然粮食生态系统提供的经济价值是现有单位面积农田提供的食物生产服务经济价值的 0.1237 倍(赵莹雪,2014;赵莹雪、董玉祥,2009),得出栾川县农田自然粮食产量的经济价值约为 700.69 元/hm^2,然后将此数据与表 8-6 中各生态系统服务价值的当量值相乘就得到研究区各类生态系统单位面积服务价值,继而得到各生态类型层级形式的服务价值系数,见表 8-7。

表 8-7 2015 年栾川县生态系统服务价值系数

单位:元/($hm^2 \cdot a$)

一级分类	二级分类	三级分类	农用地	林地	水体	未利用地
供给服务	生活资料	食物生产	700.69	231.23	371.37	14.01
	生产资料	原材料生产	273.27	2088.06	245.24	28.02

续表

一级分类	二级分类	三级分类	农用地	林地	水体	未利用地
调节服务	气体调节	CO_2固定和释放氧气	504.49	3026.98	357.35	42.04
	气候调节	净化大气环境	679.66	2851.81	1443.42	91.09
	水文调节	水源涵养	539.53	2865.82	13151.95	49.05
	废物处理	废物吸收和降解	973.95	1205.19	10405.25	182.18
支持服务	土壤环境	保持土壤	1030.01	2816.77	287.28	119.12
	物种保护	维持物种多样性	714.70	3160.11	2403.37	280.27
文化服务	休闲、游憩	休闲娱乐、游憩度假	119.11	1457.44	3111.06	168.16
合计			5535.45	19703.40	31776.29	19703.40

结合表8-6和表8-7，由式（8-1）可得到在全年满种的情况下，各类型的生态系统生态绿当量为：农用地0.29、水体1.61、未利用地0.05、建设用地0.05。实际上，由于各地区的地质地貌、水文土壤、气候等的不同，以及人们生活习惯的不同，许多地区的作物生长并不能达到全年满种，尤其是北方地区，气候寒冷，通常为冬小麦、夏玉米的一年两熟轮作模式。针对一年两熟的地区，通常认为其相当于全年满种生长系数的0.67（刘艳芳等，2002），见表8-8。用以上各类生态系统绿当量乘以该系数可得到研究区农用地生态绿当量为0.20、水体为1.08、未利用地为0.03、建设用地为0.03。

表8-8 热带、亚热带地区耕地和草地全年平均绿当量系数

土地利用	基数	一年两熟	一年三熟
相对于全年满种的生长期系数		0.67	0.83
水田	0.77	0.50	0.62
旱地	0.68	0.42	0.52
自然草地	0.76	0.51	0.63
牧草地	0.73	0.49	0.61

资料来源：刘艳芳等（2002）。

(3) 确定最佳森林覆盖率。

参考以往关于合理森林覆盖率的研究，发现大部分人把最合理森林覆盖率等同于区域总面积除去不可能恢复为森林的地类面积与区域总面积的比率（倪琳等，2008）。通常情况下，不能恢复为林地的用地类型主要是

指居民点、工矿用地、水域、基础设施用地及部分未利用地。针对研究区内旅游用地的各类用地特征，如景区内有一定面积滩涂和水体，考虑到此两种用地类型的生态绿当量大于林地，在旅游用地的结构优化中应尽可能保持其原有土地利用类型；同时研究区中有一定量未利用地，主要是裸岩和河滩地，其改变为林地的可能性较小。此外，还要考虑调控的目标是要保留必要的旅游建设用地。

根据式（8-2），可得到研究区最佳森林覆盖率，见表8-9，从中可以看出整个县域的旅游用地最佳森林覆盖率为95.84%，比实际森林覆盖率（94.83%）高出1.01个百分点，两者相差不大，说明整个区域林地面积开拓空间不大。几个高级别景区的最佳森林覆盖率都在90%甚至95%以上，比如重渡沟、养子沟、龙峪湾、老君山、倒回沟等都在95%以上，都与实际森林覆盖率相差不大；而在90%以下的几个景区中，除了九龙山温泉（84.82%），两个漂流景区的最佳森林覆盖率甚至低于60%，而这三个景区都属于观光体验类项目，所以景区内的林地覆盖率较低。

表8-9 栾川县各景区最佳森林覆盖率及绿当量

研究区域	实际森林覆盖率/%	最佳森林覆盖率/%	最佳林地面积/km²	实际林地绿当量/%	整个区域绿当量/%	X与$\overline{X}$的关系
重渡沟	97.84	97.89	2877.57	99.94	99.91	<
养子沟	95.18	96.12	1474.36	99.02	99.45	<
龙峪湾	95.94	97.17	4375.12	98.72	99.45	<
老君山	96.69	96.99	2165.97	99.68	100.03	>
九龙山温泉	84.42	84.82	16.04	100	100.53	>
鸡冠洞	90.06	91.84	175.48	98.12	99.31	<
伏牛山滑雪场	92.75	90.85	539.07	99.96	100.98	>
蝴蝶谷	87.12	89.45	149.83	99.88	100.38	>
鸭石红豆杉	98.51	97.51	457.03	100	100.05	>
倒回沟	96.55	97.91	2212.07	98.59	99.11	<
抱犊寨	91.76	93.61	755.68	97.98	105.34	>
大峡谷漂流	50.66	58.64	33.99	86.37	110.79	>
重渡沟漂流	29.76	29.76	60.65	48.41	253	>
均值	94.83	95.84	15292.91	99.12	100.52	>

(4) 区域实际林地绿当量。

根据式（8-4），可得到研究区各区域2015年旅游用地实际林地的绿当量，见表8-9。所有景区中有2个景区的实际林地绿当量刚好为100，有9个景区的实际林地绿当量非常接近100，都在97以上，仅有2个漂流项目的实际林地绿当量较低一些，分别为86.37和48.41。

(5) 区域旅游用地绿当量。

根据式（8-5），可得到研究区各区域2015年旅游用地的绿当量（见表8-9）。整个区域的绿当量为100.52，可以说是略微大于$\bar{X}$。研究区13个旅游景区中，有8个景区的绿当量大于100，其中绿当量最高的当属两个漂流景区，分别为110.79和253。这是因为这两个漂流类景区是以水体为主要景观类型，水体用地的大量分布直接影响了整个景区的绿当量。另外还有5个景区的绿当量在99~100，说明这5个景区的绿当量暂时还没有达标。

地形地貌特征在很大程度上决定了研究区内各旅游景区用地及整个区域旅游用地的绿当量结构形态。由前文可知，旅游用地海拔在600m以下的面积占9.83%，坡度在10°以下的面积占12.98%，说明在高程上90.17%的面积都分布在海拔较高的区域，而这些区域多是中山和高山；在坡度上其余的77.02%均是坡度较大的陡坡和险坡。在这种海拔较高、坡度较大的自然环境中，只能生长灌木丛和林木，这也就决定了林地是旅游用地中的最主要用地类型。整个研究区旅游用地结构中，林地占旅游用地总面积平均达到93%，而水体由于受高程的影响，面积较小，仅有0.99%。所以整个区域内旅游用地绿当量基本上是达标的，虽然整个区域的水体面积较小，但是林地是绿当量最主要的构成部分，所以对整个区域的生态绿当量影响不大。对于两个以漂流为主的景区来说，由于有足够的水体作支撑，其绿当量远大于其他景区。

不同开发主题旅游用地模式也是影响区域旅游用地生态绿当量的重要因素。众所周知，在所有的土地利用类型中，林地、水体两类用地的生态服务价值系数偏高，对食物生产、气候调节、水文调节、水土保持、废物净化能力、景观美化等作用很大，通过对研究区13个景区生态绿当量进行对比可以发现，景区内的林地或水体面积越大，该景区内生态绿当量也越高。而且度假型景区（重渡沟、养子沟、龙峪湾、倒回沟等）的生态绿当量明显要低于观光体验类景区（九龙山温泉、大峡谷漂流、重渡沟漂流），因为度假型景区需要开发大量的建设用地作为商服用地，而观光体验类景区则对建设用地的需求没有那么高。从上一章分析中我们可以看出，20多年来，随着景区的不断开发，各个景区的建设用地都有不同程度的增长，而这些建设用地的来源多是生态服务功能价值相对较高的林地、滩涂、荒山、耕地和园地。这些用地类型的减少必然会导致相应的生态服务功能价值减小。由此可以看出，研究区内各景区的土地利用变化与整个区域生态绿当量有必然联系（见图8-4）。景区开发的一般模式是旅游开发导致土地利用"旅游化"，土地的利用结构和功能结构发生改变和调整，其开始为旅游服务。随着游客量的不断增加，相关配套的基础设施和接待设施增加，生态环境开始改变，生态服务功能也开始改变。

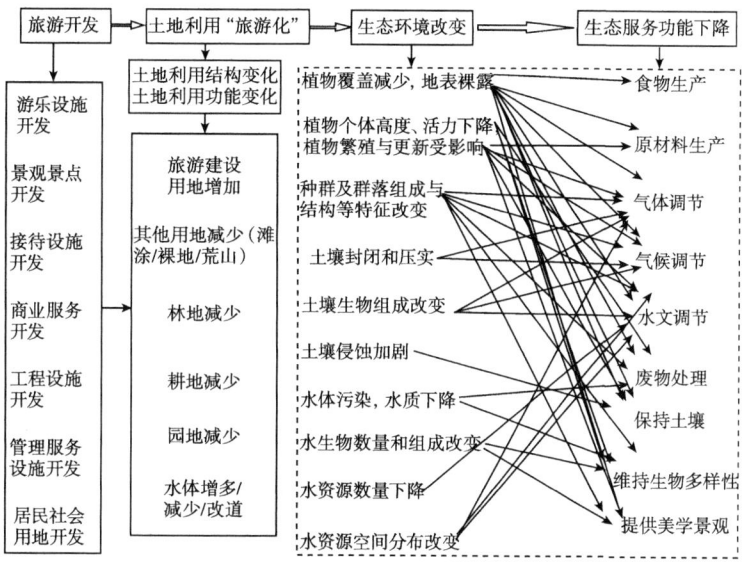

图8-4 旅游景区土地利用变化对生态绿当量的影响
资料来源：根据赵莹雪（2014）改编。

(6) X 与 $\bar{X}$ 的大小对比。

这一步是衡量区域旅游用地生态是否达标的关键，若 $X \geqslant \bar{X}$，则达标；若 $X < \bar{X}$，则需对林地、农用地、水体用地、建设用地等的结构进行调整，使其最终达到研究区旅游用地的生态标准。

从整个区域来看，全县旅游用地的绿当量大于 1（见表 8-9），说明全县旅游用地的生态结构基本上是达标的，整个旅游用地生态系统是良性可持续的，这是因为整个县域内旅游用地中林地是最主要的构成部分，占比达 90% 以上，这对整个区域内的绿当量提高非常重要。但是通过对单个景区进行对比分析发现，也有部分景区的旅游用地绿当量小于 1，如养子沟景区、龙峪湾景区、鸡冠洞景区、倒回沟景区，说明这些景区的旅游用地生态结构不达标，需要进一步调整土地利用结构，而这些不达标的景区多为休闲度假型景区。近年来，为了满足旅游市场的需求，这些景区内增加了大量的商服用地和餐饮、住宿用地，使建设用地短时间大幅度增加，结果破坏了旅游用地中的森林系统，使林地面积减少，导致整个景区内绿当量下降。但是以休闲观光和运动体验为特点的景区，其绿当量基本上是达标的，如老君山景区、九龙山温泉景区、蝴蝶谷景区、鸭石红豆杉景区、抱犊寨景区，以及两个漂流类项目。这说明整个区域的绿当量是否达标与景区类型有很大关系，在达标的几个景区中，除了两个漂流景区是以漂流体验为主的景区外，其他几个景区都是以林地为主的自然景观景区，景区内有大片的林地，所以单位面积上林地的生态服务价值较高。重渡沟漂流景区虽然面积不大，景区内用地类型也并非以林地为主，整个景区内的绿当量却远高于其他景区，之所以出现这样的结果，是因为景区内主要用地类型为水体，水体的生态绿当量又高于其他用地类型，所以使得该景区的单位面积生态服务价值高于其他 12 个景区。

对于绿当量没有达标的几个景区，要调整林地、农用地、建设用地的面积，直至各个景区的旅游用地的绿当量 $X \geqslant \bar{X}$。为了使其达标，主要可采取以下两种措施：第一，适当减少建设用地的面积。2015 年研究区旅游建设用地面积占旅游用地的 0.68%，是除旅游林地以外的第二大类旅游用地类型，远远高于其他旅游用地类型的比重。因此，可以把部分建设用地作为主要调整对象，尤其是分布在生态非适宜区的建设用地，要尽量拆除以恢复林地，比如一些超标、违规建筑，可以考虑拆除，以保证景区生态环境良性发展。第二，适当退耕还林。由于是山地型景观，各个景区内能被利用的农用地数量非常有限，要在保证景区内农用地满足当地居民需求的情况下，考虑将旅游景区内部大部分荒废或不易耕种的农用地调整为林地。如果还是不能达标，可考虑将景区内未利用地中相对易植树造林的土地调整为林地。而水体的生态绿当量值较高且具有较高的美学价值，是要尽可能保留的用地类型。

（7）旅游用地结构优化结果与分析。

根据以上综合分析，13个景区中有5个景区没有达到生态用地标准，需要进行结构优化使其达到生态标准，而已经达到标准的几个景区没有必要进行结构优化（见表8-10）。经过结构调整以后，各景区均可以达到生态标准。

表8-10　栾川县生态绿当量未达标景区旅游用地结构优化

景区	利用类型	现状 面积/hm²	现状 比重/%	优化后 面积/hm²	优化后 比重/%	变化 比重/%
重渡沟	林地	2876.08	97.84	2878.81	97.93	+0.09
重渡沟	农用地	0.09	0.09	0.09	0.09	0
重渡沟	建设用地	48.66	1.65	45.75	1.56	-0.09
养子沟	林地	1459.96	95.18	1470.40	95.87	+0.69
养子沟	农用地	14.40	0.94	14.40	0.94	0
养子沟	建设用地	48.22	3.14	37.78	2.46	-0.68
龙峪湾	林地	4319.23	95.93	4344.23	96.48	+0.55
龙峪湾	农用地	55.89	1.24	50.89	1.13	-0.11
龙峪湾	建设用地	92.12	2.05	72.12	1.60	-0.45
鸡冠洞	林地	172.03	90.04	173.53	90.82	+0.78
鸡冠洞	农用地	3.45	1.81	3.45	1.81	0
鸡冠洞	建设用地	8.41	4.40	6.91	3.62	-0.78
倒回沟	林地	2181.22	96.55	2201.22	97.43	+0.88
倒回沟	农用地	30.85	1.37	15.85	0.70	-0.67
倒回沟	建设用地	34.85	1.54	29.85	1.32	-0.22

重渡沟景区需要将生态不适宜区的全部建设用地（0.81hm²）和生态较不适宜区的部分建设用地（2.10hm²）调整为林地。考虑到整个景区内农用地偏少、当地居民多的现状，农用地保持不变。减少的建设用地主要是建在生态不适宜区的游乐项目、餐厅及宾馆类大型服务设施。养子沟景区旅游用地优化后，林地共增加10.44hm²，而增加的林地主要来源于建设用地，这些建设用地主要是处于生态较不适宜区的家庭宾馆和餐饮设施。

8.3 旅游用地结构优化结果

根据土地利用结构优化后的数据，结合旅游用地现状分布图和旅游景区土地适宜性评价图等，借助Arcgis平台，进行空间分布优化，并考虑当地实际进行适当的调整，从而实现土地利用数量结构和空间结构的统一，得到2020年栾川县旅游用地结构优化图（调整期设定为5年）（见图8-5）。从图8-5中可以看出，优化后林地增加的部分主要来源于建设用地。要坚决

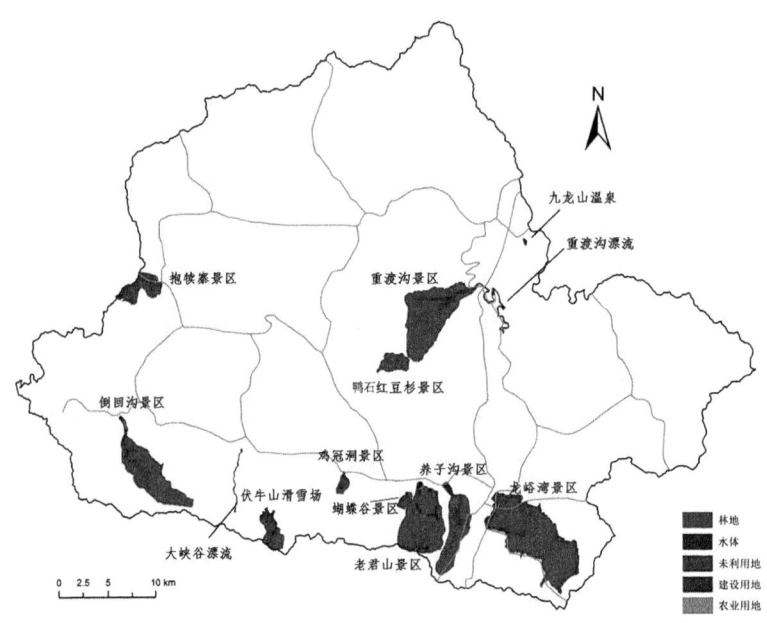

图8-5 研究区旅游用地生态优化结果

保护基本农田，减少建设用地对绿色植被用地的占用，从而提高整个区域的生态效益。

8.4 小结

根据生态适宜性，本章首先选取了高程、坡度、坡向、河流缓冲区和道路缓冲区等5个因子对栾川县土地进行适宜性评价，在此基础上进行旅游景区用地的适宜性评价。由于各因子对不同用途的土地产生的影响不同，因此分别赋予不同的权重，采用的方法为层次分析法。然后采用指数加和法和限制因子法，对栾川县进行适宜性评价，根据综合评价结果，得到栾川县综合性适宜评价图和2015年栾川县已开发旅游用地评价图。由评价图可知栾川县各种不同适宜用地的空间分布和已开发景区适宜用地的空间分布。总的来看，各景区建设用地分布在非常适宜区、适宜区、较适宜区的面积占多数，但仍有一部分建设用地分布在较不适宜区、不适宜区，需要优化调整。同时，由于各景区开发历史、地形地貌、旅游产品类型等的不同，各景区的适宜性分级和面积也具有不同的特点，因此其优化的途径也存在较大差异。本章对研究区土地适宜性进行评价的目的在于为研究区的土地利用结构优化提供科学依据。

同时，通过引入"生态绿当量"概念，建立生态绿当量模型，从生态优化角度进行分析，将定性与定量相结合，将数量优化与空间优化相结合，然后对研究区内各景区旅游用地结构进行探讨。研究发现，全县旅游用地的绿当量大于1，说明全县旅游用地的生态结构基本上是达标的，整个旅游用地生态系统是良性可持续的。这是因为林地是研究区旅游用地中的最主要的用地类型，而这些林地多分布在海拔较高、坡度较大的地貌形态区域。因此，地形地貌特征在很大程度上决定了研究区内各旅游景区用地及整个区域旅游用地的绿当量结构形态。但是对单个景区进行对比发现，有部分景区旅游用地绿当量小于1，说明该景区的旅游用地生态结构不达标，需要进一步调整土地利用结构，而这些不达标的景区多为休闲度假型景区。说明区域旅游用地生态绿当量的大小也受旅游用地模式的影响，即与景区开发主题和模式有关。

最后利用ArcGIS平台，并结合当地实际进行适当的调整，优化的主要途径是减少建设用地面积，将其转化为林地，从而实现了土地利用数量结构和空间结构的有效统一。这种从微尺度和小地域角度进行的分析，达到了真正意义上的旅游用地最优化，有助于实现可持续发展目标。

9　结语

9.1　主要结论

山地作为陆地生态系统的重要组成部分，在区域生态安全中扮演着重要角色，山地丰富的自然资源在社会经济发展中发挥着重要作用。我国作为一个多山国家，山地旅游用地在我国土地资源中占有重要地位，同时，我国土地资源短缺，特别是在城市化快速发展的背景下，土地资源供需矛盾日益凸显。旅游业的高速发展和土地资源的紧缺构成了旅游业发展的基本矛盾，山地旅游业发展中的生态环境问题也逐渐凸显。如何正确认识旅游业开发过程中土地利用变化的现状、演变过程和形成机理，并对其进行优化调整，是摆在学者们面前的重要议题。栾川县为典型的深山区县，近年来，旅游业得到较快发展，其成功的山地旅游发展被誉为"栾川模式"，成为中部地区县域旅游业发展的楷模。本书借助1991年、2001年、2011年和2015年4期遥感影像，通过GIS技术和实地调研等方法，分析了研究区旅游用地的现状、演变、影响因素和优化调整，得到如下结论：

（1）山地旅游用地的自然分布表现出与所在地区基底地形的协同现象，经济分布具有中心性、交通依赖性的特点，用地类型复杂度与景区等级和开发主题有关。

受研究区地形的限制和景区性质的影响，旅游用地随高程、坡度和坡向的分布表现出与所在地区基底地形的协同现象。在高程方面，景区旅游用地表现出平均高程较高，且与地形高程同步的特征。其中，海拔600~1400m和海拔1400~1800m的低山和中山面积比重占绝对优势，高程分布呈现"纺锤体"结构。在坡度方面，旅游用地主要集中于10°～30°的缓坡和斜坡，其次为陡坡，随着坡度的增加，旅游用地总面积呈现出先增加后减少的趋势。旅游用地结构的坡度分布与用地性质有关。其中，林地面积在各个坡度段均有分布，但主要集中分布在10°～40°的范围内，建设用地主要集中于0°～20°的平坡和缓坡范围内，农用地也主要分布于0°～20°区域，水体用地主要分布于0°～10°区域，未利用地主要分布于20°～40°区域。在坡向方面，旅游用地的坡向分布主要受制于旅游景区的山地位置，不同级别山地的走向控制着景区用地的坡向分配，但不同的用地类型具有一定的坡向敏感性。栾川县旅游用地面积较大的坡向分别为西南坡向和西北坡向，其次是东坡、东北坡、北坡坡向，在西坡和无坡向分布较少。其中，林地由于为该县的主导用地，且森林具有较强的适应性，因此各坡向分布较为分散；由于作物需要进行光合作用，农用地多分布在东南、南、西南三个坡向；建设用地对坡度有较高要求，而对坡向不敏感；水体用地主要受高度和地貌的影响，与坡向也无明显关系；坡向对未利用地的分布也无较大影响。

中心性和交通依赖性是山地旅游用地在空间开发过程中形成的重要特征。县城作为县域的中心地，对旅游景区的开发顺序和开发程度产生了重要影响，县城周围的景区多为开发历史悠久或开发层次较高的景区，而距离县城较远的景区则开发历史较短或开发层次较低。由于旅游对交通的高度依赖性，旅游景区的分布与交通干线分布相吻合，洛卢路、洛栾高速、旧祖路、三邓路等公路干道，成为旅游景区布局的主要区位。此外，从目前来看，旅游业和矿业空间冲突现象十分明显，表明在当前状态下，矿业和旅游业的融合十分困难。

景区旅游用地的复杂度在不同的景区具有不同的特点，主要取决于景区开发主题和景区等级，景区级别越高，景区配套设施越齐全，景区服务功能越综合，用地类型就越多。不同的旅游产品，对应不同的旅游用地类型和不同的复杂度。休闲度假型景区，建设用地比例明显高于其他景区且土地类型复杂度较高，原因是该类型景区需要大量的接待设施满足游客住宿、餐饮、休闲、度假等较多方面需求。观光型景区，其建设用地主要以游览设施为主，服务接待型用地较少，土地利用类型较为简单。漂流景区主要以水体用地为主，用地类型较为单一。

（2）随着景区开发深度的提高，旅游用地类型呈现非自然化态势，建设用地和景观用地增加显著，建设用地空间扩张遵循"中心—外围"模式和条带状延展规律，不同类型旅游用地随高程、坡度、坡向发生了对人类有利的变化。

25年来，案例区旅游用地的数量剧增。旅游景区数量由2个增加到13个，旅游用地面积由 $2.11km^2$ 扩张到 $159.69km^2$，增加74.68倍，景区数量和旅游用地面积均增长明显。随着旅游景区的不断完善和发展，景区内的土地已经完全被"旅游化"。

随着旅游景区服务功能的逐渐完善，旅游用地类型发生了较大变化。转化方向主要是林地转化为建设用地、农用地，未利用地转化为水域用地，农用地、未利用地等类型转化为建设用地。核心变化是建设用地、景观用地大量增加，表明了人类对自然环境的改造和影响。

旅游建设用地的空间扩张遵循"中心—外围"模式和条带状延展规律。在空间形态方面，随着时间的推移，各景区旅游建设用地在平面维度上都有所扩张，但是扩张速度及差异较大，级别较高的景区和距离主要城镇较近的景区扩张速度较快。各景区建设用地基本上遵循"中心—外围"模式，以原有村落为中心向外扩张，其中由于受地形的限制，河流和道路在谷底几乎平行延伸，呈条带状展开，从而使建设用地分布在道路和河流的两侧。景区用地功能也由原来的居住生产生活单一功能，逐渐向旅游导向的多元化功能发展。

随着旅游景区的开发建设，旅游用地类型随高程、坡度、坡向发生了对人类有利的变化。在高程变化方面，林地在高程上的变化最小，各期均主要集中在1000~1800m的区域范围内。农用地变化明显，主要趋势为平均海拔高度增加。建设用地面积占比在较低海拔地区有较大增加，水体用地在低海拔区域面积有所集中。在坡度变化方面，林地的坡度分布变化较小，农用地的坡度变化主要体现在较小坡度农用地的减少和较大坡度农用地的增加，建设用地在较小坡度地段集中分布的趋势明显，水体用地主要是向地势平坦地段集中，未利用地的分布坡度有所增大。在坡向变化方面，林地的坡向变化很小，农用地面积在偏南坡向有所增加，虽然单体建筑考虑坡向分布，但整体上建设用地的增加与坡向关系不大，水体用地变化也与坡向无关，未利用地在偏北坡向上的分布有所增加。

上述这些变化是人为开发景区、建设旅游设施和景观美化的结果。人类总是选择自然有利、投入较经济的开发方式，低海拔、小坡度成为人类开发的重点地区。

（3）旅游用地扩张受自然因素、社会经济因素和制度政策等的综合影响，其中经济发展引致的生活水平提高是旅游用地规模扩张的重要原因。

旅游用地扩张依托于本地的自然资源和地理环境，地形地貌直接影响着旅游用地发展的方向和态势，河流及其走向影响着旅游景区建设用地的布局，气候影响着体感舒适度，植被成为构景的重要因素。人口增加引发的生产性需求和生活性需求是导致旅游用地增加的主要因素，人们对经济利益的诉求是旅游用地增加的直接动因。旅游景区等级决定着旅游用地的复杂度和用地规模，交通区位决定着景区的可进入性和景区的发展等级，改变着土地级差地租，从而影响着旅游用地的变化。县城作为区域的旅游集散地和旅游中心，承担着与旅游相关的诸多功能，影响着景区开发时序和开发深度，进而影响旅游用地的类型变化和数量扩张。旅游景区生命周期对建设用地具有阶段性要求，导致旅游建设用地增量的倒"U"形变化规律。景区开发主题和景区旅游产品类型主导着旅游用地开发结构，成为决定景区旅游用地规模和旅游用地类型的主导因素。制度和政策因素是旅游土地利用变化的导向因子，直接影响着土地利用类型的转化。

采用 25 年纵向时间序列数据的相关分析结果表明，恩格尔系数、城镇人口规模、道路里程、人口数量、GDP 等指标与旅游用地面积高度相关，说明经济发展和人民生活水平的提高与旅游用地变化紧密相关，也表明城镇化水平、交通通达度、人口总量对旅游用地增加产生了重要影响。采用逐步回归方法对人口数量、GDP、恩格尔系数、农民人均纯收入、旅客周转量、道路里程、经济增长速度、城镇人口规模和旅游用地面积的相关性进行分析，结果表明，恩格尔系数是唯一显著性因子，恩格尔系数每减少

1%，旅游用地面积将增加 7.432km²，旅游业发展和生活水平的关系可见一斑。旅游业发展和旅游用地增加的核心驱动力是人们生活水平的提高，由生活水平决定的潜在客源市场的状况是驱动旅游用地变化的最重要因素。

（4）旅游用地类型转化是人类在经济诉求驱动下对土地进行开发的结果，受土地自然属性、区位属性、景区属性和所在乡镇经济社会属性等的影响，不同的用地类型转化具有不同的显著性影响因子和演变机理。

旅游用地类型的变化主要是人类出于对经济效益的考虑而对土地利用和开发的结果，受到诸多方面的影响，本书将其概括为土地的自然属性、区位属性、景区属性和所在乡镇经济社会属性等四类指标14个因子。分析结果表明，"农用地转为建设用地"主要受高程、坡度、距河流距离、距道路距离和距村庄距离的影响，说明景区开发中的建设用地主要来自对自然条件较好、交通方便、围绕村庄的农用地的利用。"林地转为农用地"主要受高程、坡度、距河流距离、距道路距离、距村庄距离、距县城距离、景区发展周期等因素的影响。景区内部的"林地转为农用地"主要受"农用地转为建设用地"的驱使，为了弥补农用地的流失，部分适宜的林地转化为了农用地。距县城距离因子的显著性说明区域中心地对旅游景区开发建设具有重要影响。景区的发展周期对土地利用有显著影响，成熟型开发导致了部分林地转化成了农用地。"林地转为建设用地"受高程、坡度、距河流距离、距道路距离、距村庄距离、距县城距离、景区等级等因子的显著影响。林地转为建设用地主要是当景区建设需要有较多的土地供应而农用地不能满足其需求时，直接将林地转化为建设用地。这部分林地一般具有较低的高程、较小的坡度，距离河流、村庄和道路均较近，距县城较近。景区等级越高，开发水平越高，占用的土地越多，林地转为建设用地的概率越大。"林地转为水体用地"主要受高程、坡度、距河流距离等因素的影响，其主要机制是人为筑坝形成人工水面。

（5）随着旅游业的纵深发展，旅游用地规模将适度扩大，但旅游用地供给不容乐观，提高景区旅游土地集约度、复合利用及转化置换将是今后满足旅游用地需求的主要发展方向。

根据综合预测方法，未来10年旅游用地规模将适度扩大，2025年旅游用地规模有望达到183~228km^2。未来旅游用地的高速增长主要来源于景区的深度开发建设、景区边界的扩大、重大旅游项目的建设、休闲农业的发展、生态景观的建设、旅游通道的建设及旅游产业集聚区、旅游城镇及旅游专业村发展等方面。根据旅游资源后备情况，也不排除新建旅游景区的可能性。尤其是作为区域发展的重要支柱产业，"全景栾川"战略的实施，将产生更大的旅游用地需求。

但是，旅游用地供给不容乐观。受耕地红线的限制，农用地转化为旅游用地的可能性较小，不过乡村旅游的发展可形成对农用地的复合利用，林地转化为旅游建设用地的可能性只有在非常必要时才能出现，建设用地转化为旅游用地的可能性不大，水体用地转化为旅游用地的可能性仅在个别地点存在，未利用土地转化为旅游用地的可能性较大，但其利用存在一些困难，可通过转化置换途径予以解决。今后旅游土地供需矛盾仍较突出，提高土地集约度和复合利用及转化置换将是主要发展方向。综合全县旅游用地发展趋势，预测未来栾川县旅游用地在空间布局上将会突破现在的"一心一带两区"的格局，逐渐形成"一心一带四区"的大格局，并形成新的旅游用地增长极。

（6）空间生态适宜性评价是旅游建设用地布局和优化的基础，生态绿当量评估结果可用于旅游用地生态优化类型结构，调整景区内"不适宜"和"较不适宜"区域的建设用地和减少主要包括休闲度假型景区在内的建设用地面积是旅游用地生态优化的主要途径。

高程、坡度、坡向、河流缓冲区和道路缓冲区等可作为建设用地生态适宜性评价的主要影响因子，多因素综合评价模型可作为生态适宜性评价的基本方法，以此评价结果来优化旅游建设用地具有科学依据。评价结果显示，目前旅游建设用地虽然大部分分布于生态较适宜区及以上，但仍有26.23%的建设用地分布于"较不适宜"区及以下，需要优化调整。对于这些已经布局在生态非适宜区内的旅游建设用地，除保留必需的游览设施、管理服务设施、接待服务设施外，其余违建的人工建筑及设施应该拆除，进行生态修复。

生态绿当量模型研究结果表明，全域旅游用地的生态绿当量大于1，说明整体上栾川县旅游景区生态环境良好，生态系统是可持续的。该县长久以来对旅游业发展和生态环境的重视，是生态绿当量达标的主要因素，多山的地形、适宜的气候也对该县良好生态环境的保持起了较大作用。此外，旅游用地全局生态绿当量的空间结构还受到地形、高程、坡度等的制约和影响。但是，有部分景区旅游用地的生态绿当量由于过度开发而导致未达到标准，需要进行优化调整，优化的主要途径是调整部分建设用地为林地，其次为调整少量农用地为林地。由于各景区生态环境现状不同，调整结构和调整额度也存在差异。另外，需要说明的是，生态绿当量不达标景区主要为休闲度假型景区，该类景区由于人工设施过多，从而导致生态系统受到一定程度的破坏，该类景区为优化调整的重点。

9.2 创新点

国内外关于山地旅游用地的研究主要是对某一具体景区的分析，对某区域多个景区的研究则很少见，在研究视角上，也缺乏从山地高程、坡向、坡度等自然地理方面的研究，在优化方面定量分析的不多，在驱动力分析方面也存在定量分析不足的问题。本书尝试从多维视角（时间维度—空间维度—垂直梯度）研究山地旅游用地变化，推动土地变化研究向着更广泛的领域深入；从微尺度和小地域角度进行分析，实现旅游用地空间可视化表达，实现可持续发展目标；将豫西旅游业发达且旅游用地面积较大的山地县域作为案例区来研究，弥补案例区研究上的空白，对旅游用地时空变化的驱动因素进行定量研究，并对旅游用地结构进行优化。本书的主要创新点如下：

第一，从多维视角（时间维度—空间维度—垂直梯度）研究山地旅游用地变化，推动土地变化研究向着更广泛的领域深入。

第二，从微尺度和小地域角度进行分析，对研究对象进行深入细致的剖析，有利于山地旅游用地研究的精细化。

第三，以13个景区作为基本研究单元，将全县作为整体进行研究，克服了仅研究个别景区的局限性，丰富了山地旅游用地的研究视角。

9.3　讨论、研究不足与进一步的研究计划

本书所使用的遥感数据为1991年、2001年、2011年和2015年4期数据，最后一期时间间隔较短且和前几个时期的时间间隔不一致，对于本书来说，如能获得均匀分割的时间截面遥感数据更好，但客观现实难以改变，这对一些问题的深入分析或分析的方便程度可能产生了一定的影响。但是，这4期的数据也基本上反映了研究区旅游业发展的总体概况。鉴于旅游业高速发展的趋势，若能获取从旅游开发至今每年的遥感影像，将是最理想的，数据分析也可以以年为时间单位进行。

按照学术界目前的通用做法，旅游用地仅限于旅游景区用地，但实际上，其范围远不止于此。对于本研究区而言，除了研究所使用的13个景区数据外，旅游用地的外延还很广，例如，县城中的酒店、宾馆、农家乐、商场、购物中心、广场等；又如，除了景区外的其他乡镇或区域的农家乐、酒店、商店等，还有分布于整个县域的交通用地，这些交通通道，特别是交通干线，往往就是旅游通道，但这些设施和通道并非专用资产，仅是可用作旅游而已。如能将这些非专用性的旅游设施的用地也并入或部分并入旅游用地，将对实际的旅游用地研究很有意义，但具体操作时，从目前的研究现状来看，还很难考虑这部分用地。下一步，可考虑以一个较小区域为例，把外延型的旅游用地考虑进去，进行整体分析和研究。

本书把栾川县13个景区的土地利用作为一个整体进行了系统的分析，但未能进一步深入更深的层面进行旅游用地的分析，如深入农户、企业层面。下一步，将从农户角度或企业角度研究旅游用地问题。例如，基于农户角度，分析景区内农户利用自身土地，如宅基地、承包地、承包林地、草地等，开展旅游业经营情况。又如，基于企业角度，分析如何在景区开发中获得土地或土地使用权、如何与农户合作、如何进行景区土地利用和开发、如何既保护生态又高效利用土地等。若能深入这个层次，那么本书的研究将更具系统性和完整性。

参考文献

[1] Aagesen D. rights to land and resources in Argentina's Alerces National Park[J]. Bulletin of Latin American Research,2000,19(4):547-569.

[2] Agarwai S. Restructuring seaside tourism: The resort lifecycle [J]. Annals of Tourism Research,2002,29(2):25-55.

[3] Allan N. J. R. Accessibility and altitudinal zonation models of mountains[J]. Mountain Research and Development,1986,6(3):185-194.

[4] Arturo S. G. , Daily G. C. , Pfaff A. S. P. , et al. Integrity and isolation of Costa Rica's National Parks and biological reserves: Examining the dynamics of land-cover change [J]. Biological Conservation,2003,109(1):123-135.

[5] Atik M. ,Altan T. ,Artar M. Land use changes in relation to coastal tourism developments in Turkish Mediterranean [J]. Polish Journal of Environmental Studies,2010,19(1):21-33.

[6] Bäck L. ,Jonasson C. The Kiruna-Narvik road and its impact on the environment and on recreational Land Use[J]. Ambio,1998,27(4):345-350.

[7] Banko G. ,Elena R. ,Wrbka T. , et al. Comparative analysis of tourism influence on landscape structure in Mallorca using remote sensing and socio-economic data since the 50s [M]//Advances in Forest Inventory for Sustainable Forest Management and Biodiversity Monitoring. Springer Netherlands,2003:245-263.

[8] Baron J. S. ,Theobald D. M. ,Fagre D. B. Management of land use conflicts in the United States Rocky Mountains [J]. Mountain Research and Development,2000,20(1):24-27.

[9] Bartels L. E. Contested land in loliondo: The eastern border of the Serengeti National

Park between conservation, hunting tourism, and pastoralism[M]//Land Use Competition. Springer International Publishing,New Yook:2016:149-164.

[10]Bashir S. ,Goswami S. Tourism induced challenges in municipal solid waste management in hill towns: Case of pahalgam[J]. Procedia Environmental Sciences,2016(35): 77-89.

[11]Beniston M. Mountain environments in changing climates [M]. London: Routledge, 1994:3-10.

[12]Boavida-Portugal I. ,Rocha J. ,Ferreira C. Exploring the impacts of future tourism development on land use/cover changes[J]. Applied Geography,2016(77):82-91.

[13] Boori M. S. , Voženílek V. , Choudhary K. Land use/cover disturbance due to tourism in Jeseníky Mountain, Czech Republic: A remote sensing and GIS based approach[J]. The Egyptian Journal of Remote Sensing and Space science,2015,18(1):17-26.

[14]Butler R. W. The concept of a tourist area cycle of evolution:Implications for management of resources[J]. The Canadian Geographer/Le Géographe canadien,1980,24(1): 5-12.

[15]Cernusca A. ,Tappeiner U. ,Bayfield N. Land-use changes in European mountain ecosystems. ECOMONT-concepts and results [M]. Berlin: Blackwell,1999:225-234.

[16]Chaplin J. ,Brabyn L. Using remote sensing and GIS to investigate the impacts of tourism on forest cover in the Annapurna Conservation Area, Nepal [J]. Applied Geography, 2013(43):159-168.

[17]Christaller W. Some considerations of tourism locations in Europe: The peripheral regions underdeveloped countries recreation areas [J]. Regional Science Association Papers, 1963,12(4):95-105.

[18]Cooper C. ,Fletcher J. ,Gilbertand D. ,et al. Tourism principles and practice [M]. London: Pitman Publishing,1993.

[19]Ding Y. ,Lu H. Activity participation as a mediating variable to analyze the effect of land use on travel behavior: A structural equation modeling approach [J]. Journal of Transport Geography,2016(52):23-28.

[20]Donella H. Meadows D. L. ,Meadows J. R. ,et al. The limits to growth: A report for the Club of Rome's Project on the predicament of mankind[M]. New York: Universe Books,1972:205.

[21] Dong R., Yu L., Liu G. Impact of tourism development on land-cover change in a matriarchal community in the Lugu Lake Area [J]. The International Journal of Sustainable Development and World Ecology, 2008, 15(1): 28-35.

[22] Douglas G. P. Tourism and urban land use change: Assessing the impact of Christchurch's tourist tramway [J]. Tourism & Hospitality Research, 2001, 3(2): 132.

[23] Essex S. J. Woodland planning in the peak district national park, UK: Formulation and implementation of a land use policy [J]. Land Use Policy, 1990, 7(3): 243-256.

[24] FAO. Global forest resources assessment 2015 [DB/OL]. http://www.uncclearn.org/sites/default/files/inventory/a-i4793e.pdf, 2015-06-01/2016-10-03.

[25] Fleury S. Karst land use regulation in rural settings [M]//Fleury S. Land use policy and practice on Karst terrains. New York: Springer, 2009: 91-119.

[26] Garcia C. V., Woodard P. M., Titus S. J., et al. A logit model for predicting the daily occurrence of human caused forest-fires [J]. International Journal of Wildland Fire, 1995, 5(2): 101-111.

[27] Gaughan A. E., Binford M. W., Southworth J. Tourism, forest conversion, and land transformations in the Angkor Basin, Cambodia [J]. Applied Geography, 2009, 29(2): 212-223.

[28] Geach B. G. S. The Addo Elephant National Park as a model of sustainable land use through ecotourism [J]. Policy, 2016(50): 4-19.

[29] Gilruth P. T., Hutchinson C. F., Barry B. Assessing deforestation in the Guinea Highlands of West Africa using remote sensing [J]. Photogrammetric Engineering & Remote Sensing, 1990, 56(10): 1375-1382.

[30] Hadwen W. L., Arthington A. H., Mosisch T. D. The impact of tourism on dune lakes on Fraser Island, Australia [J]. Lakes & Reservoirs: Research & Management, 2003, 8(1): 15-26.

[31] Hamilton A. C., Perrott R. A. A study of altitudinal zonation in the montane forest belt of Mt. Elgon, Kenya/Uganda [J]. Plant Ecology, 1981, 45(2): 107-125.

[32] Herbin J. Mass tourism and problems of tourism planning in french Mountains [M]//Ashworth G. J., Dietvorst A. G. J. Transformation: Implication for Policy and Planning. Wallingford: Cab International, 1995: 93-105.

[33] Hoefle S. W. Multi-functionality, juxtaposition and conflict in the central Amazon: Will tourism contribute to rural livelihoods and save the rainforest? [J]. Journal of Rural Studies, 2016(44):24-36.

[34] Hoogesteger M. The effect of trampling on vegetation at four cottages in Torne Lapland, northern Sweden [J]. Rep Kevo Subarct Res Stn, 1984(19):25-34.

[35] Hosmer D. W., Lemeshow S. Applied regression analysis [M]. New York: Wiley, 1989.

[36] Hovinen G. Revisiting the destination lifecycle model [J]. Annals of Tourism Research, 2002, 29(5):209-230.

[37] Jones D. A., Hansen A. J., Bly K., et al. Monitoring land use and cover around parks: A conceptual approach [J]. Remote Sensing of Environment, 2009, 113(7): 1346-1356.

[38] Kangas K., Tolvanen A., Tarvainen O., et al. A method for assessing ecological values to reconcile multiple land use needs [J]. Ecology and Society, 2016, 21(3):5-25.

[39] Kaswanto. Land suitability for agrotourism through Agriculture, Tourism, Beautification and Amenity (ATBA) method [J]. Procedia Environmental Sciences, 2015(24):35-38.

[40] Kelly C. L., Pickering C. M., Buckley R. C. Impacts of tourism on threatened plant taxa and communities in Australia [J]. Ecological Management & Restoration, 2003, 4(1): 37-44.

[41] Körner C., Spehn E. Mountain biodiversity—A global assessment [M]. London: Parthenon Publishing, 2002:3-6.

[42] Kurniawan F., Adrianto L., Dietriech G., et al. Patterns of landscape change on small islands: A case of Gili Matra Islands, Marine Tourism Park, Indonesia [J]. Procedia - Social and Behavioral Sciences, 2016(227):553-559.

[43] Kuvan Y. Mass tourism development and deforestation in Turkey [J]. Anatolia, 2010, 21(1):155-168.

[44] Kuvan Y. The use of forests for the purpose of tourism: The case of Belek Tourism Center in Turkey[J]. Journal of Environmental Management, 2005, 75(3):263-274.

[45] Lasanta T., Laguna M., Vicente-Serrano S. M. Do tourism-based Ski resorts contribute to the Homogeneous development of the Mediterranean mountains? A case study in the central Spanish Pyrenees[J]. Tourism Management, 2007, 28(5):1326-1339.

[46]Li W. ,Zhang Q. ,Liu C. ,et al. Tourism's impacts on natural resources: A positive case from China [J]. Environmental Management,2006,38(4):572-579.

[47]Liu D. ,Zheng X. ,Zhang C. ,et al. A new temporal-spatial dynamics method of simulating land-use change [J]. Ecological Modeling,2017,350(24):1-10.

[48]Liu S. ,Li J. ,Zhang B. Research on ecological land change of Wudangshan special zone based on Markov Process [C]//Advanced Computational Intelligence (ICACI),2012 IEEE Fifth International Conference on,2012:59-63.

[49]Madan S. ,Rawat L. The impacts of tourism on the environment of Mussoorie,Garhwal Himalaya,India [J]. Environmentalist,2000,20(3):249-255.

[50]Maddala G. S. Introduction to econometrics [M]. New York: Macmillan,1988.

[51]Mäkitie T. ,Ylisirniö A. Conflicting discourses in tourism development[M]//Müller D. K. ,Lundmark L. ,Lemelin R. H. ,et al. New Issues in Polar Tourism. Netherlands: Springer,2013:163-176.

[52]Malmivaara M. ,Löfström I. ,Vanha-Majamaa I. Anthropogenic effects on understorey vegetation in Myrtillus type urban forests in southern Finland [J]. Growth,2002(36): 367-381.

[53]Martin F. Price Dr. Patterns of the development of tourism in mountain environments [J]. GeoJournal,1992,27(1):87-96.

[54]Marzuki A. ,Masron T. ,Ismail N. Land use changes analysis for Pantai Chenang, Langkawi using spatial patch analysis technique in relation to coastal tourism [J]. Tourism Planning & Development,2016,13(2): 154-167.

[55]Mwalusepo S. ,Muli E. ,Faki A. ,et al. Land use and land cover data changes in Indian Ocean Islands: Case study of Unguja in Zanzibar Island [J]. Data in Brief,2017(11): 117-121.

[56]Nakajima K. ,Nansai K. ,Matsubae K. ,et al. Global land-use change hidden behind nickel consumption [J]. Science of the Total Environment,2017(586): 730-737.

[57]Narumalani S. ,Jensen J. R. ,Althausen J. D. ,et al. Aquatic macrophyte modeling using GIS and multiple logistic re-gression [J]. Photogrammetric Engineering & Remote Sensing,1997,63(1):41-49.

[58]Nelson G. ,Serafin R. ,Skibicki A. ,et al. Land use and decision-making for national parks and protected areas [J]. NATO ASI Series,1997(40):43-63.

[59] Nepal S. K. Tourism in protected areas: The Nepalese Himalaya [J]. Annals of Tourism Research, 2000, 27(3): 661-681.

[60] Parolo G., Ferrarini A., Rossi G. Optimization of tourism impacts within protected areas by means of genetic algorithms [J]. Ecological Modelling, 2009, 220(8): 1138-1147.

[61] Pereira J., Itami R. GIS-based habitat modeling using logistic multiple regression – A study of the Mt. Graham red squirrel [J]. Photogrammetric Engineering and Remote Sensing, 1991, 57(11): 1475-1486.

[62] Pickering C. M., Harrington J., Worboys G. Environmental impacts of tourism on the Australian Alps protected areas: Judgments of protected area managers [J]. Mountain Research and Development, 2003, 23(3): 247-254.

[63] Pignatti S. Impact of tourism on the mountain landscape of central Italy [J]. Landscape and Urban Planning, 1993, 24(1): 49-53.

[64] Plog S. Why destination areas rise and fall in popularity: An update of a cornell quarterly classic [J]. The Cornell Hotel and Restaurant Administration Quarterly, 2001, 42(3): 13-24.

[65] Region S. M. Tourism attractions and land use interactions [DB/OL]. http://www.diva-portal.org/smash/get/diva2:25986/FULLTEXT01.pdf, 2006-02-05/2014-05-09.

[66] Sani N. A., Kafaky S. B., Pukkala T., et al. Integrated use of GIS, remote sensing and multi-criteria decision analysis to assess ecological land suitability in multi-functional forestry [J]. Journal of Forestry Research, 2016, 27(5): 1127-1135.

[67] Saremba J., Gill A. Value conflicts in mountain park settings [J]. Annals of Tourism Research, 1991, 18(3): 455-472.

[68] Selman P. Tourism and the environment: A case study from Turkey [J]. Environmentalist, 1991, 11(2): 113-129.

[69] Shui W., Xu G. Analysis of the influential factors for changes to land use in China's Xingwen Global Geopark against a tourism development background [J]. Geocarto International, 2016, 31(1): 22-41.

[70] Singh R. B., Mal S., Kala C. P. Community responses to mountain tourism: A case in Bhyundar Valley, Indian Himalaya [J]. Journal of Mountain Science, 2009, 6(4): 394-404.

[71] Sitarz D. Agenda 21: The earth summit strategy to save our planet [M]. New York: Boulder, 1993.

[72] Sprugel D. G., Bormann F. H. Natural disturbance and the steady state in high-altitude balsam fir forests [J]. Science, 1981(211): 390-393.

[73] Stan K. D., Sanchez-Azofeifa A. The Edmonton-Calgary corridor: Simulating future land cover change under potential government intervention [J]. Land Use Policy, 2017(63): 356-368.

[74] Stansfield C. Atlantic city and the resort cycle background to the legalization of gambling [J]. Annals of Tourism Research, 1978(5): 238-251.

[75] Stephen F. The analysis of crosscl assfied categorical data (2nd ed.) [M]. Cambridge: MIT Press, 1985.

[76] Stokes M. A., Davis C. S., Koch G. G. Categorical data analysis using the SAS system [M]. Cary, NC: SAS Institute Inc, 1995.

[77] Sun D., M. J. Liddle. A survey of trampling effects on vegetation and soil in eight tropical and subtropical sites [J]. Environmental Management, 1993(17): 495-510.

[78] Sun D., Walsh D. Review of studies on environmental impacts of recreation and tourism in Australia [J]. Journal of Environmental Management, 1998, 53(4): 323-338.

[79] Terkenli T. Tourism and landscape [M]//Lew A., Hall C. M., Williams A. M. A companion to tourism. Oxford: Blackwell Companions, 2004: 339-348.

[80] Tolvanen A., Forbes B., Rytkonen K., et al. Regeneration of dominant plants after short-term pedestrian trampling in sub-arctic plant communities [C]//Wielgolaski F. E. Nordic mountain birch ecosystems. UNESCO, Paris, and Parthenon, New York, 2001: 361-370.

[81] Tolvanen A., Forbes B., Wall S., et al. Recreation at tree line and interactions with other land-use activities [M]//In: Plant Ecology, Herbivory, and Human Impact in Nordic Mountain Birch Forests. Berlin: Springer Berlin Heidelberg, 2005: 203-217.

[82] Tomczyk A. M. A GIS assessment and modeling of environmental sensitivity of recreational trails: The case of Gorce National park, poland [J]. Applied Geography, 2011, 31(1): 339-351.

[83] Tooman A. Applications of the lifecycle model in tourism [J]. Annals of Tourism Research, 1997, 24(6): 214-234.

[84] Tyrväinen L. , Uusitalo M. , Silvennoinen H. , et al. Towards sustainable growth in Nature – based tourism destinations: Clients' views of land use options in finnish lapland[J]. Landscape and Urban Planning, 2014(122):1 – 15.

[85] Vijay R. , Kushwaha V. K. , Chaudhury A . S. , et al. Assessment of tourism impact on land use/land cover and natural slope in Manali, India: A geospatial analysis [J]. Environmental Earth Sciences, 2016, 75(1): 20.

[86] Wielgolaski F. E. Twenty – two years of plant recovery after severe trampling by man through five years in three vegetation types at Hardangervidda [J]. NTNU Vitensk Mus Rapp Bot Ser, 1998(4):26 – 29.

[87] Wu B. Formation and spatial structure of ReBAM: A case study of Shanghai City [R]. Zhuhai: The International Conference on Urban Tourism, 1999.

[88] Yi H. , Güneralp B. , Anthony M. , et al. Impacts of land change on ecosystem services in the San Antonio River Basin, Texas, from 1984 to 2010 [J]. Ecological Economics, 2017 (135):125 – 135.

[89] Zhang J. T. , Xiang C. , Li M. Integrative Ecological Sensitivity (IES) applied to assessment of eco – tourism impact on forest vegetation landscape: A case from the Baihua Mountain Reserve of Beijing, China [J]. Ecological Indicators, 2012(18): 365 – 370.

[90] Card T. Geoecology of the high mountain regions of Asia [M]. Steiner, Wiesbaden, 1972.

[91] Luckman B. , Kavanagh T. Impact of climate fluctuations on mountain environments in the Canadian Rockies[J]. Ambio: A Journal of the Human Environment, 2000, 29(7): 371 – 380.

[92] Lundgren J. On access to recreational lands in dynamic metropolitan hinterlands [J]. Tourist Review, 1974(29):124 – 131.

[93] Mitchell R. E. , Reid D. G. Community integration: Island tourism in Peru [J]. Annals of Tourism Research, 2001, 28(1): 113 – 139.

[94] Pickering C. M. , Hill W. Impacts of recreation and tourism on plant biodiversity and vegetation in protected areas in Australia [J]. Journal of Environmental Management, 2007, 85 (4): 791 – 800.

[95] Plog S. Why destination areas rise and fall in popularity: An update of a Cornell Quarterly classic [J]. The Cornell Hotel and Restaurant Administration Quarterly, 2001, 42

(3):13-24.

[96]Zhao J. Z., Li Y., Wang D. Y., et al. Tourism-induced deforestation outside Changbai Mountain Biosphere Reserve, northeast China[J]. Annals of Forest Science, 2011, 68(5):935-941.

[97]艾少伟,陈肖飞,魏明杰. 河南省县域经济实力时空差异研究[J]. 地域研究与开发,2012,31(2):32-36.

[98]保继刚,楚义芳. 旅游地理学[M]. 北京:高等教育出版社,1999.

[99]毕宝德. 土地经济学(第三版)[M]. 北京:中国人民大学出版社,2000:117.

[100]毕宝德. 土地经济学[M]. 北京:中国人民大学出版社,1991:139.

[101]薄广涛,牛志君,郭义强,等. 冀西北间山盆地区土地利用变化地形梯度效应——以河北省怀来县为例[J]. 水土保持研究,2017,24(1):226-231.

[102]查爱苹. 旅游地生命周期理论的深入探讨[J]. 社会科学家,2003,99(1):31-35.

[103]陈百明,张凤荣. 中国土地可持续利用指标体系的理论与方法[J]. 自然资源学报,2001,16(3):197-203.

[104]陈百明. 试论中国土地利用和土地覆被变化及其人类驱动力研究[J]. 自然资源,1997(2):31-36.

[105]陈利顶,傅伯杰. 黄河三角洲地区人类活动对景观结构的影响分析[J]. 生态学报,1996,16(4):337-340.

[106]陈利顶,杨爽,冯晓明. 土地利用变化的梯度特征与空间扩展:以北京市海淀区和延庆县为例[J]. 地理研究,2008,27(6):1225-1234.

[107]陈希,王克林,李林. 基于生态绿当量的土地利用结构优化——以岳麓山风景名胜区为例[J]. 农业现代化研究,2014,35(6):775-779.

[108]陈妍,乔飞,江磊. 基于InVEST模型的土地利用格局变化对区域尺度生境质量的影响研究[J]. 北京大学学报(自然科学版),2016,52(3):553-562.

[109]陈影,张利,何玲,等. 基于多模型结合的土地利用结构多情境优化模拟[J]. 生态学报,2016,36(17):5391-5400.

[110]陈志刚. 风景名胜城市土地利用动态变化及与旅游发展的互动机理研究——以广西壮族自治区阳朔县为例[J]. 资源科学,2010,32(10):1972-1978.

[111]崔素莹. 少数民族地区旅游规划中的土地利用问题浅析——以富源县水族旅游文化区为例[J]. 广西财经学院学报,2011,24(6):115-118.

[112]党兴强,郑岩,邵志杰,等.旅游活动对植被环境影响研究以及开发对策——以原山国家森林公园为例[J].山东林业科技,2012,42(5):67-70.

[113]丁健,保继刚.特类喀斯特洞穴旅游生命周期探讨——以云南建水燕子洞为例[J].中国岩溶,2000,19(3):289-294.

[114]杜彩云,谭留洋,彭卫民.旅游开发地的农民土地问题研究——以湖南省张家界为例[J].经济研究导刊,2009(1):55-56.

[115]FAO.土地评价纲要[Z].罗马,1976.

[116]方精云,沈泽昊,崔海亭.试论山地的生态特征及山地生态学的研究内容[J].生物多样性,2004,12(1):10-19.

[117]封铁英,王毅敏,段兴民.企业资本结构及其影响因素的关系研究——多元线性回归模型与神经网络模型的比较与应用[J].系统工程,2005,23(1):42-48.

[118]冯德显,吕连琴.山地旅游开发与管理:以河南省为例[M].西安:西安地图出版社,2006.

[119]冯德显.山地旅游资源特征及景区开发研究[J].人文地理,2006(6):67-70.

[120]付磊,王金亮,杨月圆.生态旅游环境友好型土地利用模式——以云南香格里拉县为例[J].环境科学导刊,2008,27(1):5-7.

[121]郜红娟,张朝琼,张凤太.基于地形梯度的贵州省土地利用时空变化分析[J].四川农业大学学报,2015,33(1):62-70.

[122]郭洪峰,许月卿,吴艳芳.基于地形梯度的土地利用格局时空变化分析:以北京市平谷区为例[J].经济地理,2013(1):160-166.

[123]国家旅游局.中国的世界遗产名录[EB/OL].http://www.cnta.gov.cn,2015-07-04/2015-12-11.

[124]国家质量监督检验检疫总局.旅游资源分类、调查与评价(GB/T18972-2003)[M].北京:中国标准出版社,2003.

[125]何芳.城市土地集约利用及其潜力评价[M].上海:同济大学出版社,2003:39-44.

[126]何国华.区域物流需求预测及灰色预测模型的应用[J].北方交通大学学报(社会科学版),2008,7(1):33-37.

[127]和圆媛,黄义忠,胡松,等.土地利用规划视角的旅游用地分类体系探讨[J].安徽农业科学,2014(35):12690-12692.

[128]河南省统计局. 河南统计年鉴(2015)[M]. 北京:中国统计出版社,2015.

[129]侯长红,林光美,陈倩,蔡茂胡. 福建省山岳旅游资源开发战略研究[J]. 林业经济问题,2008,3(28):254-259.

[130]侯学煜. 论中国各植被区的山地垂直植被带谱的特征[C]//中国植物学会. 中国植物学会三十年年会论文摘要汇编,1963:254-258.

[131]侯学煜. 中国山地植被垂直分布的规律性[M]//中国植被. 北京:科学出版社,1980:738-745.

[132]黄睿,曹芳东,黄震方. 新型城镇化背景下文化古镇旅游商业化用地空间格局演化——以同里为例[J]. 人文地理,2014(6):67-74.

[133]解晶. 山东省山地旅游非优区开发研究[D]. 山东师范大学,2012.

[134]李彪. 每年水土流失面积有多大[J]. 环境经济,2015(Z8):44.

[135]李平,李秀彬,刘学军. 我国现阶段土地利用变化驱动力的宏观分析[J]. 地理研究,2001,20(2):129-138.

[136]李巍,杨敏华,饶四强,等. 旅游经济发展与土地利用关系研究——以武陵源区为例[J]. 测绘与空间地理信息,2009,32(2):211-214.

[137]李文华. 全球变化与全球化对山地环境的影响及对策[M]//冯志成,徐思淑. 山地人居与生态环境可持续发展国际学术研究会论文集. 北京:中国建筑工业出版社,2002:248-251.

[138]李鑫,马晓冬,肖长江,等. 基于CLUE-S模型的区域土地利用布局优化[J]. 经济地理,2015,35(1):162-168.

[139]李英芳,杨敏华,梁亮. 基于RS与GIS的县级旅游区域土地利用动态分析[J]. 测绘与空间地理信息,2010,33(2):21-24.

[140]李跃军,周秋巧. 山岳旅游地水土保持生态建设研究[J]. 山地农业生物学报,2009,28(6):546-550.

[141]李跃军. 基于景观功能分区的山岳旅游地水土保持模式研究[J]. 水土保持通报,2010(1):104-107.

[142]李跃军. 山岳旅游地水土保持景观建设[M]. 北京:中国环境科学出版社,2011.

[143]梁栋栋,陆林. 旅游用地的初步研究[J]. 资源开发与市场,2005,21(5):462-464.

[144]梁栋栋,陆林. 贫困地区旅游开发的土地利用——以安徽舒城县百丈岩旅游

区为例[J]. 资源开发与市场,2004,20(3):211-212.

[145]梁栋栋,陆林. 山岳型宗教旅游地的土地利用分析——九华山风景名胜区实证研究[J]. 土地资源,2006,22(2):160-163.

[146]梁留科,曹新向. 景观生态学和自然保护区旅游开发和管理[J]. 热带地理,2003,23(3):289-293.

[147]廖世超. 旅游地生命周期的本质分析与应用[J]. 商业时代,2006,18(6):81-82.

[148]刘发勇,兰安军,熊康宁,等. 贵州省黄果树景区土地生态风险的评价[J]. 生态科学,2015,34(1):74-80.

[149]刘康,李月娥,吴群,等. 基于Probit回归模型的经济发达地区土地利用变化驱动力分析——以南京市为例[J]. 应用生态学报,2015,26(7):2131-2138.

[150]刘璐,陈建强,李玉嵩,等. 基于土地协调性分析的地质公园规划研究——以云台山世界地质公园为例[J]. 安徽农业科学,2011,39(13):8003-8005.

[151]刘明,李灿,黄萌萌. 创新旅游用地管理的若干关键问题研究[J]. 科技与创新,2016(20):10-12.

[152]刘盛和,吴传均,沈洪全. 基于GIS的北京市土地利用扩展模式[J]. 地理学报,2000,55(4):407-416.

[153]刘书楷,曲福田. 土地经济学[M]. 北京:中国农业出版社,2004.

[154]刘艳芳,明冬萍,杨建宇. 基于生态绿当量的土地利用结构优化[J]. 武汉大学学报(信息科学版),2002,27(5):493-500.

[155]刘艺,段建南,周阳,等. 湖南省紫鹊界景区土地利用功能分区研究[J]. 湖北农业科学,2015,54(22):5584-5587.

[156]卢为民,刘杨. 旅游用地:分类标准待建,资源价值可期[N]. 中国国土资源报,2016-10-10(5).

[157]栾川县林业局. 栾川概况[EB/OL]. http://halcco.forestry.gov.cn/index.html,2013-02-12/2016-03-23.

[158]栾川县人民政府. 栾川县2014年国民经济与社会发展统计公报[EB/OL]. http://xzwj.luanchuan.cn:8080/tjj/gkgs/20150420/104000.shtml,2015-04-20/2016-03-23.

[159]栾川县统计局. 栾川县统计年鉴(内部资料),2000—2016.

[160]栾川县统计局. 栾川县统计年鉴(内部资料),2015.

[161]洛阳市统计局.洛阳统计年鉴(2015)[M].北京:中国统计出版社,2015.

[162]马克思.资本论[M].上海:上海三联出版社,2013.

[163]马晓龙,金远亮.城市土地利用变化与旅游发展的作用机制研究[J].旅游学刊,2014,29(4):87-96.

[164]马晓龙,金远亮.张家界城市旅游发展的用地选择特征与成因[J].地域研究与开发,2016,35(1):127-131.

[165]毛永文.生态环境影响评价概论[M].北京:中国环境出版社,2003:122-124.

[166]倪琳,周勇,刘义,等.基于生态绿当量的土地利用结构优化研究——以湖北省潜江市为例[J].资源与产业,2008,10(4):50-53.

[167]牛文元.自然地带性的理论分析[J].地理学报,1980,35(4):288-298.

[168]牛文元.自然地理新论[M].北京:科学出版社,1981.

[169]欧名豪.土地利用管理[M].北京:中国农业出版社,2002:300.

[170]彭慧,毕宇珠.旅游用地分类管理浅析[J].中国土地,2015(2):33-34.

[171]乔磊.内蒙古大青山国家级自然保护区生态旅游环境影响评价——以九峰山生态旅游区为例[J].内蒙古林业调查设计,2016,39(1):91-94.

[172]全国人民代表大会常务委员会.中华人民共和国水土保持法[EB/OL].http://www.npc.gov.cn/npc/xinwen/2010-12/25/content_1612679.htm,2013-12-20/2014-09-20.

[173]人民网.栾川荣膺首批国家级旅游业改革创新先行区[EB/OL].http://mt.sohu.com/20151218/n431803895.shtml,2015-12-18/2016-04-12.

[174]任军.城市旅游游憩空间开发土地利用相互作用机制互动关系[D].华南师范大学地理科学学院,2007.

[175]申世广,范晨璟,王浩,等.基于土地适宜性评价的黑虎山风景区保护与利用[J].西北林学院学报,2013,28(2):202-206.

[176]施雅风.中国冰川正在总体退缩已是事实[EB/OL].http://tech.sina.com.cn/d/2007-04-12/10431461977.shtml,2007-04-12/2015-09-10.

[177]世界环境与发展委员会.我们共同的未来(1987)[M].王之佳译.长春:吉林人民出版社,1989:23.

[178]世界自然基金会.地球生命力报告[EB/OL].http://www.wwfchina.org/pressdetail.php?id=1653,2015-11-11/2017-03-20.

[179]苏琨,周勇. 旅游用地在土地利用分类系统中的归属与应用初探[J]. 资源与产业,2008,10(3):97-99.

[180]孙建,程根伟. 山地垂直谱研究评述[J]. 生态环境学报,2014,23(9):1544-1550.

[181]孙然好,陈利顶,张百平,等. 山地景观垂直分异研究进展[J]. 应用生态学报,2009,20(7):1617-1624.

[182]谭宏鹰. 山地旅游产品开发研究分析[J]. 旅游纵览(下半月),2015(12):44.

[183]陶志红. 城市土地集约利用几个基本问题的探讨[J]. 中国土地科学,2000(5):1-5.

[184]王德刚. 旅游资源与旅游景观生态系统[J]. 桂林旅游高等专科学校学报,1998,7(7):11-14.

[185]王丰年. 论生物多样性减少的原因[J]. 清华大学学报(哲学社会科学版),2003,18(6):49-52.

[186]王济川,郭志刚. Logistic 回归模型——方法与应用[M]. 北京:高等教育出版社,2001.

[187]王建春,任丽军. 旅游景区开发规划环境影响评价研究——以锦屏山旅游规划为例[J]. 山东师范大学学报(自然科学版),2008,23(1):87-90.

[188]王建英,黄远水,邹利林,等. 生态约束下的乡村旅游用地空间布局规划研究——以福建省晋江市紫星村为例[J]. 中国生态农业学报,2016,24(4):544-552.

[189]王建英,李江风,邹利林,等. 生态约束下的湖泊旅游用地布局[J]. 应用生态学报,2012,23(10):2871-2877.

[190]王金叶,韦绍兰,吴郭泉,等. 基于桂林旅游产业用地供给改革背景下的旅游用地分类[J]. 桂林理工大学学报,2015,35(1):91-98.

[191]王静. 基于 DEAP-2.1 软件的姑婆山国家森林公园旅游用地效率评价研究[J]. 经济研究导刊,2014(19):232-234.

[192]王军,朱创业,谢萍. 浅谈山地旅游产品的开发[J]. 资源与人居环境,2009(2):64-66.

[193]王凯,田国行,崔莉. RS 和 GIS 支持下的铜山风景区生态敏感性分析[J]. 西北林学院学报,2009(5):200-203.

[194]王良健,刘伟,包浩生. 梧州市土地利用变化的驱动力研究[J]. 经济地理,1999,19(4):74-79.

[195]王少华,梁留科. 旅游产业集聚背景下遗产区土地格局演变及机理——以龙门石窟为例[J]. 经济地理,2015,35(12):216-224.

[196]王少华. 龙门石窟旅游区用地空间分异及驱动力研究[J]. 河南大学学报(自然科学版),2017,47(1):24-31.

[197]王新歌,席建超,陈田. 社区居民生计模式变迁与土地利用变化的耦合协调研究——以大连金石滩旅游度假区为例[J]. 旅游学刊,2017,32(3):107-116.

[198]王兆林. 县域旅游用地集约利用评价——以重庆市铜梁县为例[J]. 西南师范大学学报(自然科学版),2016,41(3):162-169.

[199]王珍子. 区域旅游用地规划与管理研究——以大同市为例[D]. 中国农业大学,2006.

[200]吴必虎. 区域旅游规划的理论与方法[R]. 北京大学博士后研究出站报告,北京:北京大学,1998.

[201]吴传钧. 人地关系地域系统的理论研究及调控[J]. 云南师范大学学报(哲学社会科学版),2008,40(2).

[202]吴丽敏,黄震方,曹芳东,等. 旅游城镇化背景下古镇用地格局演变及其驱动机制——以周庄为例[J]. 地理研究,2015,34(3):587-598.

[203]吴彦潮,赵翠薇,韩冰倩. 山地流域土地利用时空演变的地形梯度特征——以乌江北源为例[J]. 水土保持研究,2017,24(1):161-167.

[204]吴艳宏,周俊. 山地环境与全球变化研究的进展与展望[J]. 第四纪研究,2011,31(5):909-915.

[205]吴兆录. 西双版纳自然保护区勐养片土地利用模式研究[J]. 应用生态学报,1997,8(10):38-43.

[206]吴智刚,袁振杰. 旅游发展背景下土地集约内涵研究——以广东巽寮湾和海陵岛滨海旅游区为例[J]. 华南师范大学学报(自然科学版),2015,47(2):143-149.

[207]席建超,王新歌,孔钦钦,等. 从传统乡村聚落到现代滨海旅游度假区——过去20年大连金石滩旅游度假区土地利用动态演变[J]. 人文地理,2016(1):130-139.

[208]席建超,王新歌,孔钦钦,等. 旅游地乡村聚落演变与土地利用模式——野三坡旅游区三个旅游村落案例研究[J]. 地理学报,2015,69(4):497-511.

[209]席建超,王新歌,孔钦钦,等. 旅游地乡村聚落演变与土地利用模式——野三坡旅游区三个旅游村落案例研究(英文)[J]. 地理学报,2014,69(4):531-540.

[210]肖华斌,袁奇峰,宋凤. 城市风景区土地利用冲突演变过程及形成机制研

究——以西樵山风景名胜区为例[J].中国园林,2013,(10):117-120.

[211]谢高地,甄霖,鲁春霞,等.一个基于专家知识的生态系统服务价值化方法[J].自然资源学报,2008,23(5):911-919.

[212]谢花林,李波.基于Logistic回归模型的农牧交错区土地利用变化驱动力分析[J].地理研究,2008a,27(2):294-304.

[213]徐春霞.山岳旅游地生态旅游评价与规划研究[D].同济大学,2007.

[214]徐聪荣,胡海胜,吴章文.旅游风景区景观格局变化及其驱动机制——以庐山风景名胜区为例[J].中南林业科技大学学报,2009,29(6):71-78.

[215]徐满,郑景明,张青,等.庐山自然保护区及其周边土地利用变化分析[J].东北林业大学学报,2012,40(8):60-65.

[216]徐勤政.城乡规划视角的旅游用地分类体系研究[J].旅游学刊,2010(7):54-61.

[217]徐志云,陆林.旅游地生命周期研究进展[J].安徽师范大学学报(自然科学学报),2006,29(6):599-603.

[218]许小亮,李鑫,肖长江,等.基于CLUE-S模型的不同情境下区域土地利用布局优化[J].生态学报,2016,36(17):5401-5410.

[219]许彦曦,彭补拙,李春华.土地用途管制与区域土地资源可持续利用研究[J].土壤,1998(3):137-142.

[220]许月卿,田媛,孙丕苓.基于Logistic回归模型的张家口市土地利用变化驱动力及建设用地增加空间模拟研究[J].北京大学学报(自然科学版),2015,51(5):955-964.

[221]阎友兵.旅游地生命周期理论辨析[J].旅游学刊,2001,16(6):31-33.

[222]阳柏苏,何平,赵同谦.张家界国家森林公园土地利用格局变化[J].生态学报,2006,26(6):2027-2034.

[223]杨俊,葛雨婷,席建超,等.长海县海岛旅游化效应时空分异研究[J].地理学报,2016,71(1):1075-1087.

[224]杨俊,解鹏,席建超,等.基于元胞自动机模型的土地利用变化模拟——以大连经济技术开发区为例[J].地理学报,2015a,70(3):461-475.

[225]杨俊,李月辰,席建超,等.旅游城镇化背景下沿海小镇的土地利用空间格局演变与驱动机制研究——以大连市金石滩国家旅游度假区为例[J].自然资源学报,2014,29(10):1721-1734.

[226]杨俊,那楠,席建超,等.滨海旅游小镇旅游用地空间格局演变微尺度分析——以大连金石滩旅游度假区为例[J].资源科学,2015b,37(3):465-474.

[227]杨俊,赵洪丹,席建超,等.大连金石滩旅游度假区居住用地的空间分异[J].地理研究,2015,34(1):169-180.

[228]杨森林."旅游产品生命周期论"质疑[J].旅游学刊,1996,11(1):45-47.

[229]杨树海.实现城市土地集约利用的影响因素及对策措施[J].生产力研究,2007(9):54-55.

[230]杨曦,姜锋.旅游驱动的土地利用与覆被变化对景区植被碳库的影响——以中国内蒙三盛公水利风景区为例[J].重庆师范大学学报(自然科学版),2015(4):152-159.

[231]余中元.高铁对海南旅游用地生态安全格局的影响研究[J].海南师范大学学报(社会科学版),2015,28(6):99-102.

[232]俞学才.旅游资源学[M].北京:中国林业出版社,2002.

[233]袁国强,郭红玲.山区人口、资源、环境与经济协调发展研究[J].地域研究与开发,1998,17(4):64-67.

[234]张百平,周成虎,陈述鹏.中国山地垂直带信息图谱的探讨[J].地理学报,2003,58(2):163-171.

[235]张凤太,邵技新,苏维词.贵州喀斯特山区乡村景观生态优化模式研究[J].热带地理,2009,29(5):418-422.

[236]张扬,严金明,石义.武汉市东湖风景区旅游用地的集约利用评价及管控对策[J].中国土地科学,2014,28(4):33-38.

[237]赵丹,李锋,王如松.基于生态绿当量的城市土地利用结构优化——以宁国市为例[J].生态学报,2011,31(20):6241-6250.

[238]赵莹雪,董玉祥.基于土地利用变化的珠海旅游区生态服务价值研究[J].地理与地理信息科学,2010,26(5):93-97.

[239]赵莹雪,董玉祥.旅游用地时空演变及其环境效应研究综述[J].地理科学,2009,29(2):294-298.

[240]赵莹雪,杜建会.珠海市旅游用地时空演变特征及其驱动力分析[J].安徽师范大学学报(自然科学版),2013,36(2):163-168.

[241]赵莹雪.旅游用地研究进展[J].旅游论坛,2008,1(1):97-101.

[242]赵莹雪.珠海市旅游用地生态优化研究[J].地理与地理信息科学,2014,30

(5):105-111.

[243]植被生态学研究编辑委员会.植被生态学研究——纪念著名生态学家侯学煜教授[M].北京:科学出版社,1994.

[244]钟静,张捷.基于景观指数的九寨沟旅游区旅游干扰评价[J].生态学杂志,2011,30(6):1210-1216.

[245]钟祥浩,刘淑珍.中国山地分类研究[J].山地学报,2014,32(2):129-140.

[246]钟祥浩.山地环境研究发展趋势与前沿领域[J].山地学报,2006,24(5):525-530.

[247]周书贵,邵全琴,曹巍.近20年黄土高原土地利用/覆被变化特征分析[J].地球信息科学学报,2016(2):190-199.

[248]朱德举.土地评价[M].北京:中国大地出版社,1996:125.

[249]朱东国,谢炳庚,陈永林.基于生态敏感性评价的山地旅游城市旅游用地策略——以张家界市为例[J].经济地理,2015,35(6):184-189.

[250]朱晓杰,张斌.旅游产品生命周期理论研究——以秦兵马俑为例[J].桂林旅游高等专科学校学报,1999,10(1):120-123.

[251]左冰,保继刚.制度增权:社区参与旅游发展之土地权利变革[J].旅游学刊,2012,27(2):23-31.

附 录

附表 1 论文中数据长表

附表 1 2015 年栾川县各景区旅游用地面积（三级分类）

单位：hm²

用地类型（三级分类）	抱犊寨	大峡谷漂流	倒回沟	鸭石红豆杉	蝴蝶谷	伏牛山滑雪场	鸡冠洞	九龙山温泉	老君山	龙峪湾	养子沟	重渡沟	重渡沟漂流	合计
农用地	15.19	4.63	30.85	0.00	0.19	0.21	3.45	0.00	6.75	55.89	14.41	1.49	0.00	133.06
工程设施用地	0.43	0.56	0.57	0.05	0.19	0.34	0.59	0.05	0.52	1.13	0.05	0.23	0.06	4.77
管理服务用地	0.73	0.35	0.34	0.01	0.17	1.00	0.43	0.00	2.52	2.30	0.16	0.86	1.93	10.80
景观绿地	0.00	0.00	0.00	0.00	0.00	11.13	1.22	0.03	0.00	2.56	2.21	0.00	0.00	17.12
居民点	2.33	1.89	16.59	0.00	0.00	1.39	1.55	0.00	4.96	7.63	23.22	1.14	0.00	60.73
旅游餐饮用地	0.00	0.46	0.06	0.43	0.14	0.08	0.19	0.00	0.12	0.09	0.00	0.76	0.00	2.33
旅游购物用地	0.04	0.00	0.01	0.00	0.00	0.09	0.34	0.08	0.16	0.18	0.11	0.32	0.00	1.25
旅游娱乐用地	0.00	0.00	0.00	0.00	0.00	6.99	0.15	0.87	0.00	0.61	0.00	1.16	0.00	8.99
旅游住宿用地	5.39	0.21	3.89	0.00	0.00	3.11	0.96	0.55	10.69	27.16	11.91	26.66	0.00	90.85
其他用地	7.08	1.83	8.48	0.00	7.08	4.29	6.14	0.21	2.72	23.11	9.55	5.49	14.23	90.55
人文景观用地	11.35	0.00	0.27	0.00	0.12	0.28	0.13	0.00	5.92	2.02	0.06	0.81	0.00	21.17

205

续表

用地类型（三级分类）	抱犊寨	大峡谷漂流	倒回沟	鸭石红豆杉	蝴蝶谷	伏牛山滑雪场	鸡冠洞	九龙山温泉	老君山	龙峪湾	养子沟	重渡沟	重渡沟漂流	合计
水域用地	3.24	6.34	3.80	0.00	0.07	3.99	1.05	0.00	4.07	12.13	1.67	7.86	114.27	158.49
游览设施用地	20.89	12.33	13.12	6.44	2.83	21.49	4.05	1.07	35.52	51.01	12.71	16.47	12.62	210.55
自然景观用地	740.49	29.36	2180.23	457.03	149.67	538.06	172.03	16.04	2159.23	4319.24	1459.96	2876.08	60.66	15158.08
综合服务用地	0.00	0.00	0.00	0.00	0.00	0.00	0.00	0.00	0.00	0.00	0.00	0.26	0.00	0.26
景区总面积	807.18	57.96	2259.21	463.97	160.448	593.31	192.302	18.91	2233.19	4505.06	1536.03	2939.59	203.76	15969.00

附 录

附表 2　各景区旅游建设用地的功能变化

景区	年份	游览设施用地	工程设施用地	管理服务用地	旅游住宿用地	旅游餐饮用地	旅游购物用地	人文景观用地	旅游娱乐用地	居民点用地	综合服务用地
养子沟	2001	8.51	0.00	0.12	3.03	0.00	0.00	0.00	0.00	13.54	0.00
	2011	12.71	0.01	0.14	0.00	0.00	0.00	0.05	0.00	21.35	0.00
	2015	12.71	0.05	0.16	11.91	0.00	0.11	0.06	0.00	23.22	0.00
伏牛山滑雪场	2001	19.45	0.29	0.091	1.72	0.08	0.09	0.09	6.42	0.67	0.00
	2011	20.19	0.32	0.091	2.01	0.09	0.10	0.28	6.43	0.88	0.00
	2015	21.50	0.34	1.00	3.11	0.08	0.09	0.28	6.70	1.39	0.00
龙峪湾	2001	2.35	0.00	0.31	14.92	0.00	0.00	0.00	0.61	1.81	0.00
	2011	51.01	1.13	2.30	20.68	0.087	0.18	2.02	0.61	6.89	0.00
	2015	51.01	1.56	2.30	27.16	0.087	0.18	2.02	0.00	7.63	0.00
老君山	2001	32.49	0.28	0.49	3.07	0.12	0.059	1.10	0.00	1.87	0.00
	2011	34.20	0.52	2.52	10.60	0.12	0.16	5.92	0.00	4.07	0.00
	2015	35.52	0.52	2.52	10.69	0.12	0.16	5.92	0.00	4.96	0.00
重渡沟	2001	10.41	0.09	0.36	0.00	0.23	0.00	0.00	0.00	0.45	0.00
	2011	16.47	0.23	0.86	25.82	0.76	0.32	0.81	11.60	1.06	0.26
	2015	16.47	0.23	0.86	26.66	0.76	0.32	0.81	11.60	1.14	0.26
倒回沟	2001	0.92	0.00	0.25	0.00	0.06	0.00	0.03	0.00	1.01	0.00
	2011	13.12	0.37	0.34	3.21	0.06	0.01	0.03	0.00	1.49	0.00
	2015	13.12	0.57	0.34	3.89	0.06	0.01	0.03	0.00	1.65	0.00

207

续表

景区	年份	游览设施用地	工程设施用地	管理服务用地	旅游住宿用地	旅游餐饮用地	旅游购物用地	人文景观用地	旅游娱乐用地	居民点用地	综合服务用地
抱犊寨	2001	12.29	0.11	0.12	10.08	0.00	0.00	4.86	0.00	1.77	0.00
	2011	20.89	0.43	0.59	5.39	0.00	0.05	11.35	0.00	2.14	0.00
	2015	20.89	0.43	0.73	4.88	0.00	0.05	11.35	0.00	2.33	0.00
鸡冠洞	1991	2.91	0.18	0.00	0.00	0.00	0.00	0.09	0.00	0.86	0.00
	2001	3.29	0.45	0.22	0.45	3.29	0.29	0.13	0.15	1.31	0.00
	2011	4.05	0.59	0.43	0.84	4.05	0.34	0.13	0.15	1.55	0.00
	2015	4.05	0.59	0.43	0.96	4.05	0.34	0.13	0.15	1.55	0.00
九龙山温泉	1991	0.93	0.00	0.00	0.44	0.00	0.00	0.00	0.00	0.03	0.00
	2001	0.99	0.02	0.00	0.81	0.00	0.00	0.21	0.08	0.03	0.00
	2011	1.07	0.05	0.00	0.87	0.00	0.00	0.21	0.08	0.03	0.00
	2015	1.07	0.05	0.00	0.87	0.00	0.00	0.00	0.08	0.03	0.00
蝴蝶谷	2001	2.11	0.00	0.00	0.00	0.14	0.00	0.12	0.00	0.00	0.00
	2011	2.83	0.19	0.17	0.00	0.14	0.00	0.12	0.00	0.00	0.00
	2015	2.83	0.19	0.17	0.00	0.00	0.00	0.00	0.00	0.00	0.00
鸭石红豆杉	2001	0.00	0.00	0.00	0.00	0.00	0.00	0.00	0.00	0.00	0.00
	2011	6.42	0.04	0.01	0.00	0.35	0.00	0.00	0.00	0.00	0.00
	2015	6.44	0.05	0.01	0.00	0.43	0.00	0.00	0.00	0.00	0.00

续表

景区	年份	游览设施用地	工程设施用地	管理服务用地	旅游住宿用地	旅游餐饮用地	旅游购物用地	人文景观用地	旅游娱乐用地	居民点用地	综合服务用地
大峡谷漂流	2011	12.62	0.06	1.93	0.00	0.00	0.00	0.00	0.00	0.00	0.00
	2015	12.62	0.06	1.93	0.00	0.00	0.00	0.00	0.00	0.00	0.00
重渡沟漂流	2011	12.33	0.56	0.35	0.21	0.45	0.00	0.00	0.00	1.89	0.00
	2015	12.33	0.56	0.35	0.21	0.45	0.00	0.00	0.00	1.89	0.00

附录2　旅游景区土地利用基本情况调查

景区名称：_____　调查时间：_____
调查员：_____

一、景区概况

1. 景区性质____。
   A. 民营股份制企业　B. 国有及国有控股企业　C. 个体私营企业　D. 港澳台及外商投资企业

2. 景区等级____。
   A. 不属于A级景区　　　B. 2A级　　　C. 3A级　　　D. 4A级
   E. 5A级

3. 景区开始建设时间：_____年_____月，投入使用时间：_____年_____月。

4. 景区职工人数共_____人。其中，正式员工____人，临时工____人。在所有职工中，本县职工_____人，外县职工_____人。

5. 景区已投资____元，总投资____元。投资方为_____。

6. 景区上年度总收入_____元，其中，门票收入____元，餐饮收入____元，娱乐收入____元，购物收入____元，自费项目收入____元。

7. 景区上年度接待游客共____人，其中，本县游客占比____%，本市游客（包括本县）占比____%，本省（包括本市）占比____%，外省游客占比____%。

8. 景区门票零售价格_____元，团体票价_____元。

9. 游客来源结构，散客占比_____%，团队占比_____%。

10. 景区年开放时间：_____；日开放时间：_____。

11. 景区是否做过旅游规划：_____。

二、景区土地利用

景区总面积_____亩，其中：

基础设施用地（旅游交通、旅游工程设施用地）_____亩；

景观景点项目开发用地_____亩；

服务接待、购物商贸用地_____亩；

农用地（耕地、菜地）_____亩；

林地（林地、草地）_____亩；

水域用地（自然河道、人工湖面）_____亩。

三、景区用地来源及用地发展过程

1. 土地使用方式（租赁、划拨、股份制）。

2. 使用或租赁周期_____年。

3. 主要人工物和设施建设开始和结束时间：

项目	开始年份	结束年份	项目	开始年份	结束年份
景区主要道路			规模酒店1		
次要道路1			规模酒店2		
次要道路2			规模酒店3		
游客服务中心			规模酒店4		
购物中心			规模酒店5		
停车场1			大型娱乐中心		
停车场2			大型演绎广场		
停车场3			主要娱乐设施		
景区大门					

四、景区环保情况

1. 有无污水处理设施？_____（如有），日处理能力____吨。

2. 固体垃圾处理方式是什么？

3. 环保厕所有几个？日处理能力共____吨。

五、景区用地存在的主要问题

六、景区发展规划和设想

附录3　景区图斑土地利用调查

景区名称：_____　调查时间：_____　调查员：_____

一、位置与范围

编号：_____　位置：_____（地图标注）范围：_____（地图标注）。

二、土地利用及变化

该图斑如为农家乐，请回答：

农家乐名称	所有者	经营者	兼营项目	从业人数	客房间数	几层楼房	新建		翻新			追溯
							建房年份	建前土属	大修年份	大修前状态	原房建设时间	

该图斑如为非农家乐的其他商业设施，如饭店、商店等，请回答：

设施名称	所有者	经营者	兼营项目	从业人数	房间数	几层楼房	新建	大修			追溯
							大修年份	大修年份	大修前状态	原房建设时间	

该图斑如为规模型酒店，请回答：

酒店名称	所有者	经营者	经营内容	从业人数	客房数（间）	几层楼房	建房年份	建前土属	追溯

该图斑如为公共设施，请回答：

名称	用途	建成时间	建前土属	土地变化追溯

如图斑为池塘、竹林、菜地、耕地等非自然覆盖地类，请回答：

用途	建成时间	建前土属	土地变化追溯

附录4　居民旅游环境影响感知调查

景区名称：_____　　**调查时间：**_____

调查员：_____

一、当地居民概况

姓名或编号	性别	年龄	职业	家庭住址	文化程度	收入

二、环境感知和行为

（1）您认为，当地发展旅游业好，还是不发展旅游业好？为什么？

（2）您是否愿意加入旅游产业的发展？

（3）您是否在旅游业发展中获得收益？

（4）您是否对该景区的生态保护政策了解和支持？

（5）您认为，景区发展旅游业后，自然环境有什么改变？

A. 变差了　　　B. 没有变化　　　C. 变好了

（6）旅游业发展对环境有什么影响？

土地：

水：

空气：

植被：

噪声：

景观：

附录5 游客旅游环境影响感知调查

景区名称：_____ **调查时间：**_____

调查员：_____

一、游客概况

姓名或编号	性别	年龄	职业	来源地	文化程度	收入

二、环境感知和行为

（1）您认为来这里旅游对这里的环境有影响吗？

　　A. 没有　　B. 有些影响　　C. 有很大影响

有什么影响：_____。

（2）你对这里的生态环境满意吗？

　　A. 满意　　B. 基本满意　　C. 不满意　　D. 很不满意

对什么不满意：_____。

（3）你看到过游客有损毁花草现象吗？频度如何？

　　A. 经常　　　B. 偶尔　　　C. 很少　　　D. 几乎没有

（4）从视觉上讲，您来到这里后感到景区内游客数量如何？

　　A. 游客少　　B. 游客量一般　　C. 游客较多　　D. 游客拥挤不堪

（5）从听觉上讲，您来到景区后感觉景区里嘈杂（噪声大小）吗？

　　A. 很安静　　B. 一般吵　　C. 有点吵　　D. 非常吵

（6）从行动上讲，您来到景区后感觉到行动受游客量影响吗？

　　A. 游客少，无影响　　　　B. 游客不多，影响不大

　　C. 游客较多，行动不自由　　D. 游客很多，处处受阻